国家教育部人文社会科学研究规划基金项目（项目批准号：10YJAGJW021）的研究成果

中国海洋大学'985工程'海洋发展人文社会科学研究基地建设经费资助
教育部人文社会科学重点研究基地中国海洋大学海洋发展研究院资助

修斌 著

日本海洋战略研究

Japan Marine
Strategy Research

中国社会科学出版社

绪　　论

海洋是人类社会可持续发展的重要依托。随着全球经济的发展和各国对资源能源的需求，海洋成为直接的、现实可能的能源资源宝库。近年来，世界各国对海洋越来越重视，主要涉海国家都已经制定并逐步完善了其海洋战略规划，力图在海洋竞争中抢占优势，并以此来支撑国家的可持续发展。美国以控制全球海洋为目标，全面实施"全球海洋战略"，重点借助其科技和军事优势来维持超强地位，推进海空一体化战略；日本确立了"新的海洋立国"战略，积极扩大海洋战略空间，加快向"海洋大国"迈进的步伐；韩国实施"海洋强国战略"，推进"蓝色革命"，努力跻身世界海洋强国之列；越南在南海问题上采取政治、经济、军事手段，试图实现其对南沙岛礁从占领向占有的转变；印度出台"海洋新战略构想"，意图控制印度洋，染指南中国海，挺进太平洋；澳大利亚、印度尼西亚，甚至菲律宾也都在制定和推进各自的海洋战略。"海洋世纪"的基调在进入 21 世纪以来实实在在地呈现在我们面前。

"十八大"提出了"提高海洋资源开发能力，发展海洋经济，保护海洋生态环境，坚决维护国家海洋权益，建设海洋强国"的战略任务；国家"十二五"规划纲要中提出了"坚持陆海统筹，制定和实施海洋发展战略，提高海洋开发、控制、综合管理能力"的总要求；中央关于"十三五"规划的建议中进一步提出："积极拓展蓝色经济空间，坚持陆海统筹，壮大海洋经济，科学开发海洋资源，保护海洋生态环境，维护我国海洋权益，建设海洋强国。"政府有关部门和各沿海地区按照中央精神积极开展各项工作，中国的海洋事业呈现前所未有的发展势头。知己知彼，百战不殆。制定中国的海洋战略和海洋政策，发展中国的海洋事业，需要了解世界的情况和动向，尤其是中国最重要的海上邻国日本。最近一个时期，中日两国围绕海洋的斗争和博弈前所未有的复杂和尖锐，研究和把握日本海洋战略，妥善处理中日海洋关系，就显得更加必要和迫切。

"战略"的概念具有悠久的历史和复杂的内涵，战略的定义也有多种，它是理念、原则、目标、手段、方案、步骤、策略等的综合体。随着社会的变迁和战略理论的发展，战略的内涵也不断扩大和深化。当代的战略概念，已扩大延伸到军事领域以外，被引申至政治、经济、科技、文化、海洋、太空等领域，泛指对全局性重大的、高层次决策的谋略、规划、方案和对策。其特性表现在全局性、方向性、对抗性、预见性、谋略性。构成战略的要素主要有战略目的、战略方针、战略力量、战略措施。国家战略是一个国家根本性的政策，事关国家和民族的荣辱兴衰，其重要的地位和作用不言而喻。关于战略在海洋领域的体现，早期显然更多地被运用到海军，以及与"海权"相关的方面。所谓海洋战略，一般是指国家把海洋的开发、利用、保护等纳入整体发展规划而制定的关于海洋的全局规划和政策。但是，在以和平与发展为主题的当代，海洋战略的指向更加广泛。对于海洋战略，应该从"纵""横"两个维度理解。从纵向来说，它包括海洋战略思想、海洋战略方针、海洋战略目标、海洋战略体制机制、海洋战略规划、海洋战略手段和步骤，海洋政策和策略等；从横向来说，它包括海洋法律体系、海洋安全战略、海洋经济与产业战略、海洋能源资源战略、海洋调查与科学研究战略、海洋军事战略、海洋外交战略、专属经济区和大陆架战略、海岛与海岸带战略、海洋运输战略、海洋文化与海洋教育战略等。这些要素和领域相互衔接，构成完整统一的战略体系。本书基于对战略概念、战略思想、海洋战略的理解，来重点考察日本海洋战略的一些相关问题。观察近年来日本的海洋战略，我们能够发现它强调的核心内容包括：第一，海洋安全保障，即确保日本的海洋安全，维持海洋和平与安定；第二，促进海洋经济的繁荣，即扩大和开发海洋能源资源，包括以此为前提确保海洋贸易航线安全、保障海洋能源安全及保护海洋环境等；第三，提倡亲近海洋、认识海洋，强化海洋价值观的地位，并努力向世界推广。

日本是典型的岛屿国家和海洋国家。在很长一段时期内，对日本来说，海洋为其带来了恩惠、安全、财富和文化。但是，自丰臣秀吉统一日本以后，日本国家战略和海洋战略呈现出冒险、贪婪、侵略的特征。明治维新以后，日本实行对外扩张和军国主义政策，无论是南进还是北进，无论是大陆政策还是海上推进，实际上都是把海洋当作跳板，侵略他国领土、掠夺资源、控制战略通道，并试图建立所谓的"大东亚共荣圈"，主宰东亚乃至整个亚洲。第二次世界大战后，在新的国际格局下，日本依靠美国的安全庇佑，走和平发展之路，以海洋贸易立国，成为世界经济强国，这一时期日本海洋战略以经济为中心，但是冷战以后，随着国际和地区形势的变化和世界海洋形势的发展，日本对自己的国家战略重新调整，把成为"普通国家""政治大国"作为21世纪日本的国家战略目标，并与之相呼应提出"新的海洋立国战略"。日本的海洋战略与国家战略密不可分，是在国内与国际、历史与现实、政治与经济、文化与传统、地区及世界形势等多种因素相互作用、相互影响中形成、发展的。实际上，长期以来，日本国内对海洋战略理论的思考和学术争论也时断时续，就战后日本的海洋战略而言，其最重要的理论基础有三个方面：由传统海权观发展而来的新的综合海权观；"普通国家"和"政治大国"论；"民生大国"论。第二次世界大战后日本海洋战略构想的主题和方向，主要分为两个阶段：一是"环太平洋发展战略论"阶段；二是"海洋国家论"阶段。其中高坂正尧在 20 世纪 60 年代提出的"海洋国家论"成为冷战后日本"海洋国家论"热潮的先声。冷战后，日本对海洋的关注和对海洋战略的研究逐步升温，这主要源于后冷战背景下日本战略家对应该确立怎样的国家战略的思考。对日本的国家特征，他们形成的共识是：日本是一个四面环海的列岛，一个海洋国家，这个基本事实构成日本国家形成和发展的前提，并且由此决定了日本与外部世界的联系方式，即"岛国式"或是"海洋国家式"。在日本战略家的眼里，"岛国"被赋予封闭、内向的特征，而"海洋国家"则具有进取、外向的特征，因此，日本必须走出"岛国"的局限，迈向"海洋国家"，海洋国家之路是日本的必然选择。在这里，"海洋国家"包含了一种积极参与建立世界新秩序并追求日本国家利益的志向。这种对"海洋国家"的理解和走向"海洋国家"的呼吁，成为日本制定海洋战略的认识论基础。实际上，"海"本身就具有双重性。一方面是闭锁、隔离、防卫；另一方面是开放、沟通、开辟。随着人类社会的发展和文明的进步，前者的功能在不断减弱，后者的作用在日益扩大。正是因为对海这种双重性的不同侧面的倚重，才呈现所谓"岛国"和"海洋国家"的不同特点。所以对"海"的新阐释和走向"海洋国家"的呼吁，也就自然成为日本探讨和制定海洋战略的话语前提。

"海洋国家论"在日本的兴起不是偶然的。随着冷战的终结，特别是进入 21 世纪以来，包括日本在内的世界各国都在思考未来的国家战略。日本一些学者主张，日本应该重新审视和适时调整自己的大战略，明确提出把海洋战略作为主要的国家战略，以期在激烈的国际竞争中掌握主动。一些研究战略问题的学者把国际政治构造分为海洋国家和大陆国家两个对立系统，认为这种对立是由于历史和传统带来的国家战略的差异造成，尤其是战略视野的不同所致。与此同时，从 20 世纪 90 年代开始，海洋问题成为全世界关注的热点和焦点。1994 年《联合国海洋法公约》生效，各沿海国家纷纷建立和加强了海洋综合管理机构和海洋战略研究机构，开始制定和实施国家海洋战略。日本政府也多次制定了国家海洋开发的中长期规划，学术界连续数年进行海洋战略和国家战略关系问题的研究，政府的海洋科技开发经费投入逐年增加，海洋开发和宇宙开发共同被确立为维系日本国家生存基盘的优先开拓领域，"海洋国家日本"，"海上生命线"等字句频繁出现在各种媒体中。进入 21世纪以来，日本政界、学界、媒体乃至全社会的保守化、右倾化倾向日益加剧，日本着眼于突破战后体制制约，以"普通国家"为战略目标，谋求和巩固在东亚乃至国际社会中的主导地位的战略意图更加明显。"海洋国家"这个以地理名词为外在形态的概念背后，蕴含着日本参与主导地区事务、介入世界政治经济格局重构、引领国际战略关系发展的强烈意愿。

多年来，日本的海洋战略一直随着国际局势的变化进行调整。这种调整既有直接的现实需要，又有深刻的理论根源；既体现了日本的政治意愿，又反映了亚太地区战略格局的深刻变化。日本海洋战略既是日本开发海洋资源、拓展海洋利益的政策指针，又是推进"政治大国化""普通国家化"的实际步骤。日本的海洋战略承袭了由"政治大国"战略、"国际国家"战略演变而来的"普通国家"战略的基本理念，服务于摆脱战后体制、追求政治军事大国地位的国家战略目标。日本海洋战略不仅是日本国家战略的重要组成部分，而且与中日关系的走向和中国的国家利益、海洋权益息息相关。日本海洋战略的调整将对亚太地区的政治、经济和社会发展，特别是对中国海洋战略和海洋发展产生重要影响。

总体来看，日本的海洋战略呈现出海洋意识更加强烈，海洋认识更加多元，海洋观念更加外向，海洋战略思路日益清晰，海洋法律逐步健全，海洋管理体制更趋完备，海洋涉外活动更加积极，海洋战略规划更加具体，海洋权益争夺更趋强势的基本趋向。特别是近年来，日本海洋战略进一步出现了：通过重塑日美同盟关系来强化同美国全球战略特别是亚太再平衡战略的互补性、扩大管辖海域来巩固海洋大国地位并拓展国家发展的空间、调整防范对象并构建与其大国战略相适应的海上武装力量、通过强化海洋的能源资源开发来为未来经济发展提供支撑等这样的一些新动向。

随着中国的快速崛起，日本的海洋战略防范和遏制中国的倾向越来越明显。日本一些势力将中国视为和"海洋国家"相对的"大陆国家"的代表，推定作为"海洋国家"的日本必然要与中国产生战略对抗，并极力渲染中国的海洋威胁，夸大中国的海军发展、海洋能源开发、海洋调查活动。日本一些人主张联合美国并拉拢其他亚太国家，推进所谓"价值观外交""海洋国家联盟"，来联手围堵和遏制中国。也正是在这样的背景和氛围下，日本在包括钓鱼岛问题、南海问题等海洋问题上对华强硬和挑衅。

日本"新的海洋立国"战略始于 2005 年。当年 11 月，日本海洋政策研究财团向日本政府提交了《海洋与日本：21 世纪海洋政策的建议》，并于 2006 年 1 月公开发表。该建议共分 4 个部分，它提出了日本海洋立国的总体目标，阐述了制定海洋政策大纲、《海洋基本法》的紧迫性以及完善海洋综合管理体制的必要性，提出了海洋管理的具体措施，强调了树立海洋立国的"三大理念"，即海洋的可持续开发利用、注重国际协调引领海洋国际秩序、实施海洋综合管理。2006 年 12 月，日本海洋政策研究财团和日本海洋法研究会同时发表了《日本海洋政策大纲：以新的海洋立国为目标》和《日本海洋基本法草案纲要》，明确提出新的海洋立国的口号，主张日本应从"岛国"转向"海洋国家"。

当代日本的海洋战略往往是通过具有战略意义的法律、政策、规划来体现的。其海洋规划和政策是遵循"新的海洋立国"战略，在《海洋基本法》的指导下，以《海洋基本计划》为主轴制定和展开的。这其中，《海洋基本法》是日本全面确立新的海洋立国战略的重要标志。

该法律规定了日本发展海洋事业的基本原则、纲领、目标、任务、组织框架等。目前，日本的涉海法律法规已达近百部，而《海洋基本法》成为所有涉海法律的"母法"，是指导日本海洋发展的总纲。根据《海洋基本法》，日本政府设立了综合海洋政策本部来负责组织制定日本海洋战略规划，它也是日本海洋战略和政策的最高决策和综合管理机构，由首相担任本部长，国土交通大臣兼任海洋政策担当大臣。本部设有总会负责决策重大事项，届时政府各有关部门（府、省）的负责人参加。日本有关省厅内部的涉海部门分别侧重政策、规划、科技、法律、外交、安全等方面的涉海问题的政策制定。

日本海洋战略及其规划是一个整体，各部分之间有着密切的联系。其中，除了海洋经济问题，海洋安全问题和海洋能源资源问题常常占据十分重要的位置，这些领域也是中日之间海洋竞争和矛盾的焦点，需要我们更加关注。实际上，日本的海洋战略和政策的指向在很大程度上是针对中国的。在谈到海洋问题时，日本的海洋界人士往往将中国置于敌人的念头，对中国的海洋发展尤为关注和警惕。

研究日本海洋战略，有几点特别需要我们特别予以重视。第一，日本重视并突出其海洋国家属性，提出把建立海洋国家作为日本国家的大战略，其海洋战略的目标，是为日本力图摆脱战败国的束缚成为"政治大国""普通国家"的国家战略服务的。在日本看来，威胁来自海上，国家发展的空间也在海上。第二，日本在资源方面对外依赖严重，正因为对能源资源的渴望，以及沿海国家间竞争的激烈，使得日本的海洋意识异常强烈，也正因此，它总是在国际海洋法的模糊地带做文章，积极占岛圈海，变礁为岛，扩大海洋国土面积。日本海洋能源资源战略规划在日本的涉海发展规划中往往最为具体、严密，在日本的海洋规划中占有突出的地位。第三，日本经济严重依赖海外贸易，为此，它异常重视战略要道，全力确保海上生命线，近年来已经突破海外派兵限制，配合美国在全球的军事行动，并强化在日本周边岛屿、海域、海峡的军事控制以及监控力度，宣称维护航行与自由、和平共同利用海洋，并以此为借口介入南海等争端。第四，日本主张并积极联合所谓"海洋国家"，共同应对"陆地国家"的挑战。这些年来，日本出现了把日美同盟这一"海洋同盟"体制扩大到多国之间，试图建立以日美同盟为核心的"海洋国家联盟"的新动向。日本积极联合东南亚国家，试图建立以日本为主导的岛屿国家链条，形成大陆边缘地带对中心地带包围网。第五，日美同盟在未来较长一个时期将依然是日本海洋战略的主轴。新的《日美防卫合作指针》具有标志性意义，它使日美安保适用范围扩大、支援能力增强，是日美加强长期防卫合作的纲领性文件。日本在同盟中的地位开始从被动接受转变为主动参与。日本通过新安保法案及一系列新调整、新部署，强化其西南诸岛方向战力，积极配合美国的亚太再平衡战略，给中国海洋安全带来更大压力。第六，日本海洋战略针对中国的意图显而易见。日本一些人疑虑中国未来走向，担心中国的崛起会带来威胁，渲染中国的经济发展和海洋发展的威胁，以此来影响日本的对华政策，企图牵制、遏制中国的海洋发展。

基于对日本海洋战略的考察，本书认为现阶段在处理中日海洋关系时应当注意以下几点。一是牢牢把握中日海洋关系发展大方向。从实现中华民族伟大复兴的中国梦这一长远目标，树立大局意识，充分把握有利的战略机遇期，加快制定和完善海洋发展战略，全面推进海洋事业发展，使我国的海洋战略、海洋规划、海洋政策、海洋外交都能与国家战略相协调。二是清醒认知中日两国在海洋领域的差距。进入 21 世纪以来，中国海洋事业发展迅速，捍卫海洋国土和维护海洋权利的能力也不断增强，在许多领域与日本的差距正在逐步缩小，但总体上仍处于追赶阶段。在海洋综合实力上我们还不具备质量优势。坚持不懈地推进海洋发展始终是我们的主要任务。三是积极推进中日两国在海洋领域的合作。中日两国在海洋领域存在结构性矛盾和竞争，但同时也存在共同的战略利益。虽然目前中日海洋合作面临极大困难，但是仍然要积极探索对话合作的途径，着眼于长远，建立海上危机管控机制，并逐步开展海洋环境联合调查与合作，共同维护航道安全，加强在抗震救灾、海上搜救、打击海盗和走私等方面加强合作，从易到难逐步扩大合作领域，深化合作内涵，重建战略互信。四是妥善处理中日岛屿和海洋争端。中日岛屿争端和海洋争端在短时期内难以解决，中日围绕海洋的矛盾还将长期存在，甚至还会出现更加尖锐的斗争。我们在处理中日海洋关系时既要合作又要斗争。合作要有前提和氛围，要追求利益和效果；斗争需要把握原则和底线，要注意节奏和方式。做到坚守国家主权原则与维护国家和地区和平发展大局相统一。

当前，中国所处的战略机遇期已经进入了新的阶段，其内涵和特征也正在发生新变化。我国海洋战略和外交战略也应强化创新思维，创造战略主动，改善内外形象，努力营造良好的海洋发展环境。中日两国海洋发展的整体水平正在逐渐接近，中国应强化对日本海洋战略的深度研究，妥善处理中日海洋关系，加快建立我国对日本的海洋战略优势，力争通过不懈努力，在不远的将来，在海洋综合实力上赶超日本。我们确立和推进国家战略是为了实现国家利益的最大化，并尽可能使本国利益和国际社会的公共利益相统一，并由此建立更加健全的人类社会整体的存在方式。对中国这样有着数千年文明史的大国来说，我们应该有这样的觉悟和自信。

1　战略与海洋战略

1.1　关于"战略"

"战略"词源考

"战略"这一概念具有悠久的历史和复杂的内涵。人类社会有了战争，就渐渐出现了战略。在中国，战略一词历史久远，"战"指战争，"略"指谋略。中国古代常称战略为谋、猷、韬略、方略、兵略等。春秋时期孙武的《孙子兵法》被认为是中国最早对战略进行谋划的著作，也被认为是世界上最早的军事著作。汉成帝时，步兵校尉任宏将兵书分为兵权谋、兵形势、兵阴阳、兵技巧等四类，其中兵权谋讲的就是战略。"战略"一词，最早见于西晋史学家司马彪所著《战略》一书，后见于《三国志》等史籍。19世纪末，中国开始用"战略"翻译西方的"strategy"一词。

"战略"在英文中为"strategy"，在法语中为"stratégie"，在德语中为"strategie"，在意大利语中为"strategia"。其语根出于希腊语的"stratos"，其意义为军队或军事指挥官，属于军事概念。18世纪，法国人梅齐乐（Maizeroy，1719—1780）在其1777年出版的《战争理论》（*Theorie de la guerre*）一书中首次使用"战略"（stratégie）这个名词，并把它界定为"作战的指导"（the conduct of operations），这是近代所指称的战略。

关于战略有多种定义。如，克劳塞维茨在《战争论》中为战略所下的定义是："为了达到战争目的而对战斗的运用。"瑞士 A．H．若米尼在《战争艺术概论》中则认为："战略是在地图上进行战争的艺术，是研究整个战争区域的艺术。"《简明不列颠百科全书》对战略的定义是："在战争中利用军事手段达到战争目的的科学和艺术。"日本《世界大百科全书》对战略的定义是："为了实现特定目标而运用力量的科学与策略。"《苏联军事百科全书》为战略所下的定义是："军事学术的组成部分和最高领域，它包括国家和武装力量准备战争、计划与进行战争和战略性战役的理论与实践。"

这些古今中外对战略的定义虽不完全一致，但其共同点都是指：在一定时期，建设和使用以军队为主体的军事力量，筹划和指导战争全局的准备与实施，以达到一定的政治目的，为一定的阶级、国家、民族和政治集团的利益服务的方略。

随着战略理论的发展，西方有的国家出现了更高层次的大战略、国家战略、国防战略及有关的发展战略。当今，战略这一概念，已扩大延伸到军事领域以外，被引申至政治、经济、科技、文化、海洋、太空等领域，泛指对全局性重大的、高层次决策的谋略、规划、方案和对策。

战略的内涵

战略的内涵的演进过程十分漫长，它随着时代的发展而不断扩大和深化。在古代，战略的内涵主要有三：首先，战略是智慧的运用，是斗智之学，伐谋之学，这与古人所称"谋"，孙子的"上兵伐谋"同义。其次，战略所涉及的范围仅限于战争，不包含与战争无关的问题，这也是在"略"字前有一个"战"字的原因。最后，战争中所使用的主要是武力，也就是"兵"，所以中国古代把战略称为兵学。简言之，战略为用兵作战之学。

直到第二次世界大战时，西方人对于"战略"一词大致还是限定在战争和军事的范围。但事实上，和平与战争密不可分，而战略所要考虑的问题也非仅限于用兵。加之战略向其他领域的延伸、借用，使得战略的内涵逐步扩展。因此，上述三点只有第一点恒定未变。

战略不是孤立的概念，它与一定历史时期的社会生产方式相联系，依赖于社会物质生产、科学技术水平、社会发展状况，为国家或集团所规定的基本目标和政策服务。战略也同自然条件、地理环境、社会环境、主观意志等有密切关系。可以说，战略是一种观念，是一种思想，是理念、原则、目标、手段、方案、步骤、策略等的综合体。

战略的基本特性表现在：全局性、方向性、对抗性、预见性、谋略性。

构成战略的要素主要有：战略目的、战略方针、战略力量、战略措施。其中，战略目的是战略行动所要达到的预期结果，是制定和实施战略的出发点和归宿。战略目的是根据战略形势和利益的需要确定的。战略方针是指导全局的纲领和制订战略计划的基本依据。战略力量是战略的人力和物质基础及其他支撑条件。战略措施是运用战略力量所采取的各种全局性的切实可行的方法和步骤。

战略的当代意义

中国《孙子兵法》是世界上公认的古代军事名著。克劳塞维茨的《战争论》是西方军事理论中的经典。马汉的《海权对历史的影响（1660—1783）》和《海权对法国革命及帝国的影响》则被视为海洋战略研究的必读书。这些著作都有关于战略问题的论述。马、恩、列、斯和毛、邓等革命领袖的著作中，也都有对战略问题科学的论述，确立和发展了无产阶级战略理论。战略具有重要的地位和作用，它是顶层设计，往往事关国家和民族的荣辱兴衰，事关某一领域的成败走向。同时，战略也存在制约因素，主要有政治因素、军事因素、经济因素、科技因素、地理因素等。

21 世纪的当今世界，和平与发展是时代主题，但世界并不太平，甚至出现了新的安全威胁。从现代的观点来看，和平与战争密不可分，"安全"也不仅为国家安全，更扩大为国际安全、区域安全、全球安全，当然也包括海洋和太空的安全。战略所包括的范围也远远不再限于军事，而把一切非军事权力因素也都涵盖在内。今天战略家所关心的问题不仅为战争而更为和平；不仅要求了解和准备战争，更要求避免、预防和消灭战争，进而建设永久的和平。

诚如克劳塞维茨所云，战争是政策的延续，武力是政策的工具。我国古代兵书《司马法》有云："天下虽安，忘战必危。"希腊古训说："要想和平就准备战争。"英国人李德哈特指出："要想和平，应了解战争""欲求安全必须研究战略"。法国人薄富尔也警告说："战略无知是致命错误！"这些都是至理名言，值得我们高度重视。①

1.2 关于"海权"

海权观念的出现

西方文明发源于地中海区域，与海洋关系密切。西方战略思想中也始终包括海权（sea power）的因素，尤其是大战略往往与海洋战略（maritime strategy）相关。这一倾向从希腊时代开始即已显现。

古代并不乏海军名将，但并未有人尝试发现和建立系统的海洋战略思想。系统的海战理论到了 17 世纪末期才开始出现。较早提出制海权思想和海战理论的是英国人和法国人。1616 年，英国的沃尔特·罗利（Walter Raleigh，约 1552—1618）就曾阐述过：谁控制了海洋，谁就控制了世界贸易，谁控制了世界贸易，谁就控制了财富，进而控制世界。

---

① 以上关于战略概念的论述参考了钮先钟《西方战略思想史》（广西师范大学出版社 2003 年版）。

法国的何斯特（Father Paul Hoste，1652—1700）曾著有《海军演进论》（*Traite des Evolutions Navales*，1691）和《海军艺术》（*L'Art des Armées Navales*，1697），在当时被认为是最佳的海军战术著作。何斯特是第一位在帆船时代对海军战术作有系统研究的学者。普鲁士军事理论家克劳塞维茨（C. P. G. von）及其《战争论》虽然影响巨大，但他未曾谈到战争的海洋方面，不过这并不意味着其理论和观念不能够运用于陆地以外的战争范围。事实上，他的基本观念，例如机会与摩擦，攻守双方的互动，战争为政策工具等都具有普遍意义，而不受时空因素的限制。直到法国约米尼（Antoine-Henri Jomini，1779—1869）在他的几部著作中谈到海权的重要性。约米尼和克劳塞维茨的著作给后人以灵感，特别是触发了 20 世纪初期的两位海洋战略大师——美国的马汉和英国的柯白——建立他们的海洋战略思想体系。

马汉及其海权思想

说到"海权"，马汉（Alfred Thayer Mahan，1840—1914）可以说是无人不晓。马汉和克劳塞维茨分别是海军和陆军的军事战略思想的代表。

马汉的第一本著作《海权对历史的影响（1660—1783）》（*The Influence of Sea Power upon History*，1660—1783）出版于 1890 年，两年之后又出版了其姊妹篇《海权对法国革命及帝国的影响》（*The Influence of Sea Power upon the French Revolution and Empire*）。从此，马汉成为影响历史的人物。其相关著作发表百余年来，海权问题成为军事学术的重要组成部分。中国学者普遍将英文"sea power"（海上力量）的概念转译为汉语"海权"[①]。

海洋和陆地都是地球上最重要的资源，这样就出现"海洋权利"

① 马汉：《海权论》，萧伟中、梅然译，中国言实出版社 1997 年版；张炜、郑宏：《影响历史的海权论——马汉〈海权对历史的影响（1660—1783）〉浅说》，军事科学出版社 2000 年版；张文木：《论中国海权》，海洋出版社 2010 年版。

(sea right) 的概念。当主权国家出现后，"海洋权利"就成了"国家主权"概念内涵的自然延伸。权利需要力量来捍卫，这样便从主权的"自卫权"概念引申出"海上力量"（sea power）的概念。这里，"海上力量"是一个作为维护海洋权利即海权的手段。确切地说，英文中的"sea power"一词表示的是"海洋权力"和"海上力量"而非"海上权利"的含义。

马汉的主要思想可以分为两个层面来加以考察。第一个层面是海权的层面，包括他的"海权哲学"以及其作为"海权先知者"的角色，而这又是以历史为基础的。第二个层面是比较狭义的战略层面，也就是他的海军战争理论。就学术价值和影响效力而言，第一层面更为重要。

19世纪末期的社会的背景是：自然科学与社会科学都快速发展，蒸汽机和电力正在使陆海交通转型，达尔文主义延伸到社会领域激发国际竞争，欧洲强国都采取扩张政策，纷纷向海外开拓殖民地，帝国主义风气正盛。1890年的世界是欧洲主导，美国只是处于边缘的地位，内战之后的美国人眼光聚焦国内，以西部开发为焦点，而忽视其外交关系和海外利益。

马汉的海权思想就是在这样的背景下形成。他的最大贡献是发现并举例证明国家权力（national power）与海洋权力（maritime power）彼此密切相关。[1] 其最突出的成就是阐明了海权在历史中所扮演的角色及其重要意义。马汉虽极端强调海权，但他对这个名词又并未作任何明确的界定。在其著作中这个名词经常呈现两种不同的意义：一是经由海军优势而获得的制海权（command of the sea）；二是生产、航运、海外市场的结合，一言以蔽之，即海权。[2]

马汉在《海权对历史的影响》的第一章中列举出"海权要素"

---

[1]　J. C. Wylie，"Mahan：Then and Now" in *The Influence of History on Mahan*（ed. John B. Hattendorf），U. S. Naval War College Press，1991，p. 38.

[2]　Ibid.，pp. 138，71.

（Elements of Sea Power）。他认为有六种基本因素足以影响海权的发展：
（1）地理位置（geographical position）；（2）自然形态（physical confor-
mation）；（3）领土范围（extent of territory）；（4）人口（population）；
（5）民族性（national character）；（6）政府制度（governmental institu-
tion）。这是马汉首创的海权理论体系。

格罗夫（Eric Grove）在《海权的未来》（*The Future of Sea Power*）
一书中指出马汉的思想大致都是以 19 世纪末期的世界环境为背景，在
21 世纪的今天，已有许多不合时宜之处，该书提出了一套新的影响国
家海权的主要条件：

（1）经济实力（economic strength）；

（2）技术能力（technological prowess）；

（3）社会政治文化（social—political culture）；

（4）地理位置（geographical position）；

（5）海洋依赖程度（sea dependence）；

（6）政府政策与认知（government policy and perception）。①

在现代人来看，马汉所列举的主要因素有一些已经变得不那么重
要，而现在被认为最重要的（经济和技术）则又正是马汉所不曾列
举的。

马汉海权思想的影响

马汉海权思想的复杂性体现在理论与实际、历史与政策的相互重叠
交织。尤其是他的各种观念散布在其著作中，缺乏系统地整合，所以更
令人难有全面的了解。

受马汉影响最大的国家首推英国。当时，英国的海洋优势正受到俄
法两国联合所构成的威胁，并着手扩建其海军。马汉的著作成为英国政

---

① Eric Grove, *The Future of Sea Power*, Routledge, 1990, p. 231.

府强化其政策主张的依据之一。以至于后来有英国政界人士直言不讳地说应该感谢马汉将军。

马汉对德国的影响甚至于比对英国还要大。1894 年德皇威廉二世致力于大海军建设。他曾写信给《纽约先驱报》（*New York Herald*）的毕吉罗（Poultney Blgelow）：

> 我现在不是正在阅读而是正在吞噬马汉将军的书，并尝试将其牢记在心中。那是一本第一流的书，而且在所有各点上都具有经典的价值。我的军舰上都有这本书，而且也常为我的舰长和军官们所引述。①

阿尔弗雷德·冯·提尔皮茨②则认为德国未必需要与英国相抗衡的大海军，只要对英国来说构成一种危险的存在就足够了。他认为："原因在于敌人守卫的海域非常广大，无法集中全部力量应对我们，敌方即使打败了我们的海军，自身也会受到重创，其在世界中的地位就会变得岌岌可危。只要德国海军足够强大，敌人与德国战斗的概率就会降低。"因此，德国一度控制舰艇制造，后来虽然又重新开始了大规模建造舰艇的计划，但是在还没有来得及恢复和发展到预定目标时，第一次世界大战就爆发了。因此被称为"风险理论"的提尔皮茨的论断虽然受到批判，但拥有一定程度强大的海军，确实能够抑制英国海军的攻击，所以有人称其为"抑制论"的典型。

冷战时期苏联的谢尔盖·格奥尔吉耶维奇·戈尔什科夫 1956 年任海军总司令，1973 年著有《平时和战时的海军》一书。虽然他在书中对俄罗斯海军、苏联海军的历史的叙述被认为做了很多加工，但他也论

---

① Azar Gat, *The Development of Military Thought*, Oxford, 1992, p. 187.

② 阿尔弗雷德·冯·提尔皮茨（1849—1930）是德意志帝国海军元帅，德国大洋舰队之父，他的造舰计划极大地恶化了英德关系。

述了军事力量是国家的政治手段之一，海军在支援外交上和国家交往中的重要作用。他强调在军力方面，要在重视核武器、核潜艇、飞机的同时，从维持平衡角度注重海军的发展。

马汉扬名海外之后，才开始在其国内受到重视。先任美国海军部次长后又当选美国总统的西奥多·罗斯福不仅是马汉的热烈崇拜者，而且也是其密友。他于 1897 年就任海军次官，1901 年就任美国总统后极力强化海军建设，造就了仅次于英国的世界第二的海军力量。美国的海军主义者都奉马汉为宗师，因为他的书使他们获得了最有说服力的理论依据。

在实务层面，巴拿马运河的开通、美国的远东政策都深受马汉海权论影响。百年前列强瓜分中国之际，美国国务卿海约翰（John Hay）发表外交通牒主张门户开放（1899），马汉也立即写了四篇文章为之声援。

至于马汉对日本的影响，我们后面还要专门讨论。据马汉本人所说，他的书被译成日文的版本比译成其他语言的版本都多。日本海军学校以马汉著作为教科书，所有学校图书馆中也都有收藏。①

列强和大国从马汉的著作中得到的最大的启示是：为了具备制海权必须拥有强大的海军，这成为各国海军力量竞争和扩张的契机和理论依据。

第二次世界大战之后，世界形势发生巨大变化，但在海军界，马汉仍然受到尊奉。不过，值得注意的是美国海军战争学院在 1993 年曾经举行过一次学术讨论会，其主题为"马汉还不够"（Mahan is not e-nough），这代表一种新的觉悟，马汉固然不愧为海权的先知，但他的著作并不等于海权思想的全部。同时，包括中国学界也出现对马汉的理论再认识再评价的声音，新的形势需要新的海洋思想。

---

① Alfred T. Mahan, *From Sail to Steam*, Fireship Press 2010, p. 300.

1.3 关于"海洋战略"

海权思想对海洋战略的影响是显而易见的。战略在海洋领域的体现，早期更多地被运用到海军以及与"海权"相关的方面。但是，时至以和平与发展为主题的当代，海洋战略的指向更加广泛。

所谓海洋战略（marine strategy），是指某个国家和地区在特定时期围绕海洋发展，将理念、目标、措施集合成体系化的方略，其重点是对海洋的认知、利用、保护、合作等制定的全局性规划和政策。它具有全局性、长期性、指导性、层次性的特征。

海洋战略一般涉及如下领域和内容：确立海洋在国家或区域的位置，树立海洋思想观念，制定海洋政策大纲，制定和完善海洋基本法律并构筑其推进体制，强化国家对海洋国土和海洋事务的管理，加强海洋国际合作，推进海洋资源的可持续开发利用，保护海洋环境和资源，推进专属经济区资源开发活动，确保海上运输竞争力，确保海洋安全，推进海军建设，推进海洋调查，推进海洋科学研究和技术发展，振兴海洋产业，强化海洋国际竞争力，实施海洋及海岸带综合管理，有效保护和利用岛屿，增强人民对海洋的理解和认知，强化海洋教育和海洋人才培育。此外，还包括扩大海上运输市场，培养海上运输人才，制造新型节能船舶，发展海洋文化、海洋旅游、海洋休闲娱乐等。

本书研究的对象是日本的海洋战略，分若干章节来具体考察日本海洋战略诸问题。

2 日本的海洋战略与国家战略

以往人们谈及日本海洋战略，在大多数情况下是指日本的海洋安全战略或海洋军事战略。接下来，将重点从海洋安全、海洋军事的视角，探讨日本海洋战略与日本国家战略的关系以及相关问题，包括考察近代以来日本海洋战略的历史演变过程，分别对日本海洋战略发展的主要历史阶段，包括日本与他国建立带有海洋联盟特征的同盟战略选择的背景、影响等问题。

2.1 近代以前的日本海洋战略

日本是一个列岛国家，也是一个海洋国家。"海洋国家"既是一个地理概念，也是一个经济概念。前者是指这个国家临海、面海或被海洋环绕的特征；后者是指国家对渔业和海运等海洋经济活动依存度高。在地缘政治学的概念中，海洋国家是大陆国家的对立面。一般认为，大陆国家主要立足于陆地寻求国家力量的资源以及生存繁荣的基础；海洋国家则求之于海洋立国。大陆国家的边境以陆地为主，出于防卫的需要注重陆军建设；海洋国家则为了抵御来自海上的威胁或为了保护海上贸易航线而注重海军建设。

毫无疑义，日本是岛国。但是，日本究竟是不是海洋国家则需要历史地看。关于日本人或日本民族，常有人使用"岛国根性"这一表述，这个词汇有内向、排他的意味。有学者认为，日本人的祖先是从中国大陆（多数经由朝鲜半岛）以及从西南太平洋的岛屿利用黑潮来到日本定居的。湍急的洋流、海流和黑潮，使得在航海技术尚不发达时期的日本与外部的海上交流并非易事。弥生时代以来长达一千余年间日本以农耕为主，国内势力的争斗常常是以武士为主要军事力量，从这个意义上说，直到近代日本不仅是岛国还是一个具有相当"大陆"性质的国家。

回顾历史可以看到，日本的安全得益于海洋的庇佑，外部势力基本上没有侵略过日本。仅有的所谓"蒙古来袭"也因"神风"等因素以失败告终。近代以前对外扩张的丰臣秀吉出兵朝鲜遭受惨败。接着，德川政权为保护本国免受西洋的威胁而实行了锁国。但是经过250年的发展，西方海军力量于19世纪中叶通过炮舰外交打破日本锁国的大门。明治维新以"富国强兵"为目标，通过"殖产兴业"和海外贸易来发展经济，强化陆海军。可以说，明治维新是日本走向海洋国家的一个重要转机。明治初期，陆军以长州藩为基础，海军以萨摩藩为基础得到发展，同时，陆海军也对有限的资源进行争夺，谁主谁从也曾争论不休。

西方列强向东亚拓展势力主要沿欧亚大陆、印度洋、太平洋这三条路径。在印度洋，英国具有绝对优势，俄国通过欧亚大陆向东扩张，美国则开辟了太平洋航路。近代日本在抵御西方列强势力进入的同时，也在谋求向外扩张。鉴于当时印度洋航线对日本相对重要，日本便通过与控制印度洋的英国结成同盟来确保国家安全。也正是依靠日英同盟，日本在日俄战争中打败了俄国波罗的海舰队。

2.2 日英同盟和华盛顿体系

1902年，日本与英国结为同盟，这个同盟主要针对的对象是俄国，实质上是列强间的争霸。对于英国来说，俄国这一大陆国家的势力在远东扩张和南下甚至想独霸远东将损害英国在远东的权益，令它不能接

21

受，这如同英国不希望拿破仑、希特勒独占欧洲一样。另外，新兴的列强日本也不希望看到俄国称雄亚洲大陆。出于共同的利益需要，日英结成了海洋意味浓厚的同盟。

英国是个典型的岛屿国家。地理上缺乏战略纵深，制海权就成了关乎英国生死存亡的大问题。相对于陆军，海军力量和制海权成为保障其生存的决定性手段。

历史上英国曾插手欧洲大陆，或是与法国进行百年战争，或是夺取欧洲大陆的部分领土。但是近代以后再采取这样直接的方式愈发困难。于是，以情报战为基础，用外交战与海军力量配合行动便成了确立主导地位的基本方式。英国还成功地同欧洲多数中小国家结成了伙伴关系，并为这些国家保持独立提供支持，同时，英国通过建立海外殖民地支配了大片的陆地领土及港口。如此一来，作为岛国和海洋国家的英国，既主导和支撑了"多元"的欧洲体系，又成为"海陆兼备"的"日不落帝国"。英国是个岛国，被海洋环绕的意义和优势不仅仅在于军事防卫，还意味着拥有以海权基础的通商线路，意味着自由进行世界贸易。这使英国得以促进自身产业能力的提升，并辐射到全世界。这一时期英国的发展道路践行着由"岛国"向"海洋国家"转变的理念，即近代海洋国家的理念：海军能力、情报能力、外交能力、产业能力、通商能力，基于这些"海洋国家"的优势资源，形成以自由通商为基础的具有"弹性"的国际秩序，并以此达到维护自己的国家利益的最终目的。这在一定程度上类似当今的美国。

再看一下日英同盟潜在的对手俄国的情况。如果将俄国波罗的海舰队和远东舰队力量加起来看，其海军实力超过日本。19世纪和20世纪之交，德、美、日、俄的海军都在崛起，威胁着头号海军强国英国的绝对优势地位。正当俄国试图成为陆军和海军双料强国的时候，由于它在日俄战争中惨败，波罗的海舰队和远东舰队遭到重创。

明治维新以后日本的国家战略目标是大陆扩张。为此，日本在侵略中国台湾、吞并琉球、控制朝鲜半岛的同时，也与欧美列强竞争和协调，以消除影响和阻碍日本战略实施的"域外力量"。日本凭借甲午、日俄战争的胜利跻身于列强之列，也试图修改欧美强加给自己的不平等条约。在列强当中，日本尤其重视与英美的关系。日本在第二次世界大战前的大体情况是，外务省偏重对英美的外交，陆军则热心向亚洲发展。

1905 年的朴茨茅斯媾和会议上日本收获良多。除了日英同盟发挥作用，美国也一定程度上支持日本。日英美三方事实上结成针对俄国的同盟，而这个同盟也标志着 20 世纪初叶亚洲、欧洲、美洲的"三强"构成的海洋同盟正式形成。但后来事态发生了逆转。日本陆军在国家的政治生态中趋于强势，呈现独霸中国东北的动向。这样一来，日本实际上破坏了"门户开放"这一英美支持日本并与其结成海洋同盟的前提。对此，日本政界也出现一些势力试图阻止这个动向，但是被胜利冲昏头脑的狂妄的陆军并不妥协，日本普通民众也倾向陆军。日本许多国民想得到的是诸如大陆领土这样看得见摸得着的直接战果。但这实际上是大陆国家的思维和目标，如果是海洋国家则更致力于获得软性的成果，通过构筑有利于自己的国际关系来增加影响力，获得更多利益。而看一下当时的日本社会氛围，民众并不理解情报能力、外交能力、战略能力这些所谓海洋国家的基本"素质"，而是走上了对外扩张、与列强为伍的近代化之路，并借助日英同盟，使自己成为远东的帝国主义国家。但美国不希望看到日本在太平洋对自身利益的挑战和挤压，于 1921 年的华盛顿海军裁军会议上，通过一系列条约确立西太平洋的势力均衡，试图遏制日本，并谋求自身利益的最大化。

随着华盛顿体系在"一战"后的建立，日英同盟走向瓦解。日本更加重视对美协调，希望由日美共同主导太平洋地区的秩序。但是，日本当时重视大陆扩张的势力认为这一路线过于保守，相反在海洋国家论者看来，比扩大领土更重要的是日本借助华盛顿体系，可以创造有利于扩大通商的国际环境。

2.3 "陆主海从"与"海主陆从"

总体上看日本在"二战"之前并没有沿着"海洋同盟"的道路一直走,反而走向了"大陆帝国"。其渊源来自山县有朋。1890 年(明治二十三年)山县有朋提出"利益线"和"主权线"原则。所谓"利益线"是指能够确保"主权线"绝对安全的重要的缓冲区域,如果失去它,本土防卫(即"主权线")将出现危险。山县等人认为,对于当时的日本来说最主要的利益在朝鲜半岛,朝鲜半岛若成为敌对一方的势力范围,日本将陷于危险境地。实际上,也正是为了使朝鲜半岛成为本土防卫的天然屏障,日本挑起了甲午战争和日俄战争。吞并朝鲜半岛后,日本凭借日俄战争后确立的在中国东北的权益优势,制造了"九一八"事变,侵占整个中国东北,接着侵略华北,不断向中国大陆扩张。这种向大陆方向"利益线"的扩张,是当时日本陆军主导国家战略的结果。如果以英国式的海洋国家模式的观点看,"主权线"同样是日本本土的防卫,而"利益线"是制海权及海军实力。当然也包括情报信息能力、外交能力,以这些手段来构建有利于自己的国际体系。但在当时的日本,多数军人及民众所接受的"利益线"是向朝鲜半岛和大陆扩张。

甲午战争和日俄战争让日本尝到了甜头,日本也随之进入帝国主义列强之列。日本人也因此感到"主权线"和"利益线"理论具有说服力,很少有人反对以山县有朋为首的陆军在政治上的主导权,军部也更自信满满,愈加狂妄。

近代日本出现过关于海洋国家论的理论思考。如,德川幕府末期的坂本龙马提出"船中八策";明治前期有人计划率领商船队进行环球海上通商;主张"小日本主义"的石桥湛山;重视自由贸易的清泽洌等。在"陆主海从"的大环境下军方也有不同的声音。代表性的人物是海军中将佐藤铁太郎,他的《帝国国防史论》显然以英国为模型,主张日本应学习英国选择海洋国家的生存之道，反之，日本如果获取韩国和满洲将无暇他顾。但是，在陆军方面来看，这些观点是为了海军自身的利益。"陆主海从"的状况并没有改变。

一方面，第一次世界大战以后，日本陆军出于对新生的苏维埃政权的敌视，渲染北方的威胁。另外，日本海军对华盛顿条约中所规定日本与美军的舰艇保有率 6∶10 不满，加之世界经济萧条带来的社会矛盾，军部在政治中的话语权进一步增加，军国主义氛围日益浓厚，日本更积极推进大陆政策，也加深了与英美的矛盾。在此过程中日本开始与德国接近。"九一八"事变后，日本更为明显地走向领土扩张式的大陆国家、陆军国家的道路。第二次世界大战开始后，日本高估了德国在欧洲战场的优势，并没有与英美一起建立海洋同盟，而是与德国、意大利结成了作为"大陆同盟"的三国同盟，并试图建立所谓"大东亚共荣圈"。日本海军以获取东南亚石油为目标南下。但是，战争的发展并非如日本的预想，德国在欧洲的闪电战未能持续，苏德战争全面爆发，日本偷袭珍珠港引发太平洋战争，在中国大陆深陷泥潭，日本海军也无法保障补给线，被美国海军夺取了西太平洋制海权。日本最终战败投降。

2.4　日美同盟的海洋同盟特征

美国是当今最强大的大陆国家，同时它继承了英国海洋国家的传统，在陆海两个方面成为 20 世纪的"主角"，是 20 世纪最大的海洋国家。美国建国后很长一个时期，它是内向防御型的。首任总统乔治·华盛顿在他的离职演说中曾经告诫美国勿介入欧洲政治事务，其初衷是为了摆脱欧洲的干涉和影响，获取自由和自立，致力于充实美国自身实力。但是，西奥多·罗斯福执政时期接受了马汉的海权论，建成了白色舰队，后来美国又先后参加了两次世界大战，并成为两次大战的最大受益者。

有学者认为，东西方的冷战实际上可以看作是苏联的大陆同盟与美国主导的海洋同盟的对峙。美国用传统地缘政治的思路，利用日美同盟来围堵刚成立的新中国，敌视社会主义阵营，不甘心它长久以来期待中国"门户开放"的破产，因此介入朝鲜战争、介入越南战争、推行麦卡锡主义。即使如此美国并没有放弃其海洋国家的性质。日美安保体制似乎更体现出针对大陆的海洋同盟特性。

日本吉田茂内阁时期最重视的是如何使战后的日本成为一个通商国家和经济大国。朝鲜战争爆发后，杜勒斯强烈要求日本重整军备"为自由世界作贡献"。对于美国的要求，日本采取不作为的政策，推行轻军备、重经济的路线，20 世纪 60 年代经济进入高速成长时期。在日美同盟的庇护下发展经济，成为战后很长一个时期日本的基本国家战略选择。1957 年，日本第一部《外交蓝皮书》推出"外交三原则"，即以联合国为中心、作为亚洲的一员、与自由主义国家协调关系。但是从战后日本外交的实际来看，这个外交三原则更像是一种招牌式的希望而非实践。实际上，战后日本外交基本上是追随美国或者说是以日美同盟为主轴展开的。但是日美之间也各有思虑，相互利用和算计。20 世纪 80 年代，美国在日美贸易摩擦中打压日本，迫使日本自我约束。这其中与美国一些产业的竞争力下降的心态失衡有关。联想到目前中国经济的发展让美、日感到的压力和心态失衡的种种表现，不由得使人感叹历史的相似。

20 世纪 50 年代一度出现"反吉田"思潮。当时，鸠山一郎、岸信介等右翼政治人物宣扬改宪和重整军备，但未能获得日本多数国民的支持，日本依然沿着吉田路线行进。60 年代，在池田勇人内阁时期新安保条约签订之后，日美同盟实际上保障着日本在全球的经济活动。由于美国的热心推动，日本得以成为 GATT（后来的 WTO）、IMF 、OECD 等一些国际经济和金融组织的正式会员。日本也宣称自己成为所谓自由世界"三大支柱"（美、欧、日）之一，这显然带有昭示日本是以美国为首的海洋同盟的重要力量的味道。

20 世纪 70 年代初的"冲绳返还"是战后日美关系发展的一个高潮。但随着日本经济的高速增长，此后两国出现长期的经济摩擦。日美关系开始进入既友好同时又是互为竞争对手的所谓"协调与对抗"的阶段。在安全领域，日本出现了在日美同盟框架的基础上发展军备的倾向，有人提出构筑"基础防卫力量"的方针。高坂正尧则提出了日本应具有"拒否力"而不是"抑制力"的观点。中国由于防范苏联的需要，对日美安保的态度开始趋于缓和，中美开始改善关系。因为这样一些变化，有日美学者认为，从这个时期开始日美安保的存在与其说是为了与"共同的敌人"作战，不如说变成了一种"地域安定装置"，这种说法到冷战后也一直有。

随着冷战的结束和苏东剧变，无论是北约还是日美同盟，按理说其存在已无必要。但是，日美两国最终达成的意见是，即便没有共同的敌人，也还应将日美安保作为一种安定装置，应对各种不安定因素。随之也出现了重新定义日美安保以及制定日美安保新指针的情况。有日本学者甚至宣称日美同盟"是太平洋文明的脊梁"。这显然是过于自我"抬举"的言过其实，甚至是奇谈怪论。随着中国的迅速崛起和美国亚太再平衡战略的推进，近年来日美同盟针对中国的色彩日益浓重，美、日、韩等结成东北亚"小北约"的动向值得警惕和关注。日美同盟这个所谓"海洋同盟"在可以预见的未来仍然会继续存在和强化。

综上所述，我们可以把日本 20 世纪末之前的海洋战略①归纳为五个时期：

第一，德川幕府实行的锁国政策，可以说是日本第一个海洋战

---

① 作为列岛国家的日本，其国家战略总是与其海洋战略相互交织。日本的国家战略很大程度上就是它的海洋战略。

略。① 它既是一个国家战略、对外战略，也是一个海洋战略。日本采取"锁国"这样一个使国家相对"孤立"的战略，在当时是有效和成功的。

第二，明治维新后建立的日英同盟，可以说是第二个海洋战略。它促进了日本的近代化，是日本最初的与海洋大国的结盟，在日本来看这是它现实而成功的选择。

第三，加入华盛顿条约体系，这是日英同盟解体后日本走向军国主义的海洋战略，它规定和限制各国海军发展规模，提升了日本的比例，规定了夏威夷以南和新加坡以西的海域欧美不能建设海军基地等，为日本创造了相对稳定的国际环境和海洋环境。

第四，是德意日三国同盟，使日本军国主义走向极端和覆灭。这个选择，让日本尝到了几乎亡国的战败的滋味。

第五，是日美同盟。在日本来看它是一个最成功的持续时间最长的海洋战略。美国以其强大的军事力量做后盾，控制了世界几乎所有的大洋和重要海峡，日本选择与美国结盟也就能使日本可以利用这些海域和通道进行通畅的航行，它不仅确保了日本这个高度依赖海洋的国家的生存，也使它成为世界经济贸易大国。

日本战略学界普遍认为，日美同盟是最理想的国家安全战略，也同时是一种海洋战略。海洋是这一战略的基本依托，日美同盟是战略的核心。

2.5 海权论对日本的影响

1890 年，即中日甲午战争的四年前，马汉出版了《海权对历史的

---

① 日本列岛统一以后较长的历史时期（特别是飞鸟、奈良、平安初期），几乎是一边倒地学习和模仿中国文化和制度。"海洋战略"大概只能上溯到近代的江户时期。

影响》一书，后来通常又被称为《海权论》。马汉在书中指出：海运随
着通商的发展而发展，因此港口就显得十分必要，而港口的建立又需要
殖民地，为了确保海运和海上交通的安全，海军就显得非常重要。国力
当中的通商、海运、殖民地、海军等力量的总和就是海洋力量，或称为
制海权。

马汉分析了从 17 世纪到 19 世纪的欧洲史。曾经因发展通商、海
运、殖民地而强盛的西班牙、葡萄牙、荷兰逐渐衰落，法国也失去了海
洋控制力量，最终英国控制了七大海域，原因是它掌握了制海权。马汉
还列举了对制海权有重大影响的要素：国家的地理位置、地形、从事涉
海业务的人数、国民性等，但是这些要素基本上是固定不变的，或者不
是一朝一夕就能改变的。虽然最早提出制海权思想的并不是马汉，但是
马汉将这一思想以明确的形式展示出来，并使美国、德国、日本等国加
深了对海洋与海军的认识。

日本海军中将佐藤铁太郎比马汉年轻 25 岁，他与海军大将铃木贯
太郎是同一时期的人。佐藤主张应将"陆主海从"改为"海主陆从"。
佐藤在其任大尉的 1892 年，继马汉发表《海权论》的两年后写了《国
防私论》，提出在日本的防卫中海军比陆军更重要，他的这一主张受到
关注。

在英国留学两年后的第二年即 1902 年，已成为少校的佐藤又出版
了《帝国国防论》。在书中他建议日本应仿效英国。英国正是因为放弃
欧洲大陆转为强化海军力量，向海外追求财富才成为日不落帝国。他指
出，日本陆军的大陆扩张论是错误的，如果进入大陆将会招来与俄国的
对峙，也会招来中国、朝鲜的民族主义反抗以及围绕争夺市场与英美的
冲突，建设大规模的陆军还会因征兵而增加国民的负担，而陆海军并重
发展则在财政上难以负担。

从陆海军的制度来看，1869 年（明治二年）日本成立兵部省，三
年后分为陆军省和海军省，形成陆海军并立格局。但是由于总参谋的首

领来自陆军，因此在军令方面海军从属于陆军。海军在甲午战争的前一年即 1893 年曾经试图独立，但陆军认为，即使海军毁灭也不会伤及日本帝国的生存，只要有国土、国民，陆军就能维持国家的存在，陆军责任重大非海军可以同日而语，从而消除了海军的企图。

六年后的 1899 年，日本海军再度要求独立，陆军又表示反对，强调国防的主体始终是陆军。又经过数年，海军军令部最终独立于日俄战争的前一年即 1903 年，佐藤的主张无疑起了很大作用。

1909 年，佐藤铁太郎发表了《帝国国防史论》，认为应该努力与中国、朝鲜保持亲善关系并提升陆军军力，以防俄罗斯南下。他在两年前提出的国防方针中认为：日本必须扩大在满洲和朝鲜的既得利益，进一步提升向南方、太平洋延伸的能力，并将其作为帝国的施政方针，否则一旦事态生变，不能在海外确立攻势的话，国防就会完全崩溃。他认为第一假想敌是俄罗斯。

日本吞并韩国是 1910 年，佐藤于两年后在他的论文中写道，日本"合并韩国也是一种办法，但不如帮助韩国建成一个稳定的独立国家，通过它的存在来避免日本与其他大陆国家的直接交涉，这才是一个良策"。他强调"帝国国防应以防守自卫为宗旨，把形成制海权的军备建设放在首位"，"军备要确保帝国及其领土安全，不让敌国踏入领土一步，还要保护海上交通，有事迅速由和平状态转入战时体制"，明确提出日本应该同英国一样，将海军作为一线国防，世界将在海洋上决定胜负。①

日本另一位海军战略家秋山真之，1897 年 6 月被派到美国留学，他师从马汉并将其著作介绍到日本国内。他强调保持日本舰队内部力量平衡的重要性，大力倡导日本建设"八·八舰队"。

---

① 防衛研修所戦史室编：《戦史叢書》（31 海軍軍戦備 1），朝雲新聞社 1966—1980 年版，第 119—125 页。

佐藤铁太郎和秋山真之都是日本海权思想史上的重要人物，他们对日本海军的发展及海军在日本国家的地位所产生的影响不容忽视。

2.6 日本海洋战略与国际法和国际政治

海洋法的历史已有数百年，在其发展过程中，公海自由逐渐演变成为不自由或者说被限制了的自由。马汉虽然曾把海洋比作一条全人类共有的公路，但是，他所处的 100 多年前的时代也有领海、内河的主张，也有出于国防或渔业上的考虑对领海以外的周边海域主张排他性权利。

从 20 世纪中期开始，海底石油、天然气的资源开发以及大量珍稀矿物资源受到普遍关注，围绕其归属也引发了沿海国家之间的争夺。美国于 1945 年提出大陆架的管辖权，巴拿马和阿根廷也追随其后。1966 年，厄瓜多尔和阿根廷宣布其领海为 200 海里，不久南美大部分国家也纷纷效仿。但是认为领海为 200 海里的是少数国家，大多数国家设定 4 海里、6 海里、12 海里等为领海，日本在 1977 年的《领海法》中规定为 12 海里。但是宗谷、津轻、对马、大隅四个海峡为 3 海里。印度尼西亚于 1960 年、菲律宾于 1961 年分别宣布周边岛屿连线围成的海域为其内海，也因此出现过邻国渔船屡屡被印度尼西亚海军捕获，大型货船也曾被迫在马六甲海峡滞留的情况。

由于各国对海洋权利的主张纷纭，1973 年国际海洋法会议召开。经过近十年的马拉松式的磋商，终于在 1982 年签署了《联合国海洋法公约》（以下简称《海洋法公约》或《公约》），其中规定海岸线 12 海里以内为领海，海岸线 200 海里以内为专属经济区（EEZ），群岛国家的群岛水域得到认可，国际海峡可以自由通行，也规定了潜艇通过海峡时的状态。

然而《海洋法公约》并未解决所有问题，例如群岛国家水域设定航线问题。印尼这样的群岛国家虽然在群岛水域设定了航线，但其设定的三条航线均为南北走向，而美国也要求设定东西走向的航线。①

近年来，沿海国家围绕岛屿主权的纷争愈发激烈。中日之间关于钓鱼岛，韩日之间关于独岛（竹岛），日俄之间关于北方四岛（南千岛群岛）都存在争议。中国南海的南沙群岛近年成为热点争议地区，越南、菲律宾、马来西亚、文莱都非法占据着我国南沙群岛的一些岛礁，或无理主张对南海岛礁拥有主权。1982年阿根廷与英国之间围绕马尔维纳斯群岛甚至发生战争，英国派遣重兵不惜远征南大西洋占取该群岛。对俄罗斯来说，南千岛群岛（北方四岛）不仅是国防上的要塞重地，在经济方面周边是丰富的渔场，水产品产值占整个俄罗斯的20%以上。

海盗也成为全球性问题。在索马里和东南亚海域等地尤其多发，马六甲、新加坡两海峡，南海北部，以及菲律宾、印度尼西亚水域都时有发生。世界有关国家也在致力于合作打击海盗，通过护航等手段保护本国和他国的商船。海盗也通过使用钢甲船、强化武器装备、通信装备等手段加以对抗。

可见，海洋问题从某种意义上说也是政治问题。海洋政治、法律、外交、军事等是未来处理海洋问题的主要领域。

2.7　日本海洋战略与世界军事

军事意义上的海洋控制就是确保本国海上武装力量的防卫和打击能力，以及确保船舶的安全航行。面对敌方威胁，即使不能实现完全的海洋控制，但各国都希望尽量减少受害。在1991年的海湾战争中，美国海军可以说成功地实现了完全的海洋控制，但战争即将结束时宙斯盾巡洋舰和大型登陆舰却在科威特海面触雷受到重创。伊朗核问题引发的美伊对抗中，围绕霍尔木兹海峡封锁与反封锁的威胁，无论是美国航母还

---

① 美国尚未批准《联合国海洋法公约》，但美国国防部从国防需要出发要求议会尽快批准。

是伊朗的导弹鱼雷，双方的海洋威慑就是控制与反控制的争斗。回顾历史，"二战"中的大西洋之战就是英美的海洋控制同德国的海洋威慑之间的战争。面对英美的船队，德国利用 U 艇、轰炸机，以及"俾斯麦""格拉夫·斯佩"等主力舰试图阻挡英美舰队。冷战中苏联海军的目标就是进行沿岸海域的海洋控制以及外侧海域的海洋威慑。苏联设想的是，当接近苏联沿岸的美国舰队从航母上发起飞机进攻或者发射战斧式巡航导弹之前，先用中程轰炸机或搭载对舰导弹的奥斯卡级核潜艇等对其进行阻击，这就是"海洋威慑"。再就是利用同以前的 U 艇类似的潜艇来攻击敌方船队，这也是海洋威慑。这也是近似于近年来人们常说的反介入手段。

战斗力的展开能力是指向远方陆地的兵力投送能力。这里所说的兵力通常指常规兵力，并不包括核武力甚至远程导弹打击能力。就像在朝鲜战争、越南战争、海湾战争、伊拉克战争中所展现的那样，美国拥有强大的战力展开能力和兵力投送能力。中国发展航母在很大程度上也是为了更好地进行远程战力投送。

虽然已经是后冷战时代，但美俄的飞机和舰艇依然巡逻在特定的海域，核潜艇也时刻保持只要接到命令就能发射弹道导弹的状态。美俄的战略核武器由所谓的洲际弹道导弹、潜艇发射导弹、战略轰炸机三大支柱组成。潜艇因其隐蔽性强，在三大支柱中最受重视，因此，美俄都把潜艇发射导弹作为受到第一波打击后的报复打击性武器。虽然美俄根据削减战略武器条约也在不断削减核力量，但是核武器的规模和它对世界的毁灭程度依然巨大。除了传统的有核国家美、俄、英、法、中以外，其他国家，如印度、巴基斯坦、朝鲜、以色列等也发展了或正在发展核武器。世界核不扩散体系正受到严重威胁和挑战。

日本的国防主要依靠日美同盟，同时也得益于海洋。"二战"后长期以来，日本海上自卫队的主要任务是控制距离海岸 1000 海里的海洋，即确保航行在此范围商船（包括出发和到达日本港口的）的安全。重点是对潜艇作战以及当潜艇布雷情况下的扫雷行动。对日本来说"海上生命线"延及中东、北美、东南亚、澳洲等地区，由于无论哪条线都远远超过1000海里，所以扩大防卫范围甚至形成在全球能够参与作战的能力，就成了日本近年来军事战略调整的重要内容，这从2015年日本通过新安保法案即可看出。

第二次世界大战前，日本的外交是先后围绕三个基轴来展开的。一是20世纪头20年，日本与英国结成海洋同盟；二是第一次世界大战后的20年代，日本在凡尔赛—华盛顿体系下与美国达成妥协和协调；三是"二战"后与美国建立的海洋同盟。但是日本有人认为，原本致力于海洋同盟的日本最终也走上了重视陆军、扩张领土的道路，在制定的《帝国国防方针》里，由于在东亚扩张势力的同时，陆军把俄国（和后来的苏联）、海军把美国分别当作假想敌，这就成为最终日本战败的原因之一。因此，日本后来有学者反思认为，与世界主要大国的双方同时建立友好关系是一种非常有利的外交资源，反之，如果与这两方都成为敌人，不但将给自己带来无法承受的负担，在外交上也势必难以应对。军国主义的日本野心勃勃，把世界主要大陆国家和海洋国家作为假想敌，把自己既当成大陆国家又当成海洋国家，然而日本却没能（也无法）在这两条轨道上顺利地走下去，因为两根轨道方向不同，最终难免"脱轨"。

3　近代以来日本的海洋军事战略

3.1　日本海军的建立

德川幕府末年的开国海防论是日本海军思想源流的起点。18 世纪以来，欧美势力向远东扩张过程中对日本的侵扰也不断加剧。幕末日本的国防环境日益严峻，使得少数日本人的传统的朴素海权观念开始发生变化，有识之士的危机感与日俱增，有关海防的言论在这种背景下出现了。

幕府的海防论分为两类：一是以仙台藩士林子平为代表的民间积极开放的海防论；一是以幕府统治阶层为代表的消极锁国的海防论。作为日本近代海防理论的先驱之一，林子平于 1786 年在其《海国兵谈》一书倡导开锁国、放禁海、建海防。他认为，"所谓海国是指无接续之地、被大海所包围之国。军舰乘风而行，只需一两日便可纵行日本。海防不可懈怠。海国防御在于海边。海边兵法在于水战，水战之要在于大炮。此为海国之必须。从江户日本桥到中国、荷兰均乃无境之水路也。"① 林子平强调建立"海国武备"的重要性，其"海国海防"论，是日本近代海防意识觉醒的起点。1853 年 7 月 8 日，美国海军提督佩里率领东印度舰队进入东京湾，要求日本开国，史称"黑船事件"，这

---

① 《林子平の海防論》，参见 http://www.geocities.jp/macshoji77/history/shihei.html。

一事件最终打破了日本历时二百余年的锁国状态，结束了幕府的锁国海防。严峻的形势、前所未有的外部压力，迫使幕府不得不加强军备，并试图建立一支西洋式的海军以备海防。

但是在此之前，日本不仅无军舰，就连船舶也不多。日本真正的近代海军建设是伴随明治维新同时开始的。明治政府海军省成立于1872年，当时收集来的破旧舰船大小合计仅仅17艘，共13832吨。1875年向英国订购了3艘军舰，同时也开始在国内建造3艘。甲午战前，日本海军拥有军舰31艘（59898吨）、鱼雷艇24艘（1475吨）；正在建造的军舰6艘（33330吨）、鱼雷艇2艘（165吨）。至此，常备舰队已经编成。①

1883年12月，明治政府颁布了修改征兵制度的法律。规定全国男子17岁以上，40岁以下者均须服兵役。海军兵役分为常备、后备及国民兵役三种。常备兵役又分为现役和预备役二种。现役3年，预备役4年，现役结束后再作为预备役服役；常备兵役服完还得服后备役5年。明治政府依靠征兵制确立了全民皆兵、天皇直接统帅和统帅权独立等建军基本原则。海军确立了以征兵制为基础，以志愿兵为重点的兵役制度，对其战斗力的加强、海军的发展壮大都起了重要作用。

明治维新后，新式海军教育被提到议事日程。1869年，明治政府恢复了位于东京筑地的幕府时期的海军操练所。1870年，海军操练所改名为兵学寮。1873年，聘请的英国海军教官团重新制定了海军兵学寮的规章制度，新设轮机专业，使海军教育开始了正规化建设。1876年，海军兵学寮更名为海军兵学校，1888年8月，海军兵学校从筑地迁到广岛县江田岛。这一年也是中国北洋水师成军的同一年。江田岛后来被称为日本帝国海军将领的摇篮，直到1945年被撤销。明治政府还大力发展各类海军专业学校，以培养海军专门人才。除了海军兵学校

---

① 外山三郎：《日本海軍史》，吉川弘文馆2013年版，第40—46页。

外，还有海军轮机学校、海军军医学校、海军经理学校、水雷学校、航海学校、海军大学校等。形成了较为完整的近代海军军官教育体系，为日本海军建设培养了急需的人才。

明治政府首次向外派遣的留学生，是到外国军舰学习的实习生。1870 年派遣两名学员到英舰上实习，学习航海技术，后又多次派往英、美等国家。至 1887 年为止，派赴英国 25 人，美国 21 人，法国 6 人，德国 1 人；派往英舰 5 人，美舰 3 人，德舰 8 人。包括以上人员，到 1907 年日本海军派出留学生的总人数达 150 人，派往各国舰艇人数达 21 人。① 明治时期的日本海军元帅及少将以上将领中，除了旧幕府和各藩培养的军事人才以外，如东乡平八郎、山本权兵卫、坪井航三、井上良智等人都曾赴欧美留学，回国后都成为日本海军的高级将领。

明治初年，日本政府还出高薪聘请外国技术专家和教师提高军事教育水平，使学员迅速掌握西方的近代海军技术。1870 年，兵部省聘请英国海军大尉哈斯，次年聘请布林克理，分别负责对龙骧舰的炮术生传授炮术。1873 年，聘请英国海军道格拉斯教官团 34 人任海军兵学寮教官，教官团由 6 名军官、12 名士官、16 名水兵组成。教官团帮助日本重新制定了海军学校的规章制度，促进海军教育走上正轨。②

明治维新后，日本面向东西两大片海域分别设置镇守府。东海镇守府位于横滨（之后移往横须贺），西海镇守府位于长崎。根据 1886 年制定的海军条例，又将全国海岸线划由五个镇守府管理：北海道室兰、神奈川县的横须贺、京都府的舞鹤、广岛县的吴、长崎县的佐世保，这些地方后来都成为日本重要的海军重镇。这一制度于"二战"结束当年的 11 月被废止。镇守府是日本海军的基地，也是管理舰队后方勤务的中心。1876 年成立东海、西海两个镇守府。东海镇守府设于横滨，

① 外山三郎：《日本海军史》，吉川弘文馆 2013 年版，第 28—29 页。
② 丁一平：《世界海军史》，海潮出版社 2000 年版，第 361 页。

1884 年 12 月从横滨迁往横须贺，即为横须贺镇守府。根据 1886 年颁布的海军条例，全国的海岸及海域划分成五个海军区，在各海军区设置镇守府和军港，为执行任务的舰队提供随时停泊、修整和补给的港口，并提供舰船修造设施。镇守府除作为海军基地担任后勤保障任务外，还具有内线部队的性质，担负日常警备，以保障外线部队无后顾之忧地去对付海外之敌。中日甲午战争之前，日本虽然只开设了几个镇守府，但是它对稳定当时编成的常备舰队的后方起了重大作用。

日本常备舰队的编成可以追溯到 1871 年成立的小型舰队，1872 年发展为中型舰队，1885 年又发展为常备小型舰队。所谓"常备"是根据其担负的任务而言。鉴于这些组建的舰队均是中小型舰队，其作战能力有限，所以日本于 1889 年新编成了常备舰队。常备舰队可以看成是一旦有事便能随时出动的、机动的常态化舰队。常备舰队逐年都有新造舰艇服役，并进行经常性训练演习，以确保战术技术水平的提高。日本最终在甲午战争前夕的 1894 年 7 月编成了联合舰队，它也成为日本帝国海军的象征。

3.2　日本海军的近代化

伴随经济的迅速发展，日本陆海军的实力也不断加强，其对外扩张的野心也急剧膨胀。日本侵略中国台湾、吞并琉球、觊觎朝鲜半岛导致与中、俄的矛盾日益突出。1882 年在朝鲜的发生的"壬午事变"是日本同中国矛盾激化的公开宣示，随之日本便将中国视为第一假想敌。

从海军力量对比来看，1890 年清国的海军实力排名超过日本，铁甲舰、非铁甲舰以及鱼雷艇的吨数在数量上都优于日本。日本政府为对抗清朝海军，1883 年 2 月通过了总额为 2400 万日元以八年为期的军备扩张案，计划建造包括大型军舰 5 艘、中小型 12 艘、鱼雷炮舰 12 艘在内的合计 32 艘的军舰，1886 年发行海军公债 1700 万日元，通过了用三年建造包括一等铁甲舰在内的各类舰只 54 艘，合计 66300 吨的军备扩张案。① 为了能战胜北洋舰队，日本海军省 1884 年颁布了《舰队编制》，将舰队分为常备舰队与警备舰队，并于 1894 年 7 月按照战时编制首次组成联合舰队。

清朝在甲午战争中战败，日本迫使中国签订丧权辱国的《马关条约》。中国支付的巨额赔偿金，成为日本继续扩军的资金保障，在中国赔付的总计相当于 3.65 亿日元的巨款之中，从 1896 年开始的七年间有 34.1%（1.25 亿日元）被用于海军军费，海军计划 7 年间建造大小舰艇 39 艘，这是海军在甲午战争之后的第一期扩张，加上陆军军费所占的 15.6%（0.56 亿日元），合计有 50% 的赔款被用来扩充军备。海军随后又提出了从 1896 年开始的 10 年间增建包括 4 艘装甲舰在内的各种舰船 584 艘，所需经费 2.13 亿日元的计划案，并获得通过。② 此后 1897 年通过对俄军备第二期军备扩张计划。1902 年，由山本权兵卫海军大臣提议对俄军备第三期扩张计划，也在 1903 年获得通过。

甲午战争后，日本一跃成为亚洲的强国。日本获得的大量战争赔款，进一步激起其国内扩充军备的狂热，而对俄开战的舆论也开始甚嚣尘上。同时，俄国也增加了在远东的军事力量，进一步加强防御，扩大其在朝鲜和中国的侵略成果，日俄之间的矛盾日益突出。

三国干涉还辽让日本在"卧薪尝胆"的口号下开始了十年的海军扩张计划。1896 年军费所占总预算的比重为 48.2%，1898 年所占的比重已达到 49.1%，1900 年所占的比重为 36.7%③。在此期间建造了 109 艘军舰，总吨位超过了二十万吨，海军人员的规模从 15100 人增至 40800 人。全新的舰队中有的战舰是当时世界上最大的军舰之一。在此

---

① 小山弘健、浅田光辉：《日本帝国主義史》（上卷），東京：新泉社 1985 年版，第 36—37 页。

② 防衛研修所戦史室編《戦史叢書》（8 大本営・陸軍部 1），朝雲新聞社 1966—1980 年版，第 53 页。

③ 小林丑三郎、北崎進：《明治大政財政史》，巖松堂書店 1927 年版，第 179—181 页。

期间，三菱等公司也开始自行建造舰艇（日俄战争期间日本许多民众商船也被军方征用）。日本海军也开始组建了潜艇部队，1904 年，日本海军从通用动力电船公司购买的五艘潜水艇运抵横须贺海军工厂，次年年底组装完毕并投入了使用。

1904 年 2 月日俄战争爆发。翌年 5 月联合舰队司令官东乡平八郎率领舰队将从波罗的海驶来的俄国第二太平洋舰队击沉 2/3，正是由于这场日本海海战的大胜，加速了日俄战争的结束。日俄最终于 1905 年 9 月 5 日签订《朴茨茅斯和约》。俄国将在朝鲜与中国东北的利益拱手让给日本，日本跻身强国之列。

经过甲午战争和日俄战争，日本成为世界海洋军事大国。由于联合舰队在日俄海战中取得了重大胜利，使得联合舰队在日本海军中的地位骤然上升，并成为一种最高战斗实力的体现。从此在日本海军中形成了舰队第一主义的风尚。此外，两次对外战争的胜利还使日本海军中出现"大炮巨舰"主义，笃信坚船利炮才是海战中制胜的最关键因素，笃信海权来自舰队决胜于海上，这种思想被尊奉到"二战"结束。

日俄战争结束后，俄国退出了在太平洋上的角逐。此后美国在这一地区的影响力日增，日美矛盾逐渐加深。日本政府很快调整了国防方针。1906 年 12 月日本天皇下令参谋总长奥保巩、海军军令部长东乡平八郎等协同制定日本帝国国防方针。1907 年 2 月，两人将《帝国国防方针》《国防所需兵力》《用兵纲领》三份文件上奏天皇，并获天皇批准。

《帝国国防方针》的要点是：假想敌国一是俄国，美、德、法次之；陆军编制保持 25 个师团，兵役年限为 17 年；海军须建成"八·八舰队"，即两万吨级战舰 8 艘，1.8 万吨级装甲舰 8 艘。[①] 该国防方针虽

---

① 防卫研修所战史室编《战史丛书》（91 大本营·海军部联合舰队 1），朝云新闻社 1966—1980 年版，第 115—118 页。

然将俄国设定为第一假想敌国，但这是陆军的意思，海军的第一假想敌为美国。因陆海军所确定的假想敌国不同，故而致使陆海军在扩军上出现意见分歧和对立。

"八·八舰队"计划是日本海军开始建设大舰队的第一步。目的是让日本海军拥有一支最精锐的舰队，使主要假想敌国在远东不敢发动战争，为此至少要有战列舰和装甲巡洋舰这两种战舰各 8 艘，此外还必须拥有巡洋舰和大小驱逐舰若干艘，以此作为海军第一线舰队。

这期间，日本海洋军事战略在理论上主要是受马汉的海权论的影响。佐藤铁太郎（1866—1942）、秋山真之（1868—1918）等人是马汉海权理论在日本的代表人和传播者。

佐藤与秋山二人认为日本舰队应该采取"渐减迎击战略"，其基本主张是，由于美国舰队过于强大，倘若发生美日之间的战争，在美国进攻日本之初，日本应该选择用辅助兵力或鱼雷等其他阻击手段避其锋芒，消耗美国舰队的实力，择机选择两国主力舰队的决战。这一战略深深影响了后来日本海军的实践。从 1907 年起，尤其是《华盛顿条约》之后，日本海军倾心于渐减作战构想的完善，以渐减战略为指导的渐减作战模式成为日本海军的法宝。但是，这一战略却在太平洋战争中失效。渐减战略和该战略指导下的渐减迎击作战对太平洋战争的进程和最终胜负产生了重大影响。在渐减战略指导下，日本海军在军备和战术上片面发展，成为一支畸形的舰队，这也成为日本海军在太平洋战争中失败的重要原因。

3.3 第二次世界大战后日本的海洋军事战略

"二战"后日本"海军"不复存在，"海上自卫队"成为新的海上武装力量，海洋军事战略发生了很大的变化，概括起来可以分成以下几个阶段。

一是近岸防御阶段（20 世纪 50 年代初至 60 年代初）。从 1951 年《日美安全保障条约》签署到 1960 年安保条约修改，是日美同盟的第一阶段，该条约从 1952 年 4 月底开始生效，美国名正言顺地获得在日本领土上保留军事基地和驻军的权利。日本选择了依靠日美同盟，由美国单独"保护"来发展经济的国家安全战略。战后日本宪法明确规定放弃战争，不保持战力，否认交战权等，被称为"和平宪法"。这一时期的日本海上自卫队经费有限，兵力薄弱，只有舰船 28 艘，后来发展到 213 艘吨位小、质量差的舰艇，所制定的主要任务为"对付发生在港湾、内海及沿岸海域的事态"和防止"间接侵略"。其主要作战对象明确为苏联、中国、朝鲜等社会主义国家。这一时期，日本海上自卫队处于初建阶段。

二是近海防御阶段（20 世纪 60 年代初至 70 年代初）。1960 年 1 月《日美共同合作与安全保障条约》正式签署，通称《新日美安保条约》。该条约规定：为了日本的安全及维持远东的国际和平安全，美国的陆海空军在日本可以使用相关设施和地域。确认了美国继续享有在日本驻军和保持军事基地的权利。同时，条约也首次明文规定日本承担着在日本领土上与美国共同作战的义务。这样，日本海上自卫队进入了从单纯依靠美国保护逐步变为联合防卫的阶段。这一时期日本经济迅猛发展，具备了较为雄厚的经济基础。随着越战爆发，美国为了减轻亚太防御压力，要求日本加强军备。在美国的支持下，日本的海上自卫队发展到 4 万多人，拥有 195 艘舰艇且质量有所提高，其作战重点也由"近岸防御"转向"近海防御"。其主要任务是在日本领土遭到"入侵"时，对沿岸战略要地进行防御，迟滞敌人进攻，等待美军驰援。此时日本海军已初步建立了一支可近海机动反潜、为船队护航、海峡封锁和近岸防御相结合的海上作战力量，能在距岸 500 海里范围内遂行反潜护航任务。

三是近海专守防御战略阶段（20 世纪 70 年代初至 80 年代初）。70年代，随着美国在亚太地区的战略收缩，日本在强化自身防卫力量的同时，参与地区安全事务越来越多。1970 年 6 月 22 日，日美两国声明宣布《日美安保条约》无限期延长。1978 年 11 月，日美双方再次签署《日美防卫合作指针》，其中规定海上自卫队和美国海军为了保障日本周边海域防卫和海上通道安全，实施共同的海上作战。双方进一步明确军事分工：美国负责提供核保护伞，应对战略进攻，日本承担本土防御及远东地区对日本安全有重大影响事态的反潜护航作战，日美安全合作进入分工明确化和功能扩大化阶段。1972—1976 年，日本制订了第四次防卫计划，提出了"近海专守防御"战略。所谓"专守防卫"是指在领土周边进行防御作战的"近海防御"内容不变，同时对日本列岛周围数百海里海域及伸向东南、西南的 1000 海里的海上交通线，作"专守"防卫。这样，日本的防卫实际上已扩大到公海，海上自卫队可以主动出击、歼敌于外海。

四是实施远洋积极防御战略（20 世纪 80 年代初至 90 年代初）。1986—1990 年，实施中期防卫大纲之后，日本实际上已经达到相当的军力水准，其性质已不仅局限于防御，而且有了主动进攻的机制。日本军事实力由"专守防卫"阶段朝着御敌于国门之外的目标发展。随着日本防卫能力的不断提升，美国倚重日本实现其亚太利益的需求越来越大，日美同盟开始向地位趋于平等的"伙伴同盟"过渡，共同的战略需要也使日本在同盟中逐渐找回了一定的自信。日本海上自卫队战力进一步强化，也乐于接受美国提出的由日本分担关岛以西、菲律宾以北的防卫任务的要求，相应地将"近海专守防御"战略调整为"远洋积极防御"战略。此时日本海上自卫队基本完成了舰艇大型化和多用途化的发展计划，为担负这一战略任务而编成的"八·八舰队"业已组成 3 支，所以向美国明确表示愿意担负周边数百海里、航线 1000 海里的防卫任务。这一战略一方面体现出日本向"洋上歼敌"作战思想的回归，另一方面也说明其已自认为具备护卫 1000 海里海上交通线的能力。

五是实现海外派兵（20 世纪 90 年代初至 21 世纪初）。海湾战争后期，在美国对多国部队追加支援的要求下，日本于1991年4月将自卫队扫雷艇派往波斯湾。1992年6月15日，日本国会通过了PKO法（《协助联合国维持和平活动法案》）以及国际紧急援助队派遣法修正案。9月17日，自卫队参加了柬埔寨维和活动，这是日本第一次海外维和行动。1993年3月，日本自卫队又参加了莫桑比克的PKO活动。这样，日本以海湾战争为契机，制定了PKO法并参加了海外维和活动，从而突破了战后以来日本宪法所规定的禁止派兵海外的禁区。此后，日本加快步伐为海外派兵"铺路"。1995年11月8日，日本《新防卫大纲》出台，其安全战略的目标由本土防卫转向"基础防卫"。根据新大纲，日本将加强与美国在情报、演习、训练装备技术及驻日美军活动方面的合作。这种合作可以扩展到东亚乃至东亚以外地区。1996年4月，日本和美国签署《日美安全联合宣言》，宣言肯定美日关系是历史上最成功的两国关系，着重强调以日美同盟为核心的两国同盟对维持21世纪亚太地区的繁荣与稳定将发挥重要作用。两国同意修改防卫合作指针。联合宣言实际上是两国对美国东亚战略及日本新防卫大纲的正式确认，是对日美安保条约的重大改变。之后，美日两国于1997年9月23日正式公布新的《日美防卫合作指针》。新"指针"重点强调了日美应对日本周边事态的必要性，日本在日美同盟中的作用更大，如情报搜集、扫雷、补给、强行登船检查、实施海上封锁、人道主义救援、提供军事基地与设施、承担为美军治疗伤员等后勤支援等。① 美日两国在军事方面的合作范围进一步扩大，作用得到加强。为进一步落实新指针，1999年5月24日，日本参议院通过《日美防卫合作指针》相关三法案，即《周边事态法》《自卫队法修正案》《日美相互提供物资和劳务协定修正案》，允许日本政府在美军介入日本"周边"军事冲突时派兵为美军提供海

---

① 《新たな日米防衛協力のための指針》，见日本外务省《外交青書》（41号），日経印刷株式会社1997年版，第316—324页。

上搜救、后勤支援等后方支持，遏止和干预"周边事态"成为冷战结束后日美军事同盟的一项新使命，参与国际军事活动被确定为冷战结束后自卫队的主要任务之一。

六是主动出击和海外干预（21世纪以来）。进入21世纪以来，传统的"专守防卫"被视为是一种被动防御性安全战略，已经不能适应日本作为海洋国家的安全防卫需要，因而日本要不断扩展其海上地理空间，采取主动出击的方式将任何地区性挑战或威胁置于其可控范围之内。早在冷战结束后，日本就开始致力于冲破种种政治羁绊和法律约束，实现派兵海外的愿望，加紧向政治军事大国迈进，这已成为日本的既定方针和战略构想。近年来，在海洋扩张战略的推动下，日本通过对原有规定和条文的"补充""修正"，一步步架空和平宪法，加紧强化海上力量，扩大向海外活动的范围。近年日本海上自卫队建设有以下特点：（1）舰艇排水量的大型化。舰队总吨位居世界第六位，主要水面作战舰艇吨位居世界第四位。（2）舰艇功能的综合化。目前，日本海上自卫队扫雷能力居世界前列，反潜能力居世界第一位，其中，"亲潮"级潜艇、"金刚"级导弹驱逐舰和"大隅"级运输登陆舰更是世界领先。（3）海军建设的科学化。日本高度重视舰队部署的科学化，海上自卫队的每个舰队都部署了"金刚"级宙斯盾驱逐舰，形成了完整的反潜、防空、舰对舰打击力量。这种舰队均衡部署的思想，大大提高了海军的综合防护和远洋作战能力。

日本政府一直致力于扩大海外军事存在来展示日本在国际上的政治、军事影响力。2001年，"9·11事件"为日本进一步突破"和平宪法"，出兵海外参与国际事务提供契机。是年，日本国会通过《反恐特别措施法》，允许自卫队赴印度洋为美国等多国军舰开展燃料补给活动，为美国发动的"反恐战争"提供后勤支援。2003年，日本国会通过了《应对武力攻击事态法》等"有事三法案"，其中所谓的"有事"不仅指直接遭受的"武力攻击"，甚至连"事态紧迫，可以预测将受到攻击的局面"以及"有被攻击的危险"也被统统纳入"有事"范围，并表示一旦发生上述事态，自卫队可以行使武力甚至先发制人，这极大地扩大了日本自卫队对周边事态的介入程度。2005 年 2 月，日、美外长、防长联席会议上，提出将中国台湾列入两国"共同战略目标"的建议。2006 年 1 月，日本政府拟修改《周边事态法》，规定"发生周边事态时，美军可以采取强制措施，优先使用日本国内的机场和港湾"，并明确将"台湾海峡有事"视为"日本有事"。近来日本甚至出现制定《与台湾关系法》的动向，这些都表明，日本将今后台海局势的发展动向纳入日美安保同盟范畴，成为其实施区域性海洋战略的重要组成部分。

2008 年 12 月联合国安理会通过决议，授权有关国家和国际组织向索马里海域派遣军队打击海盗。日本政府积极响应联合国决议，2009 年 3 月以现行《自卫队法》规定的"海上警备行动"名义派出了两艘驱逐舰；5 月，又派遣两架 P-3C 巡逻机在索马里海域进行护航。在2009 年 6 月 19 日，日本国会强行通过了《海盗对策法》，为日本政府派遣自卫队打击海盗提供法律依据。根据 2009 年 7 月下旬生效的日本《海盗对策法》，日本政府在位于非洲东北部亚丁湾西岸的吉布提建立了打击索马里海盗的军事基地。从日本自身的角度来看，吉布提海外军事基地的建立，预示着日本从此便有了一个长期固定的海外军事立足点；同时也暗示着日本已改变了战后的海洋战略，以主动出击的态势介入世界军事布局。这对于日本提升海外军事力量威慑、保护海外的经济活动、扩大在国际安全方面的影响力都有重要用。①

3.4 日本海洋军事战略的影响

明治维新伊始，日本便以"耀皇威于海外"，"布国威于四方"的

---

① 本章上述各节主要由课题组赵成国先生撰写。

扩张侵略论造就了后来的日本军国主义理论基础。这也从日本近代海军演进历程中可以清楚地看到。在"海军之事为当务之急,应从速奠定基础"的谕示下,日本海军开始向近代化建设迈进。在举国一致认同的、疯狂的军国主义指导下,日本陆续以中国和俄国作为假想敌,加快建设海军的步伐。日本连续取得中日甲午海战和日俄日本海海战的胜利后,日本海军一跃成为当时世界一流的海军。这时的日本已经目空一切,扩张的欲望达到极点,侵略的脚步再也无法停止。后来,日本把美国当成第一假想敌,发动了太平洋战争,逆历史而行,最终导致了自我毁灭。

"二战"后日本的海洋军事战略分成近岸防御、近海防御、近海专守防御、远洋积极防御、实现海外派兵、主动攻击与海外干涉等几个阶段,由低到高的战略模式,由毫无建树到真正走向海洋军事大国。

值得高度注意的是,随着中国的快速崛起,日本把中国的发展视作"威胁",其海洋军事战略自然把中国作为主要的对手。2005年日本《防卫白皮书》就曾指出"中国海军不仅正朝着扩大近海防御作战空间和增强综合作战能力的目标发展,更是朝着'远洋海军'的目标发展,因此必须对此动向加以关注"。2010年、2013年的新防卫计划大纲以及2015年日美防卫合作指针的修改,也清楚表明这一点。

事实上,日本海上军事扩张已经对中国的海洋安全构成了现实威胁。首先,中日之间在海洋权益问题上的争端更加错综复杂。日本军事力量的重心向西南诸岛方向转移,大大拓宽其军事监控范围,对中国东部沿海构成威胁。其次,我国海上航线安全将受到挑战。日本借打击海盗和维护国际航道畅通为由,已将军事触角伸向这些海域,插手相关地区的安全事务。随着解禁集体自卫权、推出系列安保法案,以及修改和平宪法的步伐加快,日本海洋战略的扩张性和海军力量的进攻性愈来愈强,我国的海洋安全面临着更为严峻的挑战。

3.5　日本防卫政策的新动向

《防卫计划大纲》（*National Defense Policy Guidelines*）是关于日本防卫政策最重要的政策文件。近年来，日本政府多次制定新的防卫大纲。2010 年 12 月 17 日，日本发表了新的《防卫计划大纲》（以下简称《大纲》），正式放弃了战后日本"基础防卫"的构想，提出"动态防卫"的概念，同时将"本土防卫"扩大到"离岛防卫"，将防卫重点从北部向西南，从本土向周边岛屿转移，防卫对象明确定位朝鲜和中国，这是冷战结束 20 年后日本防卫政策的重大转变。

判断日本安全政策是否发生质变主要有两个指标，第一是防卫意图（intention），第二是防卫资源（resource），两者缺一不可。根据目前情况，从意图的角度来看，新《大纲》没有改变日本战后"专守防卫"的基本防卫理念；从资源角度来看，日本防卫支出虽然近年来连续增加，但没有正在进行大规模再军备的迹象。

但是，这不意味着日本安全政策今后不会发生质变。相反，一系列动向显示完全存在这种可能性。第一，从近十年情况看，日本安全政策变化呈现出"量变积累"的过程，这份新《大纲》是这一过程的进一步发展。第二，日本军事力量的重点西移，有利于日本突破"集团自卫权"的现行解释。日本军事力量部署在地缘上与美国和韩国的军力更加靠近，有可能进而发展成为日美韩三国军事同盟，使日本对朝鲜半岛和台湾海峡突发事件介入的可能性增加。这样，日本可能利用"现实威胁"来绕开宪法重新解释"集团防卫权"。第三，日本国内防卫省与大藏省之间的"预算争夺"也是一个原因。可以设想，就预算进行讨价还价时，"中国威胁论"会成为防卫省的主要论据。第四，《大纲》对于中日关系的影响，更多地体现在对日本对华外交上。事实上，在冷战后三十多年，日本一直在安全战略威胁设定上采取"模糊战略"，也是为了避免束缚外交上的手脚。因此，评估日本安全政策包括海洋军事战略走向，《大纲》是个重要指标，同时也应当结合此前和今后几年日本的相关立法与军事预算的变化等因素综合研判。

2013 年 12 月 17 日，日本又通过了面向未来 10 年的新《防卫计划大纲》及《中期防卫力整备计划》。这是日本首相安倍晋三再次执政后出台的首个防卫大纲。这份新大纲较以往最突出的特点是，加重了关于中国威胁论的描述，以及在防卫方针上提出以"综合机动防卫力量"代替"动态防卫力量"，并进一步强调岛屿防卫能力。大纲从中国海监船巡航钓鱼岛谈到中国划设东海防空识别区，片面指责中国的做法阻碍了他国军事活动，是单方面发展非对称军事能力。同时，大纲也提出：因为中国的动向对亚太地区的安保有重要影响，因此日中应在相互理解的基础上，推进两国间的安保对话，构筑避免突发事件发生的信赖体制。大纲最明显的特征是为应对中国的海洋战略，将加强作为最前线的西南诸岛防卫的路线。为了防守离岛，提出了引进机动能力优良的装备的计划。将在冲绳那霸基地部署预警机飞行部队，建立应对夺岛战的专属部队——陆上自卫队的"水陆机动团"，确保海陆空立体作战。要增多日美、日澳乃至日美澳三方的军演。同日出台的《中期防卫力整备计划》（2014—2018 年）显示：为提高岛屿防卫能力，日本将新引进 52 辆水陆两用车，99 辆机动坦克，17 架鱼鹰运输机，3 架无人机以及 28 架 F35 战斗机等。从 2014—2018 年这 5 年的防卫预算上限约为 24.67 万亿日元（约合人民币 1.5 万亿元）。这意味着防卫预算较往年首次增多。

在此之前，日本自卫队有能力进行水陆两栖作战的部队只有西部方面普通科连队的约 700 人。水陆机动部队将以这支部队为核心进行扩充，目前提出的目标是使人员翻一番。日本于 2013 年 6 月为了发展水陆两栖作战部队，首次由陆海空自卫队联袂参加，在美国加利福尼亚州圣地亚哥海域与美军进行了离岛防卫军事演习。

按照该计划的要求，日本将在陆上自卫队新设统一指挥全国部队的名为"陆上总队"的司令部，还将组建陆上自卫队 5 个方面总监的指挥部，与航空自卫队和海上自卫队的合作将更加容易，实现综合机动防卫能力。要实现这种防卫体制，需要巨额的资金和人员。日本此次《中期防卫力量整备计划》确定的 5 年整备费用将达到 24. 67 万亿日元。与 2010 年决定的《中期防卫力量整备计划》相比，增加了 1. 28 万亿日元。

《日美防卫合作指针》是 20 世纪 70 年代中期，针对远东地区美国整体实力的衰弱以及苏联军事力量增强的状况，日本和美国于 1978 年制定的，就防止侵略、日本遭到武力攻击以及远东地区发生对日本产生重要影响的事态时作了具体的规定，旨在规定"日本有事"时自卫队和美军的任务分工。

1997 年，日美修订防卫合作指针，将日美军事合作扩大到与朝鲜半岛局势等相关的"周边事态"。

2015 年 4 月 27 日，日美正式公布了新《日美防卫合作指针》。同时公布的还有一份联合声明：《在动态变化的安全环境中更强大的联盟：新日美防卫合作指针》（联合声明人为美国国务卿克里、国防部长卡特；日本外务大臣岸田文雄和防卫大臣中谷元）。卡特在新《指针》公布仪式上表示，所针对的地理范围变化是新《指针》与此前相比的最大变化，它把美日安保合作范围由聚焦于地区转向聚焦于全球。此外，新《指针》还将扩展美日双方的联合规划和联合指挥控制活动，以扩大在人道主义救援任务中的信息共享。新《指针》将使日本获得自"二战"结束之后将军事力量部署到海外的最宽松条件。

另外，日美两国还将建立一个在内阁层次运行的"联盟协同机制"，并将从两国外交、国防等部门派出代表来在从"和平到应急事态"的各类场景中实现"无缝响应"。日本自卫队将以所谓"符合日本法律法规"的方式为超出日本周边之外的"安保倡议"做出更多贡献，这些将涉及诸如海上安保行动和对美国及其盟国的后勤支持。此外，日美双方还同意加强两国在若干领域的国防（防卫）合作，其中包括继续开展情报、监视与侦察（ISR）合作，例如允许美军在日本三泽空军基地轮换部署美国空军的"全球鹰"高空长航时侦察无人机。克里评价新《指针》是美日联盟的"历史性转变"，并宣称这样能增进日本的安全、鼓励日本为地区和全球安全做出更大的贡献。新《指针》将允许日本自卫队与美军在全球范围内开展合作与协作，并将扩展两国在空间和赛博空间中的合作。

新指针强化了日美军事同盟，扩大了日本军事行动范围和内涵。合作地域扩大到全球。第一，它消除了日美军事合作的地域限制，从"周边"扩展到全球，实现了日本武装力量走向世界的目标。第二，实现了合作内容全覆盖，强调从平时到发生突发事件的"无缝"合作，如维和、救援、预警、情报分享、监控、侦察、训练、演习、拦截弹道导弹、舰船护卫等。第三，采取一切手段挫败对日本发动的预期攻击，日本今后可以实施先发制人的打击。第四，突破"自卫"的范围，当与日本友好的第三国受到攻击，并危及日本时，日本武装力量将可以对他国发起武装攻击。第五，从双边合作扩大到三边和多边合作。第六，成立常设"联盟合作机制"，便于日美协调配合。

新指针的出台，标志着日美军事合作将直接影响地区乃至全球安全形势。未来美军走向哪里，日军将有可能协助到哪里，"世界警察"美国身边增配了一个打手。日本自卫队不但可以自卫，而且还可以找借口主动出击，这是对日本战后和平体制的颠覆。新指针将增加地区对立和摩擦，对东亚和平与稳定构成新的威胁。

4　日本海洋战略的理论

4.1　日本海洋战略的理论基础

日本海洋战略是在国内与国际、历史与现实、政治与经济、文化与传统、地区和全球等多种因素相互作用、相互影响中形成、发展的。实际上，长期以来，日本国内对海洋战略理论的思考和学术争论一直没有间断过，有的甚至在世界上都产生了较大影响。但就目前日本的海洋战略而言，其最重要的理论基础有三个方面。

第一，由传统海权观发展而来的新的综合海权观。日本四面环海，在生产力水平较低的时代，海洋起到了难以替代的屏障作用，确保了日本作为独立国家的传承与发展。同时，日本也因此长时间的与周边国家处于隔绝状态，在相当长的时间内日本各阶层的海权思想只停留在朴素海权观的时代，并没有真正认识到海洋的重要性，更没有从海洋兴国、运筹经略海洋的高度来认识海洋的地位和作用。但是，18世纪末至19世纪初，少数日本人的海权观念发生了变化。日本知识分子开始从岛国位置、海军军备、海外贸易等角度提出日本的海权观。但促使日本海权思想真正发生质变和飞跃的还是美国佩里舰队叩关以及日本被迫开国的残酷的现实，自此日本开始接受近代海权思想，进入重视海军及海上安全的传统海权观阶段。

明治维新伊始，日本天皇就提出了"欲开拓万里波涛，布国威于四方"的强国目标，并被作为国家意志由日本政府坚决地贯彻执行。随着马汉著作的问世，海权观进一步理论化，金子坚太郎、小笠原太郎、秋山真之、佐藤铁太郎、加藤宽治等一批海权论者，把马汉海权观与日本的实际相结合，把海洋战略研究与海军战术研究相结合，形成了日本传统的海权观及海洋战略：日本及世界的未来取决于海洋，海洋的关键是制海权，制海权的关键在于海军的强大，海军战略的关键是通过舰队决战击溃对手。从此，日本开始以海军扩张为依托，追求海权强国的目标。①

"二战"结束后，日本的海权观及海洋战略因军事上的失败和科技发展而进入了一个新的阶段。日本开始向新的综合海权理论过渡，即在高度重视传统的海上军事力量及海上安全的同时，开始更加关注海洋资源、海洋环保、海洋科技等非军事因素，日本逐渐确立起新的综合海权观。主要体现在六个方面：一是加深对海洋战略地位的认识，把海洋作为民族生存和国家安全的重要空间。二是把海洋事务作为重要的国际事务，把开发利用海洋列为国家优先发展战略。三是逐步建立和完善新的海洋法律制度体系。四是发展海洋经济，使之成为新的经济增长点。五是努力在新一轮国际海洋竞争中抢占先机。六是大力发展海洋科技，利用高新技术加快对海洋资源的开发研究。

第二，"普通国家"理论。"普通国家"这一概念是日本政要小泽一郎最先提出的，在其1993年所著《日本改造计划》一书中，小泽强调，"日本远不是一个普通国家"，他认为，"普通国家"需具备两个条件："第一，对于国际社会视为理所当然的事情，就把它作为理所当然的事情来尽自己的责任。……这一点在安全保障领域尤其如此。第二，对为构筑富裕稳定的国民生活而努力的各国，以及对地球环境等人类共同面对的课题，要尽自己所能进行合作。"该书称：日本既已成为经济

---

① 张景全：《日本的海权观及海洋战略初探》，《当代亚太》2005年第5期。

大国，就应当成为"国际国家"，其前提是首先要成为一个"普通国家"。为此要"在安全保障、经济援助等领域做出国际贡献"。[①] 表面上，"为国际安全做贡献"和"为国际经济做贡献"是战略目标，但是，从冷战结束后日本"普通国家化"的实践看，成为自主的大国才是日本"普通国家化"战略的实质，要害在于以"为国际安全做贡献"为由，提倡突破"和平宪法"的束缚和内外舆论的牵制，重获对外动用军事手段的权利。

着眼于这个战略设计，日本进行了多方面的战略实践。第一步，通过改变国民意识，强化国家观念，为推行"普通国家化"战略奠定思想和舆论基础。日本政府把取得国民认同作为推行"普通国家化"战略的重中之重。通过冷战后十余年的努力，"普通国家化"已经成为日本主要政治力量和多数国民的整体价值取向。第二步，试图通过修改"和平宪法"，对"普通国家"地位予以法律上的确认，扫除自卫队参加海外军事行动的障碍。第三步，强化日美同盟，加速推进"普通国家化"战略实施，特别是借助美国的力量扫除国家战略转向的障碍，加速国家战略转型。

第三，"民生大国"理论。在与"普通国家论"相对立的各种战略指导理论当中，最具代表性者当属"民生大国论"，其首倡者是著名记者、评论家船桥洋一。"民生大国论"的主要思想是：（1）排斥意识形态分派，自称"我们不是鹰派，也不是鸽派，不是右翼，也不是左翼"，因为"冷战已经结束"。（2）提倡外交要在和平、发展、人权、环保等领域发挥日本强大的指导能力。（3）反对日本成为军事大国，也反对日本只停留在经济大国层面上，着重倡导"民生大国"概念。（4）对待"欧美主义"和"亚洲主义"，主张既不脱亚入欧，也不入亚脱欧，而是确立入亚入欧的太平洋全球主义。（5）对待日本的国家

---

① 小泽一郎：《日本改造计划》，远东出版社 1995 年版。

利益与国际社会利益，强调："为了日本的生存而让他者生存"，"实现开放的自我利益"。（6）在国际政治立场上，同意坚持日美同盟，但强调要适应冷战后的形势予以改造，主张要在联合国和 WTO 框架内积极开展平衡多边外交，加强日本作为地区重要政治力量与美欧大国或国家集团的战略磋商与合作。①

4.2   第二次世界大战后日本海洋战略的展开

日本列岛由西太平洋岛链上若干岛屿组成，其本身就是分隔边缘海和大洋主体的地理分界线，在开发海洋、利用海洋方面具有得天独厚的地理优势。日本真正对海洋战略的关注始于 19 世纪 90 年代。在佐藤铁太郎的《国防私论》出版之前的 1891 年，一位名叫稻垣满次郎的日本外交官写了一本颇有影响的《东方策》，强调海洋是未来世纪的政治贸易的主要舞台，如果东洋成为世界市场，日本就会凭借中心地位而取得难以意料的繁荣昌盛。此后的数十年，日本的海洋战略深深地打上了军国主义对外扩张的烙印，并演变成了向大洋扩张侵略的南进论，稻垣也因此被认为是南进论的首倡者。②

"二战"结束以后，日本随着其经济力量的重建与发展，再度提出了以海洋为中心的诸多战略构想，力图在激烈的国际竞争中掌握主动。战后日本海洋战略理论的主题和方向，主要分为两个阶段：

一是"环太平洋发展战略论"阶段。1965 年小岛清首先提出"太平洋自由贸易地域"（PAFTA）构想，③ 后来 1980 年大平首相主持制定

① 船桥洋一：《日本戦略宣言》，讲谈社 1991 年版；船桥洋一：《日本の対外構想》，岩波书店 1993 年版。
② 稻垣满次郎：《東方策》，東京：活世界社 1891 年版，第 6 页。
③ 1968 年年初由小岛清等组织了以学术界为主的"太平洋自由贸易与发展会议"（Pacific Asia Free Trade and Development，简称 PAFTAD）。该组织主张以美、加、日、澳、新五国为中心，组成一个松散的民间协商机构来推动亚太地区的经济合作。

《环太平洋合作构想》，将战后日本海洋发展战略研究推向高潮。其目的主要是，解决日本经济起飞对资源与市场的需求，深化同美、加等北美发达国家的合作，为"综合安全保障"提供政策补充。① 这一时期，日本所倡导的"环太平洋合作构想"带有强烈的冷战色彩，设想通过提高经济依存度，深化战略依存度，巩固美日在亚太地区的战略格局。总的来说，该阶段日本海洋战略研究的关注重点是经济利益和经济发展，对政治外交斗争、领土纠纷等历史敏感问题，往往采取一种低调和回避的态度。

二是"海洋国家论"阶段。冷战结束后，特别是进入小泉时代，日本政界、学界和舆论界保守化倾向更加明显，日本着眼于突破战后体制制约，确立"普通国家"战略目标，谋求在东亚地区乃至国际社会中处于一种主导和支配地位的战略意图更加明显。政界、学界重新提出了"海洋国家"的概念。"海洋国家"这一地理名词的背后，蕴含着日本参与主导地区事务、介入世界政治经济格局重构和引领国际战略关系发展的强烈意愿，说到底是一种扩张意识。从 1990 年至今，日本政府先后两次制定了国家海洋开发的中长期规划。在研究海洋战略思想和重大海洋战略问题时，依靠权威专家，做到了政府、学术界、经济界和军界的广泛参与。如 1987 年设立的日本国际论坛就是一个有政府背景的民间国际问题和外交政策的审议、研究、建言机构。学术界在政府和财界的支持下组织全国有关学者专家连续数年进行海洋战略和国家战略关系问题的研究，至今已经推出数十部专著和研究报告。海洋开发和宇宙开发共同被确立为维系国家生存基盘的优先开拓领域，普通民众对海洋

---

① 《环太平洋合作构想》的基本意图是要在日益严重的能源危机中，日本与太平洋圈内各国加强团结，认真对待和努力解决几个重要问题：一、建立石油联合基地和紧急通融体制；二、共同开发新能源和建立能源资源联合研究所；三、建立太平洋圈内的资源、粮食产品的贸易基地；四、作为建立这个基地的前提——由日、美、加、澳按一定比例出资建设第二条巴拿马运河。

问题的关注也不断增加。①

　　日本是典型的海洋国家，其海洋战略承袭了由"政治大国"战略、"国际国家"战略演变而来的"普通国家"战略的基本理念，直接服从服务于摆脱战后体制、追求政治军事大国地位的国家战略发展目标。日本海洋发展战略不仅是日本国家战略的重要组成部分，而且与中日关系的走向和中国的国家利益，特别是海洋权益息息相关。随着时代的发展变化，日本海洋战略正进行着深刻的调整和转型，对地区和周边国家的发展将不断产生影响。

4.3　冷战后的日本海洋国家论

冷战后日本"海洋国家论"的背景

　　冷战结束以后，日本对海洋的关注和对海洋战略的研究逐步升温，这种动向的出现，既有世界性的宏观背景，也有日本自身的现实考虑。

　　首先，随着冷战的终结，世界各国都在思考未来的国家战略，日本也不例外。冷战结束后，一方面经济全球化浪潮席卷世界，另一方面民族意识和国家意识高涨，无论是发达国家还是发展中国家都在努力顺应全球化的同时，最大限度地争取本国利益。日本一些学者和战略问题研究家认为，进入 21 世纪后，世界秩序依然会继续受以上这两大趋势的作用，他们主张，日本应该重新审视和适时调整自己的大战略，明确提出把海洋战略作为国家战略，力图在激烈的国际竞争中掌握主动。以日本国际论坛理事长伊藤宪一为首的"海洋国家研讨组"就持这种看法。另外，日本前首相中曾根康弘在《海洋国家・日本的大战略》一文中指出，现在正是开始描绘 21 世纪日本国家形象的时候。他依照对伊拉克战争的不同态度，把现在的国际政治构造分为海洋国家和大陆国家两

---

① 修斌：《日本海洋战略研究的动向》，载《日本学刊》2005 年第 2 期。

个对立系统，认为这种对立是由于历史和传统的国家战略的差异造成的，其中特别是战略视野的不同所导致。① 日本防卫厅海上自卫队参谋长石川亨（前参谋长联席会议主席）在题为"海洋国家日本的未来"的访谈中，从"冷战落幕，东海浪高"的现实着眼，认为日本的国防战略最重要的是守卫海洋国土，海上自卫队的任务要从传统的确保海上生命线扩大到保卫海洋国土，维护海洋权益。②

其次，从 20 世纪 90 年代开始，海洋问题成为全世界关注的热点和焦点。1990 年第四十五届联合国大会做出决议，敦促沿海国家把海洋开发列入国家战略，以推动世界经济发展。1994 年，《联合国海洋法公约》生效。此后的 1998 年成为联合国国际海洋年。各沿海国家纷纷建立或加强了海洋综合管理机构和海洋战略研究机构，开始制定和实施国家海洋战略。作为列岛国家的日本尤其如此。从 1990 年至今，日本政府先后两次制定了国家海洋开发的中长期规划。学术界在政府和财界支持下组织全国有关学者专家连续数年进行海洋战略和国家战略关系问题的研究，至今已经推出数十部专著和大批研究报告。1996 年，"海洋日"被国家确定为法定假日。③ 海洋科技开发经费投入在连续十余年经济不景气的情况下仍逐年增加。2001 年在日本内阁会议批准的科技基本规划中，海洋开发和宇宙开发共同被确立为维系国家生存基盘的优先开拓领域。"海洋国家日本""海上生命线"等字句频繁出现在各种媒体中。普通民众对海洋问题的关注也随着 21 世纪的到来不断增加。

其三，日本重视海洋战略根本上来自于它对海洋的依赖。从经济方面来看，人类对海洋资源的依存度逐年上升。以往人们谈论起海洋资源主要是海洋生物类水产资源，但第二次世界大战后，石油、天然气、海底金属矿藏等较之以往备受关注，日本在能源矿产储量上极其匮乏，海

---

① 中曾根康弘·樱井よしこ：《海洋国家·日本の大戦略》，载《Voice》2003 年第 6 期。
② 石川亨：《海洋国家日本の未来》，载《财界人》2001 年第 9 期。
③ 日本政府每年的 7 月 20 日（后来改为 7 月份的第 3 个星期一）定为海洋日（海の日）。

洋自然而然成为一个重要来源地。衡量一个国家经济对海上贸易的依存度，主要根据海上进出口总量、海上贸易占 GNP 比重、商船总吨位算出。日本在这方面比重超过 90%，远远高于英国、荷兰、挪威等国 70% 左右的比重。

其四，把目光投向海洋也是日本在国际政治中"大国化"倾向的反映。日本不满足于仅仅当一个经济大国，它还正在试图成为一个政治、军事大国。为此，日本积极参与国际事务，致力于跻身安理会常任理事国，并且为日美同盟重新定位。在海洋领域日本尤其注重三个方面的问题：一是如何更有效地在海洋秩序的形成和交涉中维护和扩大本国的权益。二是如何解决好海盗、恐怖袭击、偷渡等非传统安全问题，以确保对日本来说生死攸关的海上生命线的畅通以及海岸安全。三是如何在岛屿和海域争端中占据优势。日本分别与韩国、中国、俄罗斯有领土争议，也有海上划界问题，南海和台湾海峡也被日本高度关注。此外，中国海军力量的增强、海上调查活动以及东海油气开发等，使日本一些人紧张和不安。

日本海洋国家论剖析

20 世纪 60 年代，日本著名国际政治学者高坂正尧曾经说过如下一段话：

我们邻近东洋却不是东洋，我们飞离西洋却不是西洋。但是，这给日本带来烦恼的同时又给日本提供了在世界政治中发挥作用的可能性。我们可以限制军事力量采取妥当的防卫政策。也许日本是一个资源少、人口过剩的国家，但是同时它却具有"通商国民"这一巨大的优势。今后是一个开发的时代，在这样一个时代，也许日本已经没有多少可开发的国土，但是我们可以开发的领域是广阔的海洋。我们的强大不体现在一个宏大的计划，而在于使小计划的集合变成可能的无限的适应力，以及能够生成冒险精神的活力。在这些意义上说，日本是一个海洋国家。而且，发掘海洋国家这种伟大的能力，靠的是能够把"冒险"和"慎重"、"非英雄主义"和"英雄主义"结合起来的政治技巧，以及需要"慎重"但同时又不以"慎重"为结局的广阔视野。我把它称为地平线，那里有日本的未来。[①]

高坂正尧所提出的"海洋国家日本的构想"，提倡建立一种在控制军事力量条件下的"海上通商国家"模式。这是战后日本对"海洋国家"问题研究的先声。但是在"轻军备""重经济"以及和平主义思潮高涨的氛围下，战后很长一段时期中，这种"海洋国家论"并无太大市场，甚至会被作为复活军国主义的对外扩张理论而受到质疑。不过，随着形势的变化，20世纪90年代以来的日本的海洋国家论者，在许多方面继承了高坂正尧的思想，同时又为其赋予了一些新的内容。

近年来的海洋国家论的讨论，来自日本学界和政界人士对国家战略问题的思考。在海洋国家论的话语实践中，"海洋"自然是关键词。

实际上，"海洋"的凸显并非偶然，它源于对"日本向何处去"这一问题的思考。不少日本学者认为，在探讨应该确立什么样的国家战略之前，首先要弄清"日本是什么"，也就是其独特的、本源性的东西是什么。带着这样的问题意识进行探讨，他们得出了与高坂相似的意见：日本既不是东方也不是西方，其最基本的特征是一个海洋国家，一个处在地球上的四面环海的列岛，这既是一个基本的事实，也是日本这个国家几千年来形成和发展的前提。正由于这种特殊性，生活在列岛上的人们才与中国文明或西洋文明保持了一定的距离，未被同化。虽然也有学者提出天皇制或武士道是日本特有的，可以将其作为日本文明的根本特征来考虑日本文明的走向。但大多数人认为，天皇制和武士道都是在日本历史发展的某个时期才出现的，或者是带有一定价值取向的概念。四

---

① 高坂正堯：《海洋国家日本の構想》，见《高坂正堯著作集》第一卷，高坂正堯著作集刊会，1998年，11，第179页。

面环海的列岛才是日本文明形成的前提，并且由此决定了日本与外部世界的联系方式——"岛国式"和"海洋国家式"。①

本来，"岛国"和"海洋国家"是意思相近的两个概念，它们常常作为与"内陆国家"和"大陆国家"相对立的概念来使用。但是，渐渐地"岛国"和"海洋国家"又成了一对含义不同互为对照的概念。在地理因素之外，"岛国"往往被赋予自我封闭、自以为是、目光短浅、气量狭小、与世无争等带有贬义的社会文化特征，是一种内向、收敛的思维模式和心态。相反，"海洋国家"却带有面向世界、冲破束缚、探索冒险、气概宏大、进取参与的褒义特征。回溯中外历史，特别是近现代史可以看到，大多数走"海洋国家"道路的民族和国家都强盛发达，反之则衰弱贫困。"海洋国家"成了通往"近代文明"和"现代化"的普遍路径。在日本，虽然也有学者称赞"岛国"给日本带来的好处，比如绿色的田园风光、独特文化的生成和保护，但是大多数人仍主张必须面向未来的生存和发展，走出"岛国"的局限，迈向"海洋国家"。而这里所说的"海洋国家"未必是只有物理意义的海洋，它更是一种态度，一种在开放的过程中和在参与世界新秩序的建立过程中，追求日本国家利益的志向。这既是日本面对海洋世纪的挑战而采取的对应，也是多年来日本政治社会气候不断变化的反映。

传统意义上的"海"除了"鱼盐之利"外，它首先是一种交通和交流的手段，通过船这一运载工具实现人和物的移动，同时借助这种移动来沟通信息、传播文化。此外它当然还有资源、环境等多重意义。近来，在谈论海洋战略时，一些日本学者对"海"的概念也进行了语义上的再定义。他们认为，新的时代必须对传统的"海""海洋"进行扩大的解释。这种广义的"海"包括空间、宇宙，从水体延伸到海上、

---

① 伊藤憲一監修：《21 世紀日本の大戦略——島国から海洋国家へ》，日本国際フォーラム，2000 年。

海底、南极大陆和宇宙空间，也包括互联网等信息通信要素。这样，自然的、物理的"海"和"海洋"在外延扩大的同时，也增添了更多的社会意味，增添了海洋社会、地球社会、网络社会、开放社会的含义。①

实际上，"海"本身就具有双重性。一方面是闭锁、隔离、防卫；另一方面是开放、沟通、开辟。随着人类社会的发展和文明的进步，前者的功能在不断减弱，后者的作用在日益扩大。正是因为对海这种双重性的不同侧面的倚重，才会呈现所谓"岛国"和"海洋国家"的不同特点。所以对"海"的扩大的解释和走向"海洋国家"的呼吁，也就自然成为日本探讨和制定海洋战略的话语前提。

按照日本学者永井阳之助的说法，日本海洋国家论的论者中，以安全和防卫问题专家的"军事现实主义者"居多，另有一些亲美英派的"政治现实主义"者。他们结合对日本近代历史的考察认为，当日本与海洋国家结盟时就能够繁荣和发展，与大陆国家结盟时就要失败和遭遇挫折。因此，他们建议日本要走与海洋国家结盟的道路，增强海洋实力。

日本海洋国家论的新动向

一个国家是否是"海洋国家"，并不仅仅取决于其天然的地理环境，也取决于其国家战略和对外政策。尽管曾长期面临"海洋国家"路线与"大陆国家"路线之争，长期面临"海主陆从"还是"陆主海从"的战略选择，但"二战"结束之前，日本所选择的总体上仍是"陆主海从"战略，即"大陆进出"，这也招致了军国主义的覆亡。日本真正认识到自身"海洋国家"的角色并制定相关的对外政策，已经

---

① 伊藤憲一監修：《21 世紀日本の大戦略——島国から海洋国家へ》，日本国際フォーラム，2000 年。

是战败后的事了。

近年来，随着中国的快速崛起，日本的海洋国家论又增添了新的含义，即防范和遏制中国。一方面将中国视为和"海洋国家"相对的"大陆国家"的代言者，认定作为"海洋国家"的日本必然要与中国发生战略对抗；另一方面极力渲染中国的海洋力量，特别是海军力量、海洋资源开发、海洋调查活动等。甚至呼吁与海洋大国美国一道，联手应对中国的"威胁"，遏制中国的海洋发展。

也正是在这类言论的影响下，日本在海洋领域的对华应对措施趋于强硬。2010年海上保安厅在钓鱼岛海域抓扣中国渔民和渔船、将中国的钓鱼岛实施所谓"国有化"措施、搅局南海争端等都是集中表现，这也使中日关系遇到自1972年实现邦交正常化以来最为严峻的挑战。

近年来，日本又陆续采取相关举措，诸如强化安保法制、强化日美同盟、岛屿命名及进一步防范中国的海洋活动。第一，进一步强化海洋法制。2012年2月28日通过的《海上保安厅法》及《外国船舶航行法》修正案中，针对非法进入或破坏离岛的行为，日本海上保安机构和人员有权进行搜查，也就是可以行使警察的职权。对"可疑"外国船只，海上保安厅有权省略登船检查程序，直接令其退出；第二，强化日美海洋同盟关系。海洋国家论者主张日本是以美国为核心的自由民主主义"海洋国家"的一员，将日美同盟视为日本外交的基石。2012年2月7日的日本《产经新闻》在头版头条报道，日美两国政府正就再次修改《日美防卫合作指针》进行密切磋商，双方准备在该年4月野田首相正式访美时发布新版《指针》。同时，日本积极联络东南亚国家，构建以日本为核心的东亚海洋联盟。第三，为部分离岛命名。继2011年的10个岛屿之后，又开始对其余的39个岛屿进行命名。第四，防范中国的海洋活动。日本的海洋国家论者主张，日本应促使以美国为首的海洋国家来牵制中国，并谋求使日本成为地区的领导者。日本政府把中国增强国防力量和海洋活动趋于活跃作为"关切事项",要求中方提高透明度。南海发生的针对中国"噪音"背后也有日本海权论者的造势。显然,当今日本的"海权论"仍未摆脱传统的地缘战略思维和冷战思维,以中国为战略对手。不管怎样,中国维护和争取合法海洋权益的意志是坚定不移的,也是历史必然,任何力量不可阻挡。中国大力发展海洋事业,建设海洋强国,对于保障国家安全、维护主权权益、确保资源环境、促进经济社会发展具有重要的战略意义。

众所周知,日本海洋战略的基本目标,一是确保本土安全,二是确保日本船只的航运安全。在日本看来,它的海洋战略和海洋发展也面临诸多挑战。首先,它的受到地缘政治的约束。日本对外联系的海域广大,相互交错,邻国特别是中国的海洋崛起令日本忧虑。日本强化西南方向的军事力量,是日本迈向所谓"正常国家"的重要一步,也明显透露出日本在地缘政治上的局促不安,进而表现出日本利用国家意志保卫海洋的姿态。其次,由于日本遭遇大地震和海啸、核泄漏,目前无法确定海洋预算能否被落实。此外,离岛防御问题、打击海盗问题、海上保安厅的作用等也都是当今日本海洋战略中面临的问题。总之,"二战"后日本海洋战略的核心没有大的改变,短期也不会改变。

4.4 冷战后日本海洋战略的调整

我们能够看到,日本海洋战略是个动态演变的过程。多年来,日本的海洋战略一直随着国际局势的变化进行调整。这种调整既有直接的现实需要,又有深刻的理论根源;既体现了日本政府和国民的政治意愿,又反映了冷战后亚太地区战略格局的深刻变化;既是日本关于海洋资源开发、海洋利益拓展的政策导向,又是日本"政治大国化""普通国家化"的具体步骤。日本的海洋战略承袭了由"政治大国"战略、"国际国家"战略演变而来的"普通国家"战略的基本理念,直接服从服务于摆脱战后体制、追求政治军事大国地位的国家战略发展目标。日本海洋发展战略不仅是日本国家战略的重要组成部分，而且与中日关系的走向和中国的国家利益、特别是海洋权益息息相关。日本海洋战略的调整将对亚洲和太平洋地区的政治、经济和社会发展，特别是对中国海洋战略和海洋发展产生重要影响。

冷战后，日本为从经济大国迈向政治大国、军事大国，在未来的地区乃至世界格局中占据有利地位，对本国的安全战略做出了较大调整。其海洋战略的调整，是在整个日本国家战略调整的大背景下展开的，在具体趋向上也有着十分鲜明的特点。

构建新型日美同盟关系，强化同美国全球战略的一致性和互补性。"二战"后至冷战结束，日本始终把坚持日美安全保障体制作为其外交和国防政策的"基轴"。但冷战后，两国都意识到传统的"美主日从型"的同盟关系已不适应新的形势，必须进行重塑和调整。早在1996年4月，日本首相桥本龙太郎就与美国总统克林顿签署了《日美安全保障联合宣言》，确立了新时期日本在地区及全球安全战略中同美国的新型"全球伙伴关系"。在这一战略思想指导下，日本后来的一系列动向都主动地将自己与美国的东亚和全球安全战略特别是"亚太再平衡战略"捆绑在一起，解禁集体自卫权；修改安保法案，推动修改战后和平宪法，日美军事战略已经形成了"一体化"格局。与此相适应，日美双方在海洋战略上互为补充、互相支持的特点更加明显，主要表现在日本追随美国主动参与海外军事行动的强度和频率进一步增强；日本进行法律调整，修改和平宪法的步伐进一步加快；日本和美国在中国台湾、东海、南海问题上采取一致行动的可能性增加，包括美日相互勾结试图强化对钓鱼岛的控制。

扩大实际控制范围，不断巩固区域性海洋大国地位。日本海洋战略和海洋政策最核心、与周边国家争议最大的是大陆架和专属经济区政策。日本已初步认定太平洋上约65万平方公里的海域，将来能够根据

《联合国海洋法公约》通过向大陆架界限委员会提交申请等努力，获得巨大的海洋权益，届时日本的陆地国土、海洋国土和专属经济水域总面积将达到447万平方公里以上，位居世界第六位。在日本大陆架延伸计划中，将我国固有领土钓鱼岛和韩日有争议的独（竹）岛单方面圈定在其200海里专属经济区界线之内，并试图推动其大陆架延伸方案获得"认可"，坐收相关海域的主权权利。此外，日本还欲借全面调查大陆架之机，参与制定一套符合太平洋海底地形的大陆架科技指标，意在推动国际海洋法新秩序的形成过程中，最大限度地争取本国海洋权益。

调整防范对象，努力构建与其大国战略相适应的海上武装力量。冷战时期，日本对"来自北方的威胁"颇感忧虑，以苏联为"假想敌"，在战略考虑和军事布防上都偏重于北方。冷战后，日本认为北方威胁减弱，但发生地区争端的可能性和大规模杀伤性武器（核弹和生物、化学武器）扩散的危险却在增加，日本正面临多方向、多类型的威胁。其海洋防卫战略指导思想由"保卫北方"转向"防御西方"，新《日美防卫合作指针》也把中国作为防范和牵制的重点，加快了军事力量调整和建设的步伐，不断拓宽自卫队职能，并将防卫厅升格为防卫省。目前，日本海上自卫队已成为亚太地区除美国海军外装备最现代化的海上武装力量，拥有各种舰船200余艘，各种飞机400余架，且综合作战能力较强，海洋军事战略已基本完成了由美国海军补给力量向"独立作战"力量，由近岸、近海防御向海上歼敌、远洋积极防御的转变。特别是战区导弹防御系统（TMD）的研制开发，进一步打破了地区的军事平衡，表明日本主动参与美国军事干预战略的意图更加明显。

强化海洋的综合开发利用，为日本经济发展提供资源支撑。日本海洋战略调整的根本目的有两个：一是为日本拓展战略生存空间；二是加快海洋的开发利用，为日本提供发展所需的资源支持。从现实情况看，日本依托日美安保条约，基本能够实现维护国家安全的战略目标。在与周边国家的领土纠纷中，日本简单地采取单方面措施、改变现状的可能性不大，将会主要依靠政治和外交努力来维护本国利益。日本海洋发展战略调整的重点将放在海洋资源的开发利用上，日本将凭借其经济和科技上的优势，加大海洋开发力度，加快对海底资源、能源的勘探利用。目前，日本政府多个部门正在开展相关工作，日本海洋开发机构（JAMSTEC，原日本海洋科学技术中心）实际上隶属于日本文部科学省，是日本海洋技术开发的大本营。该中心主要进行与海洋相关的科学技术的综合试验研究与前沿探索，许多成果、仪器都处于世界领先水平。海上保安厅也积极从事海洋科技的研发。目前已经把浪力发电、潮流发电应用到海上航路标记的照明，以实现"以海洋能源来保护大海安全"的宗旨。经济产业省制定了自 2001 年至 2016 年为期 16 年的"甲烷水合物开发计划"，开始有计划地勘探、开采埋藏在海底深处地层中的可燃冰作为未来的替代能源；特别是于 2009 年制定了《海洋能源与矿物资源开发计划》对海洋能源资源的开发利用提出了更全面系统的规划。农林水产省、气象厅在海洋调查、气象研究方面也不断加大力度。而根据《海洋基本法》制定的《海洋基本计划》则成为日本全面实施海洋战略的最新、最全面、最具体的规划。可以预见，日本今后将进一步加大海洋战略推进步伐，以谋取更大的海洋利益。

4.5 日本海洋战略调整的特点

首先是海洋问题全社会的参与度明显提高。政府、学界、媒体以及社会各方面广泛参与。根据《海洋基本法》日本政府设立了海洋政策本部，由首相亲自兼任本部长，国土交通大臣协调各省厅共同参与，代替原先的海洋开发审议会，作为最高决策机构，保证政府在海洋问题上的主导和统一。此前较长一个时期，日本文部科学省内设海洋开发分科会（属科技·学术审议会），其日常机构设在文部科学省海洋地球科。中长期的海洋开发战略和规划都是由该分科会征集、研究、确定。如

2002 年制定的日本文部科学省《立足长期展望对海洋开发的基本构想和推进方略——21 世纪初叶日本海洋政策》就是为了适应形势变化，对十二年前的同类《方略》进行了大幅度修改而完成的，其中的内容包括对日本国内外海洋形势的分析，日本海洋政策的基本原则、基本思路和推进方案，成为日本后来一个时期海洋政策的基本文件。2004 年 6 月，根据自民党提出的《维护海洋权益报告书》的建议，日本政府又设立了"海洋权益相关阁僚会议"，由首相和相关省厅的大臣和官员构成，下设相关省厅会议和干事会，建立信息共享系统，并且负责制定和组织实施保护领土、领海和海洋权益的战略。而成立海洋政策本部后，则由本部来制定五年一度的《海洋基本计划》，全面推进海洋事业。在制定海洋战略思想和重大海洋战略问题时，由政府背景的民间机构"日本海洋政策研究财团"起到了主要智囊团的作用。近年来的所有重要立法，如《海洋基本法》《海上构筑物安全水域设定法》《离岛保护法》（简称）都是由该财团牵头，通过"海洋基本法研究会""海洋基本法实施跟踪会"等来推动，这些会员主要由跨党派议员和学者等人士组成，工作效率高，成功率大。同时，在海洋问题上，日本依靠权威专家，做到了政府、学术界、经济界乃至军界的广泛参与。日本素有官产学结合、官民一体的传统，在研究海洋问题上体现得十分明显。如 1987 年设立的日本国际论坛就是一个有政府背景的民间的国际问题和外交政策的审议、研究、建言机构。这一论坛的"特别研究项目"中就设有"海洋国家研讨组"，成员 26 人，包括大学教授、研究员、评论家、财团和企业首脑或顾问、原海军将领和现职国会议员。总课题下再设若干子课题，定期举办讨论会和报告会，提交研究报告并出版各种书刊。① 同时，利用媒体，唤起民众对日本面临的海洋问题的关切，有一个例子能够说明问题。2001 年 2 月，日本外务省召开了"二十一世

---

① 参见日本国际フォーラム网页。http：//www. jfir. or. jp/j/index. htm。

纪海洋国家日本的外交政策"研讨会，由副外相主持，有关专家和普通民众 150 人出席。研讨会的主题是如何应对海洋秩序面临的新课题，包括海洋法与外交、偷渡、海盗以及渔业等问题，从法律和国际政治两个角度进行了探讨。不仅现场听众踊跃参与讨论，还通过 NHK 国家电视台播放，全国有上百万人收看，引起了国民对海洋问题的关心和对国家海洋政策的理解。

其次，海洋战略方针和参与国际海洋事务方式方法的转变。一是从以往过于强调对海洋的开发利用转到"认识海洋""保护海洋""利用海洋"，使三者并重，相互平衡；从以往海洋政策过于注重现实利益转到全球和大战略的视野，把"海洋的可持续利用"这一国际上新的共识确立为目标和最重要的课题；从过去的各领域各部门"分散作业"转到各方面共同协调实施。二是比以往更积极地参与国际海洋法秩序的形成过程，最大限度地争取海洋权益。日本一些海洋法专家建议不能仅仅局限于遵守海洋法，更要会充分利用，在国际海洋纷争中，从注重对文本条文的理解和解释转到灵活地利用。在国际性海洋法律文件形成过程中，从一般参与改为积极介入，把日本的政治意图借助国际法的规则反映出来，从而达到争取和扩大国家利益的目的。他们还开始学习美国的传统做法，即首先通过国内法的形式将利益固定下来，使其具备法的正当性，对别国的异议则主张国内法优先原则和行政司法分立原则。日本一些人还注意到，在当今国际社会，参与海洋事务和解决海上争端时，无论是政治外交方式还是纯军事方式，都不能一味强调本国利益，否则事与愿违，而必须强调各国或相关国家的共同利益，强调全球性和地域性共同课题，采取柔软迂回的方式和对方国家容易接受的做法。在他们看来，陆地国家一般多采取直接方式通过强力扩大势力范围，而海洋国家更应依靠间接柔和的方式。同时在走出本土，拓展海外活动领域时注意"师出有名"，如，维护自由贸易体制、维护海洋航行自由、维护地区和平稳定等。

再次，发掘历史资源，反思既往的海洋战略，强调海洋空间的战略意义。众所周知，世界历史上主张海权论的人物出现过不少。如古希腊的狄米斯托克利、雅典的伯里克利、中国明初的郑和、英国的罗利、苏联的戈尔什科夫等。特别是美国前海军大学校长马汉及其《海权论》，对美、英、德、日等国的海洋认识和海军发展乃至国家战略都产生了深远影响。近来日本在探讨海洋战略的过程中，马汉的理论被重新提起的同时，日本历史上的关于海权的理论资源也被重视。除了前面提到的高坂正尧和他的《海洋国家的构想》之外，最受瞩目的是佐藤铁太郎。佐藤的海权论在当今日本被重视，反映出日本学界和军方研究海洋战略时对历史经验的思考。这些年来的日本，不少人批判"专守防卫"的安保政治，指责它是陆军国家式的思维，"专守防卫"等于"国土防卫"，在这样的思维定式内无法造就出"海洋防卫"和海洋国家所需要的高层次人才。还有人指出，海上自卫队墨守成规、唯我独尊的现状不可能培养出创新奔放型的军官，呼吁要尽快改冷战时期日本战略中的"萎缩式思考"为"进取式思考"，积极主动地参与、介入海洋问题和世界事务。①

最后，将日本的海洋战略问题放在更广阔的范围内进行讨论。一些学者对把海洋战略问题局限在国际政治领域和维持战略平衡的前提下进行讨论的传统做法提出了质疑，主张必须把海洋战略与反思日本战后所走的道路，如何真正成为名副其实的主权独立国家，即所谓"普通国家""政治大国"这样一个大战略中来研究。也有以川胜平太为代表的人士把海洋问题提升到一种文明式样和一种历史观的层次作比较考察，提倡"海洋文明史观"，有人甚至提出了由海岛构成所谓"日本联邦"和西太平洋"海洋国家联邦"的设想。②

---

① 参见日本国际フォーラム网页。http：//www. jfir. or. jp/j/index. htm。
② 川胜平太：《海洋連邦論——地球をガーデンアイランズに》，PHP研究所，2001年；川胜平太《文明の海洋史観》，中央公論新社2000年版。

4.6　日本"新的海洋立国战略"

"新的海洋立国战略"始于 2005 年。当年 11 月，日本海洋政策研究财团向日本政府提交了《海洋与日本：21 世纪海洋政策的建议》，并于 2006 年 1 月公开发表。该建议共分 4 个部分，它提出了日本海洋立国的总体目标，阐述了制定海洋政策大纲、海洋基本法的紧迫性以及完善海洋综合管理体制的必要性，提出了海洋管理的具体措施，强调了梳理海洋立国的"三大理念"，即海洋的可持续开发利用、注重国际协调引领海洋国际秩序、实施海洋综合管理。2006 年 12 月，日本海洋政策研究财团和日本海洋法研究会同时发表了《日本海洋政策大纲：以新的海洋立国为目标》和《日本海洋基本法草案纲要》，明确提出新的海洋立国的口号，主张日本应从"岛国"转向"海洋国家"。[①]

2007 年 4 月，日本通过了《海洋基本法》，这是日本全面确立新的海洋立国战略的重要标志。《海洋基本法》出台之前，日本的涉海法律法规至少有 87 部，[②] 其中主要的有 8 部：领海及毗连区法、专属经济区及大陆架法、海上保安厅法（修正）、在专属经济区行使渔业等主权权利的法律、海洋生物资源保护及管理法、水产资源保护法（修正）、防止海洋污染及海上灾害法（修正）、核原料物质和核燃料物质及原子炉限制法及防止放射性同位素造成放射线危害的法律（修正）。

新出台的《海洋基本法》规定了日本发展海洋事业的基本原则、纲领、目标、任务、组织框架等。主要内容包括：推进海洋资源开发及利用；保护海洋环境；推进专属经济区等的开发；确保海洋运输；确保海洋安全；推进海洋调查；推进海洋科学技术的研究和开发；振兴海洋

[①]　海洋基本法追踪调查研究会后于 2009 年 4 月 2 日又提出《关于"实现新海洋立国"的建议》。

[②]　连同《海洋基本法》出台后指定的在内，战后日本涉海法律法令逾百部。

产业强化国际竞争力；加强海岸带综合管理；保护离岛；推进国际合作；增进国民对海洋的理解等。

根据《海洋基本法》，日本政府设立了综合海洋政策本部。日本海洋战略和规划的制定，主要由综合海洋政策本部来组织进行。该机构是日本海洋战略和政策的最高决策和综合管理机构。由首相担任本部长，国土交通大臣兼任海洋政策担当大臣。本部设有总会（亦称"参与会"），总会决策重大事项，届时各有关府省，如内阁府、内阁官房、法务省、外务省、国土交通省、经济产业省、农林水产省、文部科学省、环境省、防卫省等的负责人参加。综合海洋政策本部下设干事会，议长由内阁官房副长官担任，成员包括有关省厅的厅局长和审议官等。本部还设有法制、审议、边界海域等各个领域的小组，负责研讨相关政策议题并进行决策。此外，日本有关省厅内部也有涉海部门，分别侧重政策、规划、科技、法律、外交、安全等方面的涉海问题研究和政策制定。另外，日本海洋政策最主要的智库海洋政策研究财团，组织了许多法案的草拟、提出政策建议、发表课题成果等，每年还定期出版《海洋白皮书》。日本海洋政策研究财团的经费主要来自日本财团。

根据《海洋基本法》，日本于 2008 年制定颁布了第一个国家《海洋基本计划》，用以指导日本未来 5 年的海洋事业发展。[①] 2013 年又制定颁布了第二个《海洋基本计划》。日本综合海洋政策本部每年都对进展状况进行跟踪评估，及时加以修正，提出要求。除了制定《海洋基本计划》，2008 年 10 月日本向联合国大陆架界限委员会提交了延长大陆架的申请，并先后制定颁布了《海洋能源矿物资源开发计划》（2009 年 3 月）、《处罚与应对海盗行为法》（2009 年 6 月）、《基于海洋管理的离岛保护、管理的基本方针》（2009 年 12 月）、《为促进专属经济区

---

① 虽说是 5 年，但是有些规划内容一直到 2015 年、2020 年。可以说是一个中长期战略规划。

及大陆架保护和利用的低潮线保全及基地设施整备法》（2010 年 5 月）、《关于在专属经济区矿物探查及科学考察的应对方针》（2011 年 3 月）、《海上保安厅法》及《外国船舶航行法》修正案（2012 年 2 月）等重要法律法规，在海洋政策和法制方面进展明显。另外，在海上安全的维护方面，2011 年日本派遣海上保安官随同海上自卫队护卫舰在索马里海域实施打击海盗；在海洋资源的利用方面，2011 年又通过了《矿业法修正案》，并由此建立了在其管辖海域进行矿物资源探查的许可制度。

2008 年的《海洋基本计划》是日本根据 2007 年出台的《海洋基本法》的精神，由综合海洋政策本部制定的用于指导日本今后 5 年的海洋事业发展的总体规划。其中主要包括 12 个方面的内容，这些内容也基本上是对应于《海洋基本法》的内容要求来安排的，包括：海洋保护区的设定和推进、大陆架延长对策、对外国船只进行科学考察和资源探查的对应、能源和矿产资源的有计划开发、海上安全运输的确保、海洋安全制度建设、推进专属经济区的系统调查、海洋信息的一元化管理、海洋研究开发的推进、海岸带综合管理、离岛保护和管理、增进国民对海洋的理解和海洋人才的培育。这些规划集中、具体、务实地体现了日本近期海洋战略的基本内容，需要我们仔细研究。

5 日本海洋战略规划和政策

当今的国家战略，往往是通过具有战略性（或战略意义）的法律、政策、规划来体现的。近年来，日本的海洋规划和政策，是遵循"新的海洋立国战略"，在 2007 年出台的《海洋基本法》的指导下，以《海洋基本计划》为主轴制定和展开的。这些规划、政策本身就是日本海洋战略在实务层面的体现。

5.1 海洋资源开发利用

海洋资源包括海洋生物水产资源、海洋能源矿物资源等多种经济资源和战略资源。

日本在生物水产资源的保护管理方面，致力于提高水产资源评价和预测的精度，以渔获允许量制度（TAC）、渔获作业允许量制度（TAE）的对象鱼种以及被纳入国际性管理的金枪鱼类为重点，实施资源调查。与此同时，进行海洋环境变动对水产资源的影响的调查，并进行资源变动预测技术的开发利用。针对需要紧急进行资源恢复的鱼种，制订资源恢复计划，并持续推动其顺利实施。

日本政府注重把资源恢复与改善经营相结合，并为其合理利用方法的研究给予资助。积极推进水产养殖业，加快进行金枪鱼、鳗鱼等相关的种苗生产技术和复合饲料的开发。

日本还强化与周边国家、地域的合作，特别是基于各类鱼资源状况，重点确定了韩国和中国的渔船在日本周边海域渔获量配额、允许的船只数，来推进对渔业资源的管理。

为了防止偷渔等违法行为，日本注重强化政府相关省厅间以及中央与都道府县的合作，对渔船进行了有效、高效的监视和管制。特别是在外国渔船作业活跃的时期、海域，实施了集中管制、取缔。在专属经济区，为了获取更多的水产资源，日本在进行渔场规划、开展边境渔场整备事业的同时，与资源管理及水产养殖业相互协作，加快完善与水产生物的生长周期相对应的大范围水产环境。

依照《森林法》，日本加强海岸、离岛防护林的指定和维护，在河流的上游营造阔叶树林以保护渔场，推动森林的完善和保护。在因海岸荒漠化导致功效显著下降的渔场，与修造、维护藻类繁生地、潮浸区相配合，对海胆、褐蓝子鱼等虫害生物的驱除和海藻类的移植等给予补贴。

在推进能源、矿物资源开发方面，《海洋基本计划》中规定，"当前要集中投入必要的政策资源，重点探查和开发石油、天然气、可燃冰以及海底热液矿床"，"2010 年度内，各相关府省协同完成《海洋能源与矿物资源开发计划》（草案）"。实际上，这一政策的背景是国际能源资源价格持续升高，资源生产国的保护意识普遍增强。按照这一要求，日本于 2008 年完成了《海洋能源与矿物资源开发计划》的制定，并且于 2009 年 3 月由综合海洋政策本部批准了该计划。为了制订该计划，日本在综合资源能源调查会下，由"石油分科会"（负责石油、天然气、甲烷水合物）和"矿业分科会"（负责海底热液矿床）进行勘探开发计划的制订，经咨询论证后提交经济产业大臣，最后提交海洋政策本部联席会议。

该计划在对各种海洋能源矿物资源的特性、分布状况进行描述的基础上，重点确定了各种资源开发的基本方针、开发计划的具体内容、技术条件的整备、从勘探试开采到商业化的具体时间表。

该计划明确提出甲烷水合物（可燃冰）和海底热液矿床在 2018 年实现商业化的目标。日本按照该计划的实施路线图，切实推进了对专属经济区所蕴藏的石油天然气、甲烷水合物、海底热液矿床的探查。其中，对于石油和天然气，在 2008 年开始进行基础物理勘探，并于 2010年开始基础性试开采，从 2012 年开始到 2018 年每年完成调查面积 6000平方千米，总调查面积为 6.2 万平方千米。通过调查勘探，日本全面掌握了其周边海域的地质信息，并将各种调查数据向石油天然气开发企业提供，推进矿物勘探和开发。同时，在大洋深海运用三维物理探查船扩大探查石油天然气的范围。

对于甲烷水合物，则加速向生产试验阶段过渡。日本计划从 2009年到 2015 年用大约 7 年时间完成生产技术等的研究和实验，包括陆地生产实验（2009 年到 2011 年）和海洋生产试验（2012 年到 2015 年），期间通过中间评价和最终评价，并于 2016 年到 2018 年完成技术课题评价、经济性评价、环境影响评价等综合评价，为实现商业化进行技术准备。进而全面掌握日本周边海域可燃冰的蕴藏位置和蕴藏量，并为提高开采效率和回收率探讨设计新的开采设备系统。

对于海底热液矿床，日本则重点调查海底热液矿床分布，分析对环境的影响，进行矿物开采和金属回收技术的开发。日本计划从 2008 年到 2012 年主要进行资源量评价、环境评价、资源开发技术研发、冶炼技术开发，并于 2010 年完成中间评价及选定试验海域；从 2013 年到2018 年，初步掌握新矿床的基本资源状况，完成环境预测模型并进行检证，完成实验机械的试验和商业机械的设计，进行试开采工程建设和试验。最终通过经济性评价和实现商业化。

由于以上工作单纯由民间来实施比较困难，日本政府提出必须由政府主导（责任单位是经济产业省），明确目标，制订严密的计划，落实国家、研究机关、民间企业各自的职责，正式、全面、扎实地探查和开发。

经过数年努力，对甲烷水合物和海底热液矿床等海洋能源矿物资源的调查和试开采，已经取得明显成效。所做的工作包括：第一，加紧对石油、天然气基本状况进行调查，利用"资源"号三维物理探查船，取得了三陆海面东向及西北海域、天北西方海域、宫崎海面南部海域、能登东向海域、冲绳海域等5个海域（三维物理探查6390平方千米，二维物理探查1890千米，总调查日数266日）的数据。第二，分两个阶段（2001—2008年度、2009—2015年度）对甲烷水合物进行试开采。截至2011年已从静冈县到和歌山县的海面（东部南海海沟海域）水深1000米左右处，预备实施海洋产出试验的2个地点，进行了钻探调查等面向海洋产出试验实施的事前调查和设备研究等准备活动。第三，对海底热液矿床，选择前景良好的地域伊豆、小笠原海域以及冲绳海域，实施了资源量的调查、环境影响评价、采矿技术和选矿、冶炼技术的基础性研究。另外，根据到目前为止的调查结果，估计出日本周边海域的资源量约为5000万吨，选定冲绳海域作为将来实施实证性试验的优先海域。第四，对钴结核，在南鸟岛周边海域实施了以深海用钻探器进行的蕴藏状况调查、以深海海底照相机进行的海底观测等环境基础调查。第五，鉴于专业调查船"第2白岭丸"渐渐老化，目前正在建造替代船"白岭"，并于2011年3月进行了下水仪式，已于2012年2月起航投入使用。

在海上风力发电方面，植入式风力发电系统已经进行了风况观测塔以及2MW级海上风车的详细设计与制作，同时对于环境影响评价的实施方法进行了研究。其中比植入式更深的高深度海域可以设置的浮体式海上风力发电系统，从2010年起开始了实证工作。另外，关于利用海浪和海流等海洋能源的发电，在培育创新性技术成长点的同时，实施了包括可行性研究在内的先导研究。

与《海洋能源与矿物资源开发计划》相呼应，日本随后又制定了

"海底能源资源确保战略"。这里也有必要加以介绍。

2010 年 4 月 26 日，日本共同社披露了日本综合海洋政策本部汇总的"海底能源资源确保战略"，按照这个战略，日本将在其主张的专属经济区（EEZ）的广阔海域正式开始调查含有多种稀有金属的海底热水矿床，并提出在 2020 年前实现稀有金属的实用化、商业化、产业化。据报道，日本计划勘探的海域面积达到 34 万平方千米，其中将在 2015 年之前勘探"尖阁列岛"（即我国钓鱼岛——译者注）的东北海域和八丈岛南部海域。这一计划中还包括甲烷水化合物等。此外，《日本经济新闻》也对此进行了报道，称此举是为了最大限度地利用全球面积第 6 位的日本管辖海域，开辟通往"海洋资源大国"的道路。实际上，从 2003 年开始，日本就投入 30 亿日元在大约 30 平方公里的海域实施了调查，当时雇用的是挪威科考船只，以减少敏感度。

另据《读卖新闻》2011 年 1 月 7 日报道，日本能源厅委托石油天然气和金属矿物资源机构以及两家大型企业共同参与开采技术的实际应用。开采的地点是冲绳海槽与伊豆、小笠原群岛海域的海底热水矿床。这套开发系统将使用 21 世纪第一个深海采矿机器人，采矿机器人配备有巨大刀刃的发掘机械和螺旋桨，可在 2000 米深的海底开掘矿石，然后通过管道输送到船上，这一开掘系统的开发费用为 200 亿—300 亿日元。

5.2 海洋环境保护

海洋认知、海洋利用、海洋保护，这三个方面是日本新的海洋立国战略的"三驾马车"，同等重要、缺一不可。也就是说海洋环境保护是日本海洋战略的题中应有之义。

在保护海洋生物多样性方面，日本结合制定《海洋生物多样性保护战略》，听取专家对海洋生物多样性相关的保护政策的现状和课题的意见，注重收集重要的海域信息、海洋生物信息、生态系统信息，并进行数据库的构建。海洋保护区在《海洋生物多样性保护战略》中被定义为："以支撑海洋生态系统健全的构造与机能的生物多样性保护、生态系统服务的可持续利用为目的，考虑利用形态，以法律或者其他有效的方法进行管理的明确性特定区域。"为防止周边海域（特别是海岸带）环境的恶化、生态系统紊乱、水产资源减少等问题带来的海洋可持续利用的危机，日本提出必须明确海洋保护区的定位，调查海域利用的现状，明确设定海洋保护区的目的，推进保护区的设定。从而建立"日本式海洋保护区"，并希望在国际社会赢得赞誉。基于此，在现行管制区域之中，把与此定义相符合的区域作为海洋保护区进行调整，在2011年5月27日召开的第八次综合海洋政策本部会议上加以确认。据此，相当于日本领海以及其主张的专属经济区面积的约8.3%的区域成为海洋保护区。这方面工作是有相关省厅联合开展的，主要责任单位包括文部科学省、农林水产省、经济产业省、国土交通省、环境省。

日本环境省于2011年5月制定了《关于海洋保护区的设定》的文件。该文件也是基于《海洋基本计划》中所规定的"遵循生物多样性公约及其他国际条约的精神，相关省府合作在明确我国海洋保护区的设定方针的基础上切实推进其设定工作"而制定的。其中提出，要重视海洋保护区的设定，将其作为确保生物多样性和生态系统安全的重要举措，以促进生态系统的可持续利用。在日本，虽然没有直接以"海洋保护区"命名的区域，但是有类似名称的区域，包括：自然公园、自然海滨保护地区、自然环境保护区域、鸟兽保护区、栖息地保护区、天然纪念物、保护水面、沿岸水产资源开发区域及指定海域、各个地方政府指定的区域、共同渔业权区域等，这些构成事实上的不同层次、不同种类的海洋保护区。

海洋生物的保护和海洋环境的保护往往是相辅相成的。例如，日本在实施信天翁、海鸠等珍稀海鸟保护增殖事业的同时，合理地实施海鸟群体繁殖地等鸟兽保护区的指定、管理。尤其是关于信天翁，实施了在伊豆诸岛鸟岛的繁殖状况调查，借助卫星进行行动追踪，进行繁殖地维持改善事业，面向小笠原诸岛婿岛的新繁殖地设定事业。为了综合且有效地推进珊瑚礁的保护与再生，筹划制定《珊瑚礁生态系统保护行动计划》，政府还组织对如何有效实施及实施状况的检查方法等进行了研究。为使多样的鱼贝类繁衍生息，日本政府支持"富饶'里海'计划"①，制作了《打造富饶"里海"指导书》，开设"里海网"，召开了国际里海研讨会。

近年来，日本政府实施了面向海洋公园区域指定的自然环境调查；实施了旨在消除利用壁垒的调查研究、食害珊瑚的鬼海星的驱除等事业；在自然环境保护区，实施了面向海洋特别区域指定的自然环境调查；整理了各界为了确保海洋生物多样性和保护自然景观等设定海洋保护区方面的论点和建议；相关省厅合作召开了关于如何设立海洋保护区的研讨会，推动了研究的进行。

在降低环境负担的举措方面，注重与海洋水质相关的环境基准达标率、有机污染的代表性指标化学氧的需求量（COD）的稳定。②为改善水环境采取的举措包括：一是对于人口集中的封闭性海域，以东京湾、伊势湾、濑户内海为对象，削减来自陆地的污染负荷总量，实施水质总量削减。2010 年，按照中央环境审议会提出的"关于第 7 次水质总量削减的应有状态"，对在第 7 次水质总量削减中总量限制基准的设定方法进行了研究。二是为改善封闭性水域的水环境，按流域推动下水道完善综合计划的修改，此外，为消除富营养化的根源氮、磷等，提高了下水道排水处理标准。另外，推进了使中小城市到 2013 年年末、大城市

---

① 这里所谓"里海"，在日语中即"故乡之海"的意思，一般是指与当地居民生活融为一体并保持了海水、海岸、礁石等自然生态的海滨区域。与"里山"相对应。

② 尽管如此，在有代表性的封闭海域东京湾、伊势湾和大阪湾，环境基准达标率依然在 70% 以下。

到 2023 年年末以前完成合流式下水道的改善对策。

对于日益严重的漂流垃圾问题，日本重点采取了以下措施：1. 基于 "为保护美丽丰富的自然、提升海岸良好景观和环境保护，推进海岸漂流物等处理的相关法律" 的基本方针，采取综合而有效的措施。2. 通过对都道府县设置的地域绿色新政基金的补助，对都道府县或者市町村作为海岸管理者等实施的有关海岸漂流物等的回收、处理、出现控制的事业等给予支持。3. 对漂流垃圾危害显著的典型地域实施详细的调查，在掌握漂流垃圾的实际状态的同时，对与地域实际情况相适应的有效率、有效果的回收、处理方法和今后的对策进行研究。另外，对漂流垃圾实施监控，一方面运用以往的调查结果，另一方面尝试实施对漂流垃圾现存量、漂达速度等进行全国范围的调查，掌握状况。4. 在国立公园的海岸，从保护美化海岸和生物多样性的观点出发，进行漂流垃圾的清扫。5. 对于渔网、泡沫聚苯乙烯制的浮标等，推进处理费用降低方法以及再利用技术的开发、普及，同时对渔业活动中的漂流物的回收给予支持。6. 在西北太平洋行动计划（NOWPAP）下召开研讨会，开展以对一般市民进行宣教为目的的 "绿色国际海岸" 运动，并举办关于海洋垃圾管理的研讨会。

为应对海上漏油等突发事故，制作了相关的脆弱沿岸环境图，及时更新地形以及有关动植物分布的基础数据，实施了基础数据的信息收集。还制作了与有害液体物质外流事故相关的脆弱沿岸海域图。根据防止海洋污染和海洋灾害的相关法律，整理了海洋环境影响评价和监控等海洋环境保护方面的技术资料。

在保护海洋环境的调查研究方面，运用西北太平洋行动计划等国际机制，依靠人造卫星、应用遥感技术，推进以监控方法和生物多样性为指标的海洋环境评价方法的开发等，与此同时，构筑环日本海海洋环境监测系统，汇总水温、植物浮游生物浓度等观测数据。为掌握水质污染总量削减的效果，对东京湾、伊势湾、濑户内海、有明海以及八代海，及时掌握从陆地产生的 COD、氮、磷，并对这些海域实施水质调查。从大阪湾到纪伊、四国洋面设置 8 个监测点，对来自陆地的污染和废弃物所产生的对水质、底质的影响及积蓄在海洋生物中的污染物质的浓度进行调查，进而掌握海洋的污染状况。

利用海洋地球调查船"未来"号，取得了在发生急剧环境变化的北极海域的水温、盐分、生物地球化学数据等。日本通过在太平洋北极海域进行的这些研究，试图揭示海洋构造的形成及其变化、储热量、淡水量变动，而这些数据对决定海冰增长量、融解量的平衡极为重要。

5.3　专属经济区的开发

首先，日本对专属经济区进行系统调查。所谓系统调查，就是把原来海洋调查由各单位分别进行的做法，调整为在综合海洋政策本部的指导下，突出效果和效率，注重对海洋管理有价值的信息搜集，进而达成各省厅的目标。专属经济区调查主要由文部科学省、经济产业省、国土交通省等负责进行。

2011 年 3 月 11 日，日本综合海洋政策本部通过了《关于今后在专属经济区进行矿物探查和科学调查的对应方针》，该方针强调在海洋矿物探查和科学考察中，经济产业省发挥主导作用，政府相关部门协同配合，同时对原来的方针进行修改。对于矿物的探查，决定在《矿业法修正案》中创立许可制度，强化了在矿区选定、开发主体的选定、许可制度和管理过程中政府的权力。《矿业法修正案》已于 2011 年 7 月22 日公布。

专属经济区调查的重点，是对《海洋基本计划》中确定优先调查的海域的海底地形进行有计划有重点的调查；对确定日本专属经济区范围有重要意义的低潮线海域持续进行调查，并在调查过程中不断充实调查方案以便获得更新的数据；提出进一步明确海洋管理的信息内容，强化政府各个部门对调查计划的共享机制，设置联络会议来保证海洋调查的高效实施。

另一个重点是推进专属经济区的开发。特别是对东海资源的开发，2008 年 6 月中日两国达成共识后，日本在各种高层次会谈中努力推动中方把已达成的共识付诸实施，尽早缔结有国际约束的协议。2010 年 7 月，在东京举行了第一次关于东海资源开发原则共识政府间谈判。日方认为这次谈判确认了：①2008 年 6 月达成的一致意见，给中日双方带来利益，具有互惠性，这也体现了充实"战略互惠关系"的内涵，基于这一认识，应尽早完成谈判；②双方一致同意，当年秋天在北京举行第二次谈判。但是在发生钓鱼岛海域海上保安厅的巡视船与中国渔船相撞事件以后，中日双方缔结协议的谈判陷于停顿。

日本经过多年对大陆架的调查，根据联合国《海洋法公约》，于2008 年 11 月向联合国"大陆架界限委员会"（以下简称"委员会"，共 21 名成员）提交了申请延长大陆架的相关数据信息。2009 年 9 月该委员会设置了审查日本提出情况的小委员会。此后日本通过多种渠道密切关注各国反应，召开各种专家研讨会、评价会（包括邀请大陆架界限委员会成员到日本演讲等），应对小委员会的审查，希图尽早通过审查，并由政府发布政令确定大陆架范围。这方面的工作主要由外务省、文部科学省、经济产业省、国土交通省等负责进行。

2011 年 6 月，海洋政策研究财团完成了一份日本财团资助项目《关于推进专属经济区及大陆架综合管理的法制建设的建议》，其目的是为了填补以往的《关于专属经济区及大陆架的法律》中的缺项，使其更加全面和清晰。这份建议认为，以往的法律中对于专属经济区应适用于何种法令规定不明确，没有具体规定对于在专属经济区进行开发活动和设立构筑物之际需要履行何种手续，缺乏对在专属经济区进行开发利用活动的归口管理，组织上也缺乏确保海洋空间整体的合理开发和保护的架构，另外，联合国《海洋法公约》中虽然规定了沿岸国有权对外国的海洋科考活动进行管理，但是日本相关法律却没有对应条款和内容，特别是由于缺乏基于法律的有效管理，导致对专属经济区进行实效管辖出现空白点，进而使日本国家利益受损。因此，该建议提出要完善国内法，以便更有效地行使《海洋法公约》所赋予的管辖权利。日本《海洋基本法》出台之后，日本迅即成立了"综合海洋政策研究委员会"（委员长栗林忠男，委员16人包括涉海团体负责人、专家学者等），对推进专属经济区及大陆架综合管理的法制建设问题进行研究和审议，历时4年，终于推出这份建议及《推进专属经济区及大陆架综合管理的法制》（纲要）。该法律文件由以下部分组成：1. 法律的目的；2. 专属经济区开发、利用、保护的理念；3. 专属经济区管理过程中国家的作用；4. 关于专属经济区调查及信息的一元化管理；5. 基本方针的制定；6. 海域计划的制订；7. 特别海域的制定及特别海域计划的制订；8 对开发行为的管理；9 对海洋科学调查的管理；10. 海洋环境保护。作为附件，该法律文件将日本的管辖海域标注为447万平方千米，并附有领海、专属经济区、正在申请的外大陆架的地图。显然，法律的出台将使日本的涉海法律更趋完备。

5.4　海上运输

对日本而言，海上航运是其国民经济和国民生活的生命线。日本贸易量的99.7%由海洋运输承担。但是，20世纪70年代以来，日本籍的船舶和日本船员的数量都大幅度减少，出现令日本忧虑的局面。为此，日本提出创设"吨数标准税制"，提出5年内将日本籍船增加到原来的2倍，日本船员增加到原来的1.5倍的目标。国土交通省是该项工作的责任单位。

为确保远洋航运业的国际竞争力以及日本籍船舶、日本人船员数量，日本制定了"确保计划认定制度"。截至2011年3月，日本已接受认定的企业单位达到了 10 家。另外，在 2011 年的税制修改大纲中，对于船舶的特别折旧制度、特定资产置换的情况等课税的特例，重新研究适用要件，分别规定延长适用期限 2 年、3 年。根据 2008 年 7 月施行的《海上运输法修正案》，得到日本船舶、船员确保计划认定的企业单位，对有志于成为船员的新员工，在接受特定训练和取得资格时支付补助金。截至 2011 年 3 月末，受理认定 67 件计划已经完结，同年 4 月 1 日起开始的新受理的计划中认定 48 件。在同年 3 月末的时点上，171 家企业单位正在接受来自国土交通大臣的计划认定。为了改善船员劳动环境，日本展开各种准备，研究执行体制，以期早日批准《2006 年关于海上劳动的条约（暂定）》这一全球标准。

在海上运输基地的完善方面，日本为了维持、扩大连接亚洲与北美、欧洲等国际主干航路的日本航线，谋求完善高规格的集装箱码头和装卸机械等的硬件，制定寻求从广泛区域集聚货物的软对策，积极推进民众欢迎的实现港口整体化运营的国际集装箱战略港口政策。为了从物流方面支撑日本整体和地域的经济、产业、生活，加速了国际海上集装箱码头、处理铁矿石、煤炭、谷物等大宗货物的国际物流码头、国际干线航路等的完善，以及促进临海地区物流基地的形成。以谷物、铁矿石、煤炭三种货物为对象，2010 年 6 月公开招募国际大宗货物战略港口，进行了国际大宗货物战略港的选定。

在海上运输质量的提高方面，与客船及货船相关的航运监理业务、船员法等规定的监察业务、基于船员职业安定法的相关调查业务，均由航运劳务监理官进行统一实施。同时，根据 2006 年 10 月实行的运输安全管理制度，继续实施对各企业单位的运输安全管理评价。日本还继续积极参与为实施国际海事机构（IMO）《2004 年旨在调节和管理船舶的压仓水以及沉积物的国际条约（暂定）》而筹划制定指导方针的工作。同时，推进压仓水处理装置的认证手续以及 IMO 的审查手续，积极参与谋划 IMO 的 e-Navigation 战略（构筑新航海支持系统的战略）的研究。

5.5　海洋安全

日本防卫省下辖的海上自卫队实际上就是日本海军，是典型的战略军种。日本日常海上安全和治安的维持则由海上保安厅负责，海上保安厅是隶属于国土交通省的行政机关。关于海上保安厅的主要工作内容以及近一年来的主要活动，可参见本课题文献资料之《海上保安报告》。而关于海上自卫队的职能和新动向则可参见本书"日本海洋军事战略"相关章节。这里主要介绍近来日本在海洋安全领域的其他相关政策及推进情况。

根据 2009 年 6 月颁布的《处罚与应对海盗行为法》，日本通过海上自卫队的护卫舰和 P-3C 侦察机在索马里海域和亚丁湾进行船舶的护航活动及警戒监视活动。另外，P-3C 侦察机承担了亚丁湾航空器警戒监视活动内容的 75% 以上。打击海盗和进行护航，使得海上自卫队"名正言顺"地冲破本土专守防卫和海外派兵的限制，也是日本海洋安全领域政策的重大调整。

2010 年，在肯尼亚、坦桑尼亚附近海域以及西印度洋海域，海盗事件增多，持续成为船舶航行安全的重大威胁。鉴于海上保安厅难以在该海域应对海盗，2010 年 7 月日本内阁会议制定了《基于有关海盗行为处罚以及海盗行为应对的法律，对有关海盗应对行动的对策要点》，到 2011 年 7 月 23 日期间，由海上自卫队通过轮流接续方式进行海盗应对活动。

2011 年 3 月 11 日，海上保安厅以违反海盗应对法逮捕了袭击三井公司运营船舶"MVGUANABARA"（巴哈马船籍）的 4 名索马里海盗。这是日本依据该法的首次逮捕行动。海盗在 3 月 5 日夺取了该商船，第二天，在美海军协助下，4 名海盗被拘禁，该船获救。日本接着从美国海军接收 4 名海盗，移送到国内，并在日本国内履行司法程序。这也成为以国内法处理海盗的首个案例。

日本国土交通省海事局根据船舶公司提出的护卫申请，进行护卫对象船舶的选定。截至 2011 年 3 月 31 日，有 599 家公司，5499 只船进行了注册。另外，为了提高船员应对海盗的能力，实施以外国船员为对象的海盗对策训练。日本海上保安厅在 2010 年举行的 "2010 年日本 APEC（亚洲太平洋经济合作组织）" 首脑会议以及相关会议期间，设置 "APEC 海上警备本部"，配备巡视船艇、航空器，实施了海上警备。

2009 年 7 月日本完成了在全国范围运用船舶自动识别装置（AIS）的航行支持系统，建立了实时掌握航行在沿岸海域 AIS 配备船舶情况的体制，从而与航行的实际状态相适应，进行更加有效的航行安全指导和防止触礁等信息提供。另外，依据近年海难的发生状况和与海上交通相关的环境变化，2010 年 7 月，日本颁布实施了以谋求提高海上交通安全性为目的的《港则法》以及《海上安全法修正案》（2009 年法律第 69 号）。

2010 年 10 月，海上保安厅在第九管区海上保安本部的新潟航空基地，开始实施日本国内第 7 个机动救难士制度。机动救难士拥有依靠直升飞机的悬挂救助技术和急救救生处理能力，海难和海上出现负伤者的情况下，可乘坐直升机急速直达现场，以完成救人任务。到目前为止被配置在函馆、关西机场、美保、福冈、鹿儿岛以及那霸等地。2010 年 10 月 13 日和 14 日，日本两艘海上自卫队护卫舰，参加了在韩国召开的应对扩散的安全保障构想（PSI）海上阻止训练，11 月 1 日和 2 日在日本召开了 PSI 作业专门会议（OEG）。为了切实履行 SOLAS 条约、MARPOL 条约等国际条约规定的义务和任务，确保恰当的船舶检查以及港口国监控（PSC）实施体制，2010 年，日本增加了 6 名 PSC 官员。2010 年 12 月 17 日，日本通过了新《防卫计划大纲》，强化防卫力量在日本周边海域、空域进行经常持续的信息收集、警戒监视、侦察活动。

　　日本海洋安全制度建设，重点是为了防止和应对那些停留、徘徊等所谓"非正常航行"的外国船舶对航行秩序的影响，以及走私、偷渡、间谍船的所谓"违法船舶"的侵入、海盗行为、大量破坏性武器的海上运输等问题。日本法律规定，禁止无正当理由的外国船舶在日本领海等海域停留和徘徊，对于违反规定的船只采取登船检查、责令退去等措施，并尽早向国会提出法案。同时，对执法体制进行完善。这些工作的责任单位是外务省、国土交通省、防卫省等省。

　　日本对于未经同意在其所主张的专属经济区进行矿物资源调查的外国船舶，根据应对这类情况的"指针"进行对应。中日之间虽然有"事前相互通报制度"，但是日本认为这并不够，加之日本认为周边国家在这方面法制化不断推进，因此它也必须探讨采取相应措施。在对应过程中，日本也留意到因与他国主张的海域出现重叠而引发的问题，提出在外交上要适当柔性对应。这方面的责任单位包括外务省、文部科学省、农林水产省、经济产业省、国土交通省等。

　　在应对海洋自然灾害方面，2010 年 2 月发生了以智利中部沿岸为震源的地震引发的海啸，海啸防灾成为课题。日本中央防灾会议设置了"灾难时避难工作专门调查会和海啸防灾工作小组"。该工作小组重新整理现行的海啸对策，明确课题和问题点，根据近地海啸和远地海啸各自的特性，研究改善对策，计划汇总出更应强化的对策和支持方法。对于用于海面的波浪观测不断设置的 GPS 波浪仪，到 2010 年年末总计实施 11 座观测数据的发布和面向海啸信息的运用。作为旨在支援从灾害中迅速恢复的方法，为了确保在大规模地震发生时的海上运输，在德岛小松岛港着手进行了耐震强化码头岸基的实施作业。

　　海洋研究开发机构（JAMSTEC）在位于东南海地震的假想震源区域的纪伊半岛海面熊野滩，设置海底电缆网络观测系统"地震、海啸观测监视系统（DONET）"，在三重县尾鹫市古江町开设陆上部门，开始对观测数据的即时发布。特别是 2011 年 3 月 11 日发生的震级 9.0 的

"平成23年（2011年）东北地方太平洋海域地震"（以下简称"东日本大地震"），这次地震灾害被认定为以日本全国为对象的极其重大的灾害，其引发的海啸、核泄漏给应对日本海洋灾害带来许多新问题。

5.6　海洋调查

日本政府正在着力强化对海洋信息的一元化管理。通过对行政职能的调整，将各个部门掌握的海洋信息进行统一管理和提供，改变信息分散的状况，使利用者能更方便地获取信息，使民间团体对海洋信息的利用更加灵活有效，使政府机关实现对数据资源的共享。这方面工作的责任单位包括文部科学省、农林水产省、经济产业省、国土交通省、防卫厅等。

以上政府机构按照各职责范围实施海洋调查，涉及海洋权益的确保、水产资源管理、海底资源开发、全球变暖对策、海上交通安全、海底地震对策等。各研究机构按照研究领域实施的海洋调查内容主要有：1. 内阁官房正在对各有关部门合作方式进行调整，以实现信息共享，推进海洋调查。2. 海洋研究开发机构（JAMSTEC）充分运用潜水调查船"深海6500"和地球深部探查船"地球"等船舶、深海探查器进行海洋调查。3. 海上保安厅参与海底地形调查，查清了冲绳县伊平屋列岛周边的海底地形详情，并通过对福冈县北部海底的地形调查，发现了作为活断层评价的资料发挥作用的变动地形。还通过海底机器人成功进行了海底全自动拍摄。4. 气象厅在西北太平洋海域和日本周边海域实施海洋观测，掌握海洋变动及其给大气带来的影响。2010年实施了旨在以西北太平洋区域的二氧化碳的观测为重点的高精度海洋观测，强化了能够远洋航海的2艘大型海洋气象观测船的观测性能。5. 水产厅与水产综合研究中心合作，于2010年，在作为金枪鱼主要产卵地之一的日本海，进行了金枪鱼幼鱼种的采集与水温、海流等的调查。结果，成功采集了 19 条孵化后约 1—2 个月的金枪鱼鱼苗。此外，水产厅通过渔业调查船"开洋丸"以及"照阳丸"全年连续实施了水产资源调查、渔场环境调查。6. 日本石油天然气金属矿物资源机构（JOGMEC）从 2010 年 3 月到 2011 年 1 月在三陆海面东向、西北海域，天北西向海域、宫崎海面南部海域、能登东向海域、冲绳海域取得了物理探查数据。另外、JOGMEC 为了加速对蕴藏在日本周边海域海洋资源的探查、开发，加快进行新的海洋资源调查船"白岭"的建造，用以取代当前正在使用的"第 2 白岭丸"。这艘新型调查船是日本首次配备了可按海底地质状况进行智能化选择的两种大型挖掘装置和各种调查器械，它将对日本周边海域海底热液矿床、钴结核矿床等的海洋资源的探查、开发发挥重要作用。7. 从 2008 年起东京大学海洋研究所（现在东京大学大气海洋研究所）与水产综合研究中心合作致力于鳗鱼产卵地调查，动用了海洋研究开发机构（JAMSTEC）的学术研究船"白凤丸"、水产厅的调查船"开阳丸"和"照洋丸"、水产综合研究中心的调查船"北光丸"、水产大学校的实习船"天鹰丸"、北海道大学的实习船"忍路丸"，在马里亚纳群岛海域开展了大规模的鳗鱼研究航海。结果，2009 年 5 月，"白凤丸"在西马里亚纳海脊南端部成功采集了 31 粒天然鳗鱼卵，还得到了众多的关于洄游生态、产卵习性、繁殖生理的详细的新知识。8. 水产综合研究中心为了推进日本周边水域的水产资源管理、海洋环境的保护，以及构筑东海、黄海水产资源国际管理体制，建造了"阳光丸"（总吨数 692 吨），并于 2010 年 11 月完工。9. 产业技术综合研究所取得了冲绳西向海域的海洋地质数据。另外，在福冈沿岸区域进行了地质、地球物理调查，旨在完成海陆无间隔地质图。10. 为了对分散于各机构的海洋信息进行一元化管理和信息提供，日本建立了"海洋信息清算平台"，2010 年 3 月开始了面向公众。这些近年来重要的海洋调查项目的实施，提升了各个涉海单位的工作效率，取得了大量的海洋数据和重要研究成果，成为日本抢占海洋科研前沿、争夺海洋权益的坚实基础。

5.7 海洋科技研发

《海洋基本法》出台以后，日本经济团体和学界提出大量关于研究开发制度和研究开发项目，这些构想和建议涉及的领域较多，内容较为广泛，初期投资也比较大，实现起来有一定难度。为此，日本提出要构筑新的推进体制，明确项目的必要性、可行性、波及效果，研究其性价比，排列出项目的优先顺序，通过各个府省厅的联合来进行综合推进。海洋科技研发的责任单位主要是文部科学省、农林水产省、经济产业省、国土交通省、环境省。

为谋求科技经费的增加，包括增加竞争的资金、培育和确保人才、提高创新能力，日本积极推进作为第 3 期科学技术基本计划中的国家基础技术的"海洋地球观测探查系统"，以此为重点推进政策应用型研究开发。作为该系统构成技术之一，选定"下一代海洋探查技术"作为战略重点，利用调查船"地球"号，进行了旨在到达人类未踏入的地幔以及进行地壳内有用生物的采取等的地球深部调查，并通过这些"世界最先进的深海底无隔水管海洋钻井技术的开发"、一般船舶以往难以调查的海域海洋现象的调查观测、大水深高难度作业、精密作业调查观测等领域的技术开发，有效推进了"下一代深海巡航探查器技术的开发""大深度高性能无人探查器技术的开发"。

日本试图在以地球环境变动、地球内部构造以及地壳内生物圈的阐明为目的的多国间国际共同工程综合国际深海挖掘计划（IODP）中发挥主导性的作用。在该计划当中，通过地球深部探查船"地球"来推进深海挖掘探查，以阐明海沟型巨大地震的发生机制。2010 年在东南海地震假想震源地纪伊半岛海面南海海沟（熊野滩），实施了有助于阐明巨大地震发生机制的地质样本的采集取样、物理测量数据的取得、长期孔内测量装置的设置。当年还在冲绳海槽进行科学挖掘、地质样本采选，以弄清位于热液活动区域的海底微生物种群的规模以及生态系统。

为促进海底热液矿床等未利用的海洋矿物资源的开发，日本根据"面向海洋资源利用促进的基础工具开发纲要"，实施了海底地形、海水的化学成分、海底构造、物质性质的测量，进行了与传感器等探查技术相关的基础技术开发，以及在实际海域进行试制机的试验，从而进一步掌握了海洋矿物资源的蕴藏位置和资源储量，在海底热液活动方面也有了新的发现。

为应对全球变暖和能源问题，日本积极推动甲烷水合物的技术开发，对在欧洲已经进行着的海上风力发电等相关的实证试验等可再生能源的研究情况以及植入式风力发电系统等，进行了环境影响评估实施方法的研究。对于与植入式相比，在深水海域能够设置的浮体式海上风力发电，从 2010 年开始进入试验应用，选定长崎县五岛市红叶岛周边海域作为备选海域，进行 2MW 的实证机的基础设计、环境影响调查方法的研究。另外，面向革新性船舶的二氧化碳削减技术的开发、实用化，对 22 件民间技术开发工程，采取资助开发费用三分之一的举措。

5.8　海洋产业及其国际竞争力

为巩固海洋产业的经营基础、确保海上运输安全，日本政府根据 2008 年 6 月通过的《海上运输法及船员法部分修正案》，将远洋船舶航运事业 11 家企业（现合并 10 家）列入了日本船舶、船员确保计划。在第 1 期结束时（2010 年 3 月），与计划开始时相比远洋日本船增加了 19 艘，远洋日籍船员增加 34 人。另外，第 1 期远洋日籍船员的训练 81 人。为了确立在设计阶段能够评价船舶在实际海域的燃料消耗成本的技术，从 2008 年到 2010 年的 3 年间，实施了"海 10 式样工程"。该工程实施了依靠计算机程序的模拟计算法和水槽试验法的混合性评价法

（实际海域性能评价方法）的开发、通过实船测量对评价法的验证以及对于指标数值计算的第三者认证指导方针的制定，确立了实际海域性能评价技术。

近年来，对于因渔船缺乏造成生产体制脆弱化的渔船渔业，以及因产地价格低迷等经营环境带来困境的养殖业，日本实施了促进经营转换的渔业改革工程，以期培育能够承担未来结构改革重任的经营实体，同时，推进了通过重视收益性作业、生产体制的建立、取得省钱省力型替代船等工作。

为振兴渔业产业，近年来日本政府加大了政策和资金投入力度。为了缓和燃油价格和复合饲料价格的急剧上升给渔业经营带来的影响，通过渔业者、养殖业者与政府筹资，构筑生产经营的安全网络，以期在原油价格、复合饲料价格上升超过一定基准的时候，发给集资的渔业者、养殖业者补贴；为使渔业者将来能可持续进行渔业经营，进行了数据的收集和整理，以此来掌握渔业经营状况；为了强化水产品的产地销售能力，充分依靠流通专家的智慧，政府对致力于新销路开拓的渔业团体给予支持；为了振兴海水养殖业，政府对开发组合鱼贝类与藻类等复数种类的复合养殖技术、开发应对价格上升的鱼粉含有率低的复合饲料等都给予支持；为了确立具有活力的渔业就业结构，对面向渔业从业志愿者提供求职信息、召开就业支持宣讲会、长期现场研修等给予帮助，同时，支持运用不同行业的技巧和技术，致力于进行涉及从渔业生产到加工、流通、销售领域的新商务事业化；面向革新性船舶的 CO_2 削减技术的开发、实用化，政府对 22 件民间技术开发工程进行支持；将国际海事机构（IMO）的国际框架机制作为"海洋环境倡议"的一环进行统一推进；强化综合对策，以呼应国际海运削减 CO_2 排放和提高海事产业国际竞争力的要求。

在海洋新产业的开拓方面，2010 年 3 月，日本通过了《应用地区资源的农林渔业者开创新事业及促进地区农林水产品利用的相关法律》

（简称《六次产业化法》）。为了推进渔业和渔村的六次产业化，政府支持依靠地区渔业者的新商品开发和销路开拓等举措。为了推进海洋空间和海洋能源的有效应用，组织进行了大深度海域所需远洋平台技术的研究开发。为了振兴新海洋娱乐和地区经济，政府对"海洋驿站"的多功能化给予了支持。这些优惠政策和补贴，对日本海洋产业竞争力的提升和海洋产业的发展起到了稳定而有效的作用。

5.9　海岸带综合管理

在海岸带管理方面，日本目前存在的突出问题有：由于人口集中产生的生活污水增加，闭锁性海域污染状况依然严重；许多陆地活动造成的垃圾通过河流漂入海中；伴随临海工业带的形成而造成的对海域的填埋，自然海岸、藻场、干潟、珊瑚礁的减少；由于陆地土沙供给量的减少带来对海岸土沙的挖取（1978—1992 年平均每年减少 160ha）；渔业、海洋休闲活动对海域利用需求的增加；大坝构筑、河道采沙、沿海建筑需要限制等。对此，政府采取了一些措施：进行综合的土沙管理；促进对营养盐类和污浊物的管理和循环利用；陆海一体的垃圾投弃、收集办法；造就环境友好、便于利用的海岸；完善海面利用规则；建立以地方公共团体为主体的信息共享、合作机制。以此推进因地制宜的海岸带管理。这方面工作的责任单位包括农林水产省、国土交通省、环境省等。

对海岸带的管理，日本把重点放在对海域与陆域进行一体化综合管理上。根据对第 7 次水质总量削减状态的研究结果，对总量管制基准的设定方法进行了改革，对总量管制基准的行业区分以及每一个区分的范围进行通告，推进了面向第 7 次水质总量削减要求的研究。在支持各地区"里海"振兴活动的同时，组织进行有效案例的收集，以此为基础，推进具有地域特色的"里海"建设。制作了包含每一类型的标准性里海振兴计划的"里海建设指导书",通过"里海"网络站点(里海网)进行面向国内外的信息发报。

　　日本为了构筑丰富的生物多样海域,及时把握包括陆域和海域在内的流域整体营养盐类循环状况;为了适应各个海域状况,使陆域、海域结为一体,促进营养盐类的顺畅循环,研究制定高效的管理方法("海域健康计划")。

　　在调整海岸带利用功能方面,为了推进游艇在渔港的利用,增地区活力,政府制定了面向渔业者与游艇利用者的"水域利用规则指南"。为了继续充实、促进地域自主安全对策,敦促那些尚未制定利用规则的地区抓紧筹划,2009年,日本政府与相关地方公共团体进行协议和合作,支持地方制定有关自主规则。同时,政府有关部门与民间志愿者海上安全指导员和海洋娱乐关联团体合作,有针对性地调整利用规则,及时发布通告和开展教育活动。

　　在海岸带管理合作体制的构筑上,通过整理制作典型案例并汇编成集,进行宣传推广,从而使有关方面参考和借鉴,共享经验。

5.10　离岛保护

　　离岛重要的意义在于它是设定辽阔的管辖海域的依据之一,是确保海洋安全的重要据点,是海洋资源开发利用的活动基地,也具有保护周边海域安全的作用。日本《海洋基本计划》中提出,要明确离岛在海洋政策推进中的地位,在制定保护、管理基本方针的同时,切实推进离岛保护、管理、振兴;要针对离岛人口减少、老龄化带来的衰退状况采取有效对策;对有人岛,必须完善居住环境促进离岛自立发展,提高居民生活水平和福祉;对无人岛,要明确它在海洋政策中的地位。还要制定出"面向海洋管理的离岛保护、管理的基本方针"。离岛保护工作主要由文部科学省、农林水产省、经济产业省、国土交通省、环境省承担。

在离岛的保护和管理方面，日本加大对低潮线保护的力度，有效利用离岛使其成为保护和利用低潮线的基地，进而实现对专属经济区的保护和利用。为此，日本出台了《为促进专属经济区及大陆架保护和利用的低潮线保全及基地设施整备法》（以下简称《低潮线保护法》），并于2010年的第174次国会上一致通过，同年6月施行。

《低潮线保护法》规定了低潮线保护区域的指定和对区域内行为的限制，制定了对特定离岛进行据点设施整备的有关规定。在全部20条法律条文中主要可概括为以下5点：1. 关于低潮线保护及基地设施整备的基本方针；2. 相关政府机关对低潮线及其周边状况调查以及在保全区域海底进行勘探活动的限制措施；3. 把特定离岛作为基地的专属经济区的保护和利用活动的目标等事项；4. 关于基地设施整备的内容；5. 其他有关事项。

作为离岛保护和管理的措施包括：在把握现状和搜集数据方面实现一元化管理；强化对离岛及其周边海域的监视；严格对低潮线变更行为的限制；构筑政府各部门之间的信息共享和应对机制；对尚未命名的离岛尽快命名并在地图上标注；对海洋资源开发和利用进行支援；遥远离岛活动基地的整备；离岛自然环境保护等。日本相关的政府官员表示，急需完善两个有关离岛的法律，一是严格对低潮线变更行为的限制；二是对遥远离岛活动基地的整备。对于后者，由于日本已经有关于港口的法律，但是由于其管理者是地方公共团体，所以有必要制定国家进行港口建设的相关法律。

遵照《低潮线保护法》，为实现对专属经济区的保护及利用，完善相关的活动据点设施，2010年7月，日本政府以政令指定方式确定了冲之鸟岛（我国称之为"冲之鸟礁"——译者注）和南鸟岛作为必要的特定离岛进行优先保护，并已经开工建设。日本试图以此促进低潮线的保护，以及以特定离岛为基地的专属经济区的利用。对于特定离岛南鸟岛，基于《低潮线保护法》于2010年7月以国土交通省公告确定了特定离岛港湾区域，2011 年 3 月港湾设施现场开工。据称日本气象厅已经在南鸟岛设立了日本唯一的世界气象组织（WMO）全球观测点。对于冲之鸟，2011 年 6 月日本以国土交通省公告确定了特定离岛港湾区域，同时着手港湾设施建设。另外，除南鸟岛和冲之鸟之外，日本有国会议员提出也应把钓鱼岛列为"特定离岛"。

2011 年 5 月 27 日日本召开了第 8 次综合海洋政策本部会议，明确了 2010 年和 2011 年的重点工作。2011 年 6 月，基于《低潮线保护法》，在政令中指定了 185 个低潮线保护区，这些低潮线保护海域都是可能成为专属经济区划界基础的海域。

此后，日本内阁会议还通过了《低潮线保护基本计划》。该计划规定了对于离岛保护的具体实施规划，由综合海洋政策本部组织落实，定期检查公布各年度的进展情况。根据形势变化的需要，日本政府对这个"基本计划"及时进行修订。例如，对于在冲之鸟所进行的"特定离岛港湾设施建设"的表述，就在 2011 年 5 月增加了"在冲之鸟岛西侧建设岸壁（延长 160 米，水深 8 米）、泊地（水深 8 米）及临港道路（包括附带设施）等特定离岛港湾设施"。显示出日本对冲之鸟保护设施建设的推进力度。实际上，依照相关法律，日本已经计划 6 年斥资 750 亿日元（约合人民币 60 亿元）建造一系列设施，将冲之鸟打造成海洋资源调查基地，并从 2011 年开始实施。与此同时在冲之鸟周围海域进行稀有金属资源调查。日本此举是为了获取冲之鸟为中心半径 200 海里面积约 40 万平方千米的"专属经济区"的勘探开发权，并抗衡中国。

2012 年 1 月，日本媒体报道，日本政府已经对目前尚无名称的 39 座离岛完成了暂定命名工作，并将在地图上正式加以标注，其中包括钓鱼岛周边的四个小岛。① 按照日本政府的说法，可作为其主张的"日本

---

① 2012 年 3 月 3 日，根据《中华人民共和国海岛保护法》，国家海洋局对我国海域海岛进行了名称标准化处理。经国务院批准，国家海洋局、民政部公布了钓鱼岛及其部分附属岛屿的标准名称。

专属经济区"依据和基点的离岛共有 99 座。

近年来,日本还通过长崎县海面等离岛低潮线调查、北硫黄鸟岛的三角点设置相关的现场事前调查、对伊豆鸟岛的三角点的设置、须美寿岛和与那国岛等的空中写实摄影等措施,积极推进对离岛基本信息的收集。为了切实保护和管理奄美大岛、小笠原诸岛等离岛的生态系统,预防和消除外来物种对在此繁衍的稀有物种和原有物种生存的威胁,日本于 2010 年 4 月制定了包含珊瑚礁生态系统保护基本方针和具体行动的《珊瑚礁生态系统保护行动计划》。

在振兴离岛经济方面,作为离岛航路的基地以及大规模灾害时的防灾据点,在岛根县隐岐诸岛的西乡港,开始使用耐震强化的渡轮码头以及渡轮站点大楼。另外,在长崎县中通岛完善了无障碍功能和体验交流型住宿设施,进行了扩大交流人口和增强岛屿活力的离岛体验旅居交流促进事业。尽管一些有人居住的离岛对于保护管辖海域、保护海上安全、开发利用及保护管理海洋资源具有重要作用,但因为离岛地区人口减少、少子、老龄化等问题日益突出,为了创造离岛居民安心生活的良好环境,在离岛地域进行了最低必要生活服务水平的调查。另外,为了离岛居民可以安心生活,各地对离岛、偏僻地派遣医生、培训人才。政府还对离岛航路航运产生的亏损增加了补贴,并依据 2009 年制定的《离岛航路结构改革补助规定》,对地方公共团体代替事业者进行船舶建造、维持航路的"公设民营化"和建造节能船、适应需求规模的小型船等进行了资金扶持。

5.11 海洋国际合作

海盗问题已成为国际社会海上运输的威胁。在亚丁湾和索马里海域,日本通过海上自卫队继续进行船舶的护航活动和警戒监视活动。2010 年以来,日本向国际海事机构(IMO)主办的海盗对策工程派遣了职员，聘请也门、吉布提等索马里周边国家海上保安机构的职员，召开"旨在提高索马里周边海域沿岸国海上执法能力会议"，实施了 JICA"海上犯罪管制研修"。2011 年在新加坡与有关国际组织共同举办了"提高亚洲、索马里周边沿岸国海盗对策能力研讨会"。

作为东南亚海盗对策的一环，日本主导了"亚洲海盗对策地域合作协定"（ReCAAP——目前缔约国 17 个，该中心的秘书长为远藤善久）的成立，还基于 ReCAAP 在新加坡设立了信息共享中心。这些作为海盗对策的地域合作的努力也受到国际社会的关注，也提升了日本在国际公共海洋安全领域的形象和发言权。

日本原油输入的 80% 要通过马六甲海峡、新加坡海峡，为确保航行安全，日本积极进行国际合作。2007 年，经日本提议，成立了基于沿岸国和利用国的框架"合作机制"。根据该机制，日本实施了对航行援助设施的维持更新以及小型船舶用自动识别系统导入工程。

鉴于海上安保领域有关国家之间急需商讨事项的不断增加，2009 年以后，东盟地域论坛（ARF）中设立了针对海上安全保障问题的 ARF 海上安全保障会议期间的专题会议（ISM）。到 2011 年 7 月为止，日本与印度尼西亚、新西兰一起担任 ISM 的共同主席国，2011 年 2 月，在东京召开了第 3 次 ISM 会议。实际上，日本在 ISM 的共同主席国职责结束后，也继续对 ISM 的运作发挥主导作用。另外，2010 年 10 月，首届亚太地区唯一的政府主办的国防部长会议召开，即 ASEAN 国防部长扩大会议。日本和美国等东盟区域外的国家也参加了会议。会上对海上安全保障问题进行了颇为活跃的讨论，并同意设立专家执行会议。

日本也积极协助有关国家提高海上保安机构管制能力。海上保安厅在 2010 年向菲律宾、印度尼西亚、马来西亚等派遣了专家，支持其设立海上保安机构，提高打击海上犯罪能力，并对有关国家进行了搜救、水路测量以及航路标识的技术转移。

在海洋环境的合作方面，日本试图发挥在国际海运全球变暖对策上的主导作用。由于来自国际海运的二氧化碳排放量被置于《京都议定书》框架之外，为此，日本针对排放量削减问题，向国际海事机构（IMO）提出建议，以构建国际性框架。在 2010 年 9 月召开的第 61 次海洋环境保护委员会（MEPC61）上，经日本与挪威、美国共同提议，对船舶燃料标准强制化 MARPOL 条约附属文件Ⅳ的修正案基本达成一致。

海上漂浮、漂流垃圾问题的解决需要国际合作。日本根据 2009 年制定的《海岸漂着物处理推进法》，与周边国家合作致力于海岸漂着物的处理和控制。在以日本、韩国、中国、俄罗斯为成员的地域框架"西北太平洋行动计划"（NOWPAP）内，与漂流垃圾的现状调查和收集活动相配合，实施以增强环境意识和人才培育为目的的"国际绿色提升运动"（ICC）。2010 年，在 NOWPAP 框架下，在韩国召开了"国际绿色提升运动研讨会"，各国在致力于回收海洋垃圾的同时也相互进行信息交换。

对于封闭性强的国际水域的环境保护，根据 2009 年 NOWPAP 框架下作成的"富营养化状况评价操作指南"，NOWPAP 成员用相同的方式尝试进行各国海域的富营养化状况的评价，对操作指南的有效性进行了验证。

作为中日合作研究项目，日本以山东威海市为示范地域，制订了总量削减计划。在中日共同研究报告中，汇总了中国氮、磷的水质总量削减实施方针方案。另外，为了支持东亚国家引入水质总量削减制度以应对富营养化问题，日本制定出《水质总量削减制度导入指南》。

在与海洋调查、海洋科学技术相关的合作方面，日本运用世界最高水平的"地球模拟器"，通过气候变动预测模型进行模拟计算；通过提供高精度气候变暖预测信息，为政府间气候变化问题小组（IPCC）进行第 5 次评价报告书的推出，特别是针对 2013 年前后的预期性气候变动做出了贡献。

通过《亚洲船员国际共同培养计划》，日本积极推进船员培养领域国际合作。从 2009 年起，日本与菲律宾政府一起，通过官民合作方式，运用在菲律宾的实习船，开展以船员乘船训练为目的的项目。

5.12　海洋教育及人才培育

日本对于在海洋领域做出突出贡献的个人和团体进行褒奖和宣传，以提高日本国民对海洋的关注度。如连续进行"推进海洋立国功劳者表彰"，由首相亲自颁奖表彰。

遵循日本中央教育审议会工作计划以及《海洋基本法》的宗旨，日本文部科学省于 2008 年对小学和中学、2009 年对高中的"学习指导纲要"进行了修订，增加海洋方面的内容。例如，在中学社会科增加了"我国作为海洋国家的特色"，在中学理科增加了"大气变动与海洋的影响"等内容，进而不断充实和完善海洋方面的指导内容。修订的"学习指导纲要"已于 2011 年 4 月在小学开始全面实施，初中、高中也将依次实施。

根据文部科学省和农林水产省联合组织的"地域产业中坚培育工程"事业的要求，日本的水产类高校与地区渔业、水产业界合作，通过现场实习，推进未来水产业中坚力量的培养。此外，根据文部科学省的《通过日中韩等的大学间交流以培育高级专门职业人才事业》的要求，政府对东京海洋大学进行的东海、黄海、日本海的环境保护和生物资源的保护、能源的有效率利用等海洋高级知识国际性人才培育工程给予了资助。

随着世界经济的发展和对资源能源的需求，与陆地和太空相比，海洋成为直接的、现实可能的能源资源宝库和获取的渠道。近年来，主要涉海国家都已经制定并逐步完善了其海洋战略规划，力图在海洋竞争中抢占优势，并以此来支撑国民经济的可持续发展。

美国以控制全球海洋为目标，全面实施"全球海洋战略"，特别是借助其科技和军事优势维持超强地位，推进海空一体化战略；日本确立了"新的海洋立国战略"，积极扩大海洋战略空间，加快"海洋大国"的步伐；韩国实施"海洋强国战略"，推进"蓝色革命"，努力跻身世界海洋强国之列；越南采取政治、经济、军事手段，实现其对南沙岛礁从占领向占有的转变；印度出台"海洋新战略构想"，意图控制印度洋，染指南中国海，挺进太平洋；澳大利亚、印度尼西亚，甚至菲律宾也不例外。"海洋世纪"的基调已经在 21 世纪头十年实实在在地呈现在我们面前。

知己知彼，百战不殆。发展中国的海洋事业，制定中国的海洋战略和政策，需要了解世界其他国家的情况和动向，特别是中国最大的海上邻国日本。

日本海洋经济目前占该国 GDP 的 14% 左右。长期以来，日本发展海洋经济着眼于可持续发展，重视海洋科技开发，加大经费投入，推进海洋环境保护，形成了以沿海旅游业、港口及海运业、海洋渔业、海洋油气业为支柱的海洋产业布局。近年来又通过《海洋基本法》《海洋基本计划》等文件，规范了海洋经济的管理体制，采取了一系列发展海洋经济的具体措施。日本的一些经验和做法，也应当成为我们的参考和借鉴。我国也已经确立了海洋强国的目标，提出了制定海洋发展战略，大力发展海洋经济的要求，并在"十二五"规划纲要中提出了发展海洋经济的"百字方针"。在当前形势下，我们应当按照"十二五"规划纲要的要求，加快制定新的包括海洋经济战略在内的海洋战略，充实和完善海洋法规、海洋政策、海洋规划，并使其与国家总体战略相协调。

本章对日本近年来特别是最新的海洋战略规划、政策动向、举措效果等做了较详细的介绍和解析。其中提及的日本海洋战略规划的内容是一个整体，各个部分有着非常密切的联系。其中，除了海洋经济问题之外，海洋安全问题和海洋能源资源问题常常占据十分重要的位置，也往往形成中日之间竞争和矛盾的焦点，需要我们给予更多的关注。实际上，日本的海洋战略和政策的指向在很大程度上是针对中国的。在谈到海洋问题时，日本的海洋界人士往往将中国置于对立方，对中国的海洋发展非常在意。日本海洋政策财团会长秋山昌广就曾指出："从台湾、海上战略通道、海洋资源等方面进行观察，中国所采取的战略非常合理。中国为了防止对马六甲和印度洋握有最大影响力的美国在非常时期掐断海上运输线，正在实施远海战略。但是，基于在南海问题上中国的做法，海洋大国日本和美国要发挥核心作用，联合印度和澳大利亚，共同明确追求和主张在专属经济区内航行的自由、海洋利用的自由。"他主张，"必须增强日本自身的海洋实力，在防卫预算吃紧的情况下，即使无法增加经费，那么哪怕是适当降低相关标准也要增加人员配置，否则无以应对中国海洋力量的增长"。另外，全球金融危机、中东地区的紧张局势等带来的影响，特别是日本"3·11 大地震"后能源政策的调整、核电的走向，将会使日本更加关注包括海洋能源资源在内的新能源、再生能源、清洁能源的发展。对此我们需要抓紧研究和应对。

6　日本的海洋法律

为了更有效地开发和利用海洋，并为新的海洋立国战略的实施提供法律保障，近年来日本加快制定并完善了《海洋基本法》《海洋建筑物安全水域设置法》《低潮线保全和基地设施整备法》等法律及相关或配套法律，"新的海洋立国战略"的法律体系基本形成。2007 年 4 月，自民党、公明党、民主党、共产党等在参众两院均高票通过了日本《海洋基本法》和《海洋构筑物安全水域设定法》。作为日本首度制定具有战略性的海洋法律和政策，这一举动引起了各界的广泛关注和周边国家的高度警觉。日本此举隐含着深层次的战略考虑和政策指向，对抗中韩的意图也十分明显，特别是《海洋基本法》，它本身就是日本海洋战略的核心内容之一，是我们研究日本海洋战略问题时需要重点关注的。

6.1　认识《海洋基本法》

关于如何认识《海洋基本法》。不同的法律在国家政治生活中的地位差别是很大的，在一个国家的发展进程中起到的历史作用也是不一样的。评价一部法律的地位，看待一部法律是不是重要、有多么重要，主要依据三个指标，一要看这部法律规范调整的是什么关系；二要看这部法律对国家、社会和人民生活的影响程度；三要看这部法律对国家长远发展的作用。日本《海洋基本法》，从制定到审议之所以受到日本政府、学界、媒体以及社会各方面广泛参与、广泛关注，其深层次原因也就在这里。从法律关系调整内容上看，《海洋基本法》内容包括基本理念、政策方针、海洋基本计划等基本政策和措施，推进海洋政策的体制框架，是一部调整规范日本政府涉海政策、涉海活动的重要法律；从对国家社会生活影响程度看，由于日本是一个岛国，50%的人口居住在沿岸地带，40%的动物蛋白的摄取依赖海洋水产物，进出口货物的99%依赖海上运输，海洋对日本的生存和未来发展至关重要，《海洋基本法》虽然不是民事法律，但其内容、构想与每一个国民都息息相关，能够直接影响国民的生活状态，可以说从它颁布那一天起就将对每一个日本国民产生深刻影响；从对国家长远发展的作用看，目前日本面临着经济发展、人口增加、海洋环境恶化、资源减少和领土争端等诸多问题，迫切需要以所谓"新的海洋立国"为目标，制定一部能够引领国民进行海洋可持续开发利用、海洋国际秩序先导和国际协调、海洋综合管理的重要法律，并据此转变发展模式、拓展发展空间，使日本能够在竞争激烈的海洋世纪中占领先机。因此，《海洋基本法》是统揽日本海洋发展的根本大法，是日本制定各类海洋实体法的基本依据，是一部能够渗透到国家发展各个层面、各个领域的重要法律，是能够对日本发展产生深远影响的海洋发展宣言。

在谈到这部法律的重要性时，参议院议员、时任自民党海洋政策特别委员长武见敬三认为，日本正面临关于海洋的历史性的"国难"。要解决这个问题，必须有计划地制定国家海洋政策，完备行政体制，实施短中长期的海洋战略。这正是拟定《海洋基本法》的基础。① 所以，时任日本首相安倍晋三在该法律通过之后，才会兴奋地对记者说，"日本是海洋国家，海洋权益对于国家利益或日本国民而言，是相当重要的，

———————————

① 武见敬三. 海用基本法の制定に向けて. 海洋政策研究财团. "Ocean Newsletter"、第143号、2006－07－20。

这是一部意义深远的法律"。

6.2 《海洋基本法》的特点

从深层次上看这部法律有以下几个特点：

第一，是日本海洋战略、海洋政策理论研究的集中反映。长期以来，日本国内对海洋战略理论的思考和学术争论一直没有间断过，有的甚至在世界上产生过较大影响。但就目前日本的海洋战略而言，其最重要的理论基础有四个方面。一是由传统海权观发展而来的新的综合海权观；二是"普通国家"理论；三是"民生大国"理论；四是"海洋国家论"。以日本民间国际问题和外交政策的智囊机构——财团法人日本国际论坛（The Japan Forum On International Relations）为核心，在1998年开始成立了"海洋国家研究小组"，积极推进海洋日本论的政治化研究努力实现从岛国向海洋国家的转变。应该说这些理论，对日本海洋战略的影响是全面深刻的，已经渗透到国家社会生活的各个方面，一些观点成为日本政府制定海洋基本法的重要理论支撑。这两部法律也在很多方面吸纳了这些理论研究的成果，反映了日本国内在海洋发展理论方面的学术共识。

第二，是日本强化对周边海洋控制的实际举措。近年来，日本大力加强对周边海洋的控制，这中间既有日本自身的战略考虑，又有美国全球战略的内在需要，背景十分复杂。一方面，"9·11"事件之后，由于美国中东政策出现了较大的失误，伊拉克问题使美国深陷战争泥潭、无力自拔，无论是在政治层面上，还是在军事层面上，美国都十分需要借助日本这个亚洲的"铁杆"盟友。美日两国政府均认为，安全概念的内涵和外延都已发生变化，以往的理念已经过时，美国希望最大限度地利用日本为自己的全球战略服务，对日本采取了一种"战略松绑"的态度。另一方面，日本社会右倾化进程不断加快，从日美合作防卫指

针的出台，到前首相小泉连续参拜靖国神社，从日本发展 TMD 战区导
弹防御系统，到日本在与邻国的岛屿争端问题上片面采取强硬立场。这
些反映出日本社会的主要政治势力，都在谋求建立一种以日本为主导的
亚洲新秩序，并以此作为国家发展目标。两方面的因素，使日本在筹划
自身的政策导向时自然地表现出一种强势姿态，很少顾及邻国的态度。
有的日本学者甚至认为，"在领土问题和专属经济水域的测定方面，日
本过多地顾虑周边邻国的反应，影响到了本国专属经济水域海洋权益保
护的优先地位。"① 所以，日本才会不断强化对钓鱼岛、离岛的实际控
制，不断在独岛、北方四岛等领土争端上制造摩擦，不断在大陆架调
查、海洋勘测中加大投入。出台《海洋基本法》，从本质上讲既是这种
政治形势的要求，更是一种政治心态的反映，是日本政府加强对海洋通
道、海洋资源、海洋领土、海洋利益全面控制的一个重要举措。

　　第三，是日本处理与周边国家海洋争端的国内法依据。日本特殊的
地理环境决定了日本和周边国家与地区存在着难以避免的海洋利益争
端。由于日本对海洋水产品的依赖性很强，与中国、韩国、俄罗斯、中
国台湾等周边国家和地区，在渔场划分、水产捕捞、海洋环境保护等方
面存在较大矛盾；由于日本矿产贫瘠、资源短缺，日本的能源、原材
料、产品90%以上依赖进口和外销，对海洋资源、海洋通道依赖性很
高，在资源上与中国、韩国存在较大的竞争；由于日本对海上运输通道
的严重依赖，其安全性是头等大事，为确保通道安全，对印度尼西亚、
泰国和菲律宾等国的外交压力较大；由于日本国土孤立狭长，战略依托
少、纵深浅，日本向欧美国家"一边倒"的外交政策，使其在很多外
交问题上与中国、俄罗斯、朝鲜处于对立状态，特别是在台湾问题、朝
核问题、东盟问题上与各国的矛盾很难调和。此外，地缘和经济问题所

---

① 十市勉：《海洋政策とエネルギー問題》，原载日本《電気新聞》2006年9月7日，参见
http：//120.52.72.48/eneken.ieej.or.jp/c3pr90ntcsf0/data/pdf/1337.pdf。

派生出来的政治、外交矛盾，也严重困扰着日本与周边国家的关系。

第四，是日本加强海洋开发利用的长远规划。《海洋基本法》基于日本自身的国家利益，勾画了一个长远开发建设海洋的宏伟蓝图。比如强调要改革海洋行政管理机构，成立海洋综合会议、设置海洋政策担当大臣，完善海洋基本政策，定出海洋中长期政策指针；强化专属经济区、大陆架、远海孤岛及其周边海域等的管理；加强海洋环境保护、强化海洋生态系统及生物多样性保护；强化渔业资源管理、促进海洋能源和矿产资源开发，大力发展海洋科技；等等。这表明，日本政府对海洋保护、利用和开发的高度重视，决策层正在从"新的海洋立国"的高度，为其海洋国家战略加紧营造法理依据，对涉海政治、经济、文化、科技、外交等问题进行综合考虑，对海洋开发规划、海洋权益冲突、海洋资源开发、海上通道安全、海洋生态危机、海洋灾害应急、涉海部门协作等重大涉海事务进行全面的协调管理。目前，日本负责海洋政策的政府部门为国土交通省、外务省、经济产业省、防卫厅（现改为防卫省）等八省厅，《海洋基本法》通过之后，将以统筹管理的方式处理海洋事务，海洋开发管理的力度将进一步加大。

6.3　《海洋基本法》的启示

从文化传统上讲，日本是一个典型的保守主义民族国家。这种文化特质反映到国家政治生活中就不可避免地会带有一些权威主义、国家主义、极端民族主义、文化复古主义甚至是军国主义的痕迹。最明显的例子就是日本在历史问题上的矛盾心态，对和平宪法的自我否定，主流派政治家普遍推行的以恢复"民族自信心"和"民族精神"为主旨的政策路线和政治主张，在处理与邻国关系时的一意孤行。反映出日本的"新保守主义"，作为一种政治意识或政治思想已经逐渐汇成当代总体价值的主要取向。同时，由于我国在经济建设上取得了很大成就，综合国力进一步提高，国际影响力不断加大，中日之间由于中国的发展带来的竞争，由于中国的崛起产生的矛盾，都将进一步加剧，中日关系短期内不会有较大的突破，一段时间内都将是一个斗争与妥协交织，交往与防范同在的复杂局面，任何的摩擦、波折，甚至是倒退都是可能的。

从这个视角审视日本的《海洋基本法》，就能得到许多重要启示：

第一，日本海洋政策的两面性，既增加了我方处理涉海问题的难度，也为双方合作提供了机遇。实践中，一方面，日本政府既强调国家合作、重视国际协调，承认海洋的开发和利用，无论是传统的海运、渔业，还是海洋能源、矿物资源开发、环境保护等，几乎所有领域都存在着国际关系，即外交问题；又强调要积极与国际机关及相关国家进行协调，以利于本国的海洋开发和利用，与邻国一起共同构筑面向 21 世纪的海洋合作关系。另一方面，政策上的对抗很强。日本在制定具体的法律和处理涉海争端中，一贯采取"以升级对升级"的强硬立场，特别是与《海洋基本法》同时出台的《海洋构筑物安全水域设定法》，针对中国的用意明显，就是要为日本企业在中日存在严重争议的东海开采石油、天然气提供法律支持，创造一种随时都可以在中间线日方一侧进行油气开采作业的法律条件，"牵制"中国在东海专属经济区和大陆架问题上的主张，挤压中国在东海谈判中的回旋空间。

在东海问题上，中国采取了一些实质性的开发活动，战略态势处于有利位置，日本方面未能在春晓油田问题上拿出实质性的对策。但日方在东海问题上的立场不会有大的妥协。钓鱼岛撞船事件及日本对钓鱼岛"国有化"之后，日本对东海合作开发的谈判显得非常焦躁，认为中国"不积极"。倘若日本企业在中间线以东冒险进行实质性的开采活动，我方不能无视这种野蛮行为，否则就会导致经济上的损失和战略上的失势。但是强力制止又可能导致军事上的冲突和对峙，带来政治和外交的被动，甚至还可能引起地区间的对抗，破坏国家经济建设的外部环境。这确实给我们带来两难的选择，如何把握好是对中国的考验。处理对日关系，特别是东海问题时，既要十分注重拓展双方的合作空间，扩大双方的合作共识，使日本政府、企业和民众看到"和则两利"的实际效果；同时还要注意回避双方的矛盾，遏制对方的野心，必要时必须采取坚决果断的措施，维护我方的一贯立场，适当的对峙也能够起到警示和震慑作用，使对方认识到"两败俱伤"的后果。

第二，日本企图用国内法解决国际争端的做法，充分暴露了日本强硬的外交立场和单边主义的政治思维，必须引起高度警觉。尽管从法理上说，《海洋基本法案》只是日本的国内法，对别国没有任何效力。但这些法律通过后会对与日本有领海相连国家的海洋政策产生微妙影响。日本东京大学教授汤原哲夫提出，"只有通过在专属经济水域进行产业活动才能确保海洋基本权益"。海洋权益的确保不是仅停留在研究题目上，是需要展开一系列持续性的产业开发活动才能实现，例如：在专属经济水域、大陆架开展学术研究，科学调查观测、环境管理、资源探查开发、产业利用等。① 从这个意义上理解，日本颁布这一法律，很大程度上带有阐明基本海洋政策，以国内法影响和处理外交事务的考虑，为能够达到"掌控"东海谈判，提高谈判的"要价"，对我方进行牵制的目的，日方甚至还可能采取试采等措施以显示强硬的立场，完全可能在中日东海油气田之争、日韩岛屿主权纠纷问题上激化与邻国的矛盾。

日方试图凭借强大的经济实力和综合国力，采取一种以我为主，我进你退的压迫式策略，争取东海问题的主动权。这就启示我们，要高度警觉这种政治倾向，对中日间海洋问题的复杂性、艰巨性有充分的准备，早定对策，防止在实质性交锋中处于被动局面。

第三，《海洋基本法》保持了日本海洋政策的连续性，但重大转变

---

① 武见敬三：『海用基本法の制定に向けて』海洋政策研究财团；Ocean Newsletter、第143 号、2006 – 07 – 20。

的趋势明显，必须对日本的海洋战略发展趋向给予充分关注。后来的情况表明《海洋基本法》出台后，日本根据该法的内容和精神，系统地、实质性地推进海洋政策与法制及出台相应的对策和措施。包括进一步完善与海洋事务有关的机构，理清责任与义务，提出完备的法律体系与财政措施，强化海洋有关联的行政方面的总协调，制定《海洋基本计划》等战略规划或政策大纲、修订专属经济区和大陆架法、制定专属经济区和大陆架法配套法规、制定离岛保护和低潮线保护的法律，等等。这些内容涉及行业多、涵盖范围广、社会影响大，逐步使日本的海洋战略推进到一个新的层次和水平。简单地讲，就是要从一种自发的、无序的、破坏性的、低层次的海洋开发状态，转变到一种理性的、有计划的、符合自然规律的、高质量高效益的海洋开发模式上来，特别强调要"理性地来构想适应国际社会需要的海洋国家日本"①。《海洋基本法》分别明确了国家、政府、首相、地方团体、公民的责任和义务，通过政策的强力作用，推动海洋发展模式的调整、转型。这就启示我们，面对错综复杂的海洋形势，必须积极应对国际竞争和国内经济的挑战，加快海洋事业的发展，尽快制定和完善海洋法律体系，特别是要尽快制定国家海洋发展重大战略规划，避免丧失机遇。

第四，日本《海洋基本法》是各界共同努力的政策成果，启示我们也必须加强政府、学界、媒体和社会力量的整合。日本这部海洋法律从提议、起草、讨论、修改到提交参众两院审议通过，始终是在政府主导下，由主要执政党的专门委员会具体组织。其中最具代表性的是由各方面的精英组成的专门的海洋基本法研究会，包括前防卫厅次长、自民党海洋政策特别委员长武见敬三、众议员石破茂、庆应大学教授栗林忠男、东大教授汤原哲夫，自民党参议员荒井正吾，公明党众议员大口善

---

① 武見敬三：『海用基本法の制定に向けて』海洋政策研究財団；Ocean Newsletter、第143号、2006 - 07 - 20。

德，自民党众议员河本三郎，独立行政法人海洋研究开发机构理事会地球深部探查中心负责人平朝彦，社团法人日本经济团体联合会海洋开发推进委员会委员长伊藤源嗣，财团法人日本能源经济研究所常务理事、首席研究员十市勉，海洋政策研究财团会长秋山昌广，东京大学海洋研究所教授小池勳夫等在内的一些重量级人物都积极参与了这部法律的制定和起草工作。在研究海洋战略思想和重大海洋战略问题时，依靠权威专家，做到了政府、学术界、经济界乃至军界的广泛参与。在机构设置上，2003 年 11 月，自民党在政务调查会下设置了海洋权益工作组，后改组为海洋权益特别委员会，2005 年又改组为海洋政策特别委员会，并同时成立了由各党派人士参加的海洋基本法研究会，相关府省局长组作为观察员也列席，每月召开一次会议讨论关于海洋立法的问题，对于加快日本《海洋基本法》的出台起到了重要的推动作用。根据《海洋基本法》的规定，日本的海洋战略问题被放在更广阔的范围内进行研究，海洋立法的进程也将进一步加快，一些海洋实体法、海洋程序法陆续出台。这就启示我们要加快这方面的工作力度，特别是我们自己的海洋基本法律的出台。

6.4　解读《低潮线保全和基地设施整备法》

2010 年 5 月 26 日，日本参议院全体会议通过了《低潮线保全和基地设施整备法》。《低潮线保全和基地设施整备法》分为 6 个章节，共 20 条，分别为：第一章"总则"，主要对立法目的和低潮线、低潮线地区、岛屿、港口区域等法案涉及的相关术语进行解释。第二章"基本计划"，规定日本政府可以根据需要保护的低潮地区及其基础设施进行调查、规划和制定有关措施。包括：低潮线地区保全的基本方针，为保护低潮线进行的调查、在低潮线海域进行采挖的措施，特定离岛基础设施的保护利用等。第三章"低潮线保全区域"，这一章主要对低潮线海域进行保护，对保护区域的划定、采挖工程的规划、论证和许可进行了详细规定。第四章"特定离岛港湾设施"，这一章对特定离岛港湾设施建设的规划、论证和许可进行了详细规定。第五章"其他规定"，对政府审批的条件、程序、权限进行了规定。第六章"罚则"，规定了对于违反本法的可给予刑事处罚（拘役并处罚金）、罚款等处罚①。冲之鸟礁在日本以南1000多公里，海水涨潮时会没过这个地方。

　　日本近年来制定了一系列涉海法律，2007年4月，通过了《海洋基本法》和《海洋构筑物安全水域设置法》，2009年6月19日通过了《处罚与应对海盗行为法》。2010年5月26日通过的《低潮线保全和基地设施整备法》是其系列海洋立法的重要组成部分。

　　《低潮线保全和基地设施整备法》的立法目的是通过对作为领海基线的低潮线以及远离日本本土的无人岛礁（离岛）的管理，进一步促进对专属经济区水域的保全和利用。

　　日本2008年向联合国大陆架界限委员会提交外大陆架划界案时，申请的4块外大陆架区域全部涉及远离日本列岛的海外小岛和岩礁，其中日本以冲之鸟为基点主张的专属经济区约40万平方公里，外大陆架约25.6万平方公里。日本为了维持冲之鸟的所谓的"岛屿"地位，自1988年4月至1989年10月，耗巨资在礁盘周围放置了9900个铁制防波块，并在露出海面的仅有两块岩礁周围浇筑了水泥防护层，农林水产厅还在该岩礁周边海域养殖珊瑚，试图通过人工方式将冲之鸟礁变成"冲之鸟岛"。

　　《低潮线保全和基地设施整备法》就是要进一步加强冲之鸟礁等无人岛礁的人工设施建设，为日本主张专属经济区和200海里外大陆架提供法律基础，并将其作为海洋资源开发的基地。该法第四章（特定离

---

　　①　参见日本综合海洋政策本部网页，http：//www.kantei.go.jp/jp/singi/kaiyou/teichousen/index.html。

岛港湾设施）对特定离岛（冲之鸟礁和南鸟岛目前被指定为特定离岛）港湾设施建设的规划、论证和许可进行了详细规定。在远离日本本土的离岛上建成的海上基地，其用途除了海洋资源的开发利用之外，还有可能用于包括军事用途在内的其他用途，这一点也是不言而喻的。

《联合国海洋法公约》对岛屿的定义是这样的，"岛屿就是被水环绕的、在涨潮的时候也露出水面的地方"。冲之鸟只剩下不足半米了。但是条约中还有"人类不能居住或者不能提供正常经济生活的是岩礁，不拥有专属经济区"的规定。日本学者山田吉彦认为，冲之鸟也许在人类居住方面的确困难，但是，如何进行"经济活动"属于日本的主权范围的问题。

关于冲之鸟，中国没说存在领土问题。但是不认为冲之鸟拥有专属经济区。日本觉得是自己的领土，在岛礁上具体如何使用是日本说了算。

日本目前正在采出冲之鸟周围的珊瑚礁，带到冲绳的庆良间岛，使其产卵繁殖，再带回冲之鸟推进再生。通过该计划，17 年以后岛礁上陆地将会扩大，以此为基础建造居住空间。山田吉彦认为，不仅日本人可以这样做，欧美的研究者也可以参与进来。这样的话，将来像图瓦卢、马尔代夫这样的岛屿国家都可以利用这项成果扩大国土，日本的冲之鸟就为世界做出了贡献。实际上，通过这一系列行动，日本图谋占有冲之鸟周围 40 万平方公里、超出日本本土面积、占日本主张的专属经济区十分之一的广大海域。保护低潮线的一个主要目的也在于此。

7 日本对争议岛屿的战略

日本是一个岛国，陆地面积约为 37.8 万平方公里，主要由本土的本州、九州、四国、北海道四个面积较大的岛屿，以及数千个占其陆地总面积不到 1% 的小岛组成。列岛国家日本就像是大海中漂泊的一艘船，无时无刻不在感到惊涛骇浪的威胁，日本人内心深处的这种不安全感，使他们感到增加哪怕一个弹丸大的岛屿，也是国土陆地面积的扩大，也能带来相对的安全感。因为拥有了岛屿，就拥有了广阔的海洋；拥有了广阔的海洋，就拥有了丰富的海底资源；拥有了资源，也就确保了日本的生存、发展和战略地位。近代以来，日本对陆地和资源的渴求更多地表现为对海洋的扩张和对岛屿的占领。自然地理条件和地缘安全环境，影响了日本的海洋意识和海洋战略，也影响了日本对待争议岛屿和海域的战略。

7.1 近代日本海洋扩张战略

1609 年日本的萨摩藩对琉球王国的侵略，拉开了日本进行海洋扩张的序幕。明治维新既是日本迈向近代化、发展资本主义的起点，也是其走向对外扩张，成为帝国主义、军国主义的开端。随着日本国力的增强，日本对外侵略扩张的意识更加浓烈，政策更加鲜明。侵略朝鲜半岛和中国的"大陆政策"以及所谓"生命线""利益线"的提

出，正是日本海洋扩张意识在其现实政治外交中的反映。向海洋扩
张，是日本政府百年来对外扩张的基本战略，其突出的特点是三个方
向同时展开。

西太平洋方向

1895年中日甲午战争后期，日本趁清政府败局已定，在《马关条
约》签字之前的三个月，窃取了早在明朝就属于中国管辖的钓鱼岛。
《马关条约》签订后，日本不仅割占了中国的领土台湾岛、澎湖列岛，
而且将琉球正式纳入日本的统治，设立了冲绳县。甲午战争的同时，日
本也为全面吞并朝鲜半岛做好了最后的准备。尤其是战争的胜利刺激了
日本继续对外扩张的胃口，"大陆政策"从此走向了无所顾忌的阶段，
侵略目标直指中国和亚洲大陆。日本在亚洲东部、太平洋的扩张正是从
岛屿、沿海开始延伸向大陆的。

北太平洋方向

日本主要是以沙俄为对手，实施着以争夺千岛群岛和库页岛为主要
目标的海洋扩张战略，不断从北海道沿着千岛群岛向北方扩张。这与向
南扩张的沙俄迎头相撞，导致了双方的激烈争斗。为了避免两败俱伤，
1855年，日本政府与沙俄政府签订了《下田条约》，把千岛群岛一分为
二，北半部给沙俄，南半部属日本。同时将萨哈林岛（库页岛）南部
交由日本管辖，而该岛北部仍属于沙俄。1875年，为了解决领土纠纷，
日俄两国政府又签订了《千岛群岛交换条约》，把日本所占之萨哈林岛
（库页岛）的南半部分与沙俄所占之千岛群岛的北半部分互相交换，形
成萨哈林岛（库页岛）的全部由沙俄控制，千岛群岛全部归属日本的
局面。1905年沙俄在日俄战争中失败，与日本签订了《朴茨茅斯条
约》，向日本转让了千岛群岛、南萨哈林岛的控制权，萨哈林岛（库页
岛）南半部分也再度转归日本所有。至此，日本与沙俄对于岛屿的争

夺，以利益交换和沙俄的失败让而告终。

南太平洋方向

第一次世界大战之前，世界上的主要殖民地和主要岛屿，已经被列强瓜分殆尽。第一次世界大战爆发后，日本先是按兵不动，待德国露出败象，立刻宣布对德宣战，出动海军对太平洋上的德占岛屿发起攻击，先后占据了马绍尔群岛、马里亚纳群岛、加罗林群岛等德属太平洋岛屿，并攫取了德国在中国山东的权益，占领青岛。第一次世界大战结束后，国际联盟以"委任统治"方式将上述太平洋岛屿交由日本管辖，实际上是承认了日本对这些岛屿的侵占，并使日本的海洋扩张行为"合法化"。此后日本又通过华盛顿会议和《五国海军协定》，迫使美国、英国同意不在距离日本本土5000英里的范围之内新建或扩建海军基地。这实际上等于是美英日三国划分了在太平洋地区的势力范围，即英国控制西南太平洋，美国控制东太平洋，日本控制西北太平洋。如此一来，不仅使日本的军事防御战略纵深增加，而且迫使英美势力远离日本本土。

海洋扩张战略的巨大成功进一步刺激了日本军国主义的扩张野心。日本对中国的侵略和太平洋战争的爆发，就是日本野心膨胀、对外扩张加速的全面暴露，也是日本军国主义由盛而衰、走向灭亡的开始。"二战"以日本的投降而告终，马绍尔群岛、马里亚纳群岛、加罗林群岛也都成为美国的"托管地"，甚至连日本本土也被置于美国军队的控制和管理之下。

7.2　日本对特定岛屿的战略及动向

7.2.1　日本对钓鱼岛的战略及动向
钓鱼岛问题的来龙去脉

钓鱼岛及其附属岛屿（简称钓鱼岛、钓鱼台、钓鱼诸岛等）是中国的固有领土。它是中国人最先发现、命名、利用并被明朝纳入版图和防卫范围的。钓鱼岛位于中国台湾岛的东北部，是台湾的附属岛屿，分布在东经 123°20′—124°40′，北纬 25°40′—26°00′之间的海域，由钓鱼岛、黄尾屿、赤尾屿、南小岛、北小岛、南屿、北屿、飞屿等岛礁组成，总面积约 5.69 平方千米。钓鱼岛位于该海域的最西端，面积约 3.91 平方千米，是该海域面积最大的岛屿，主峰海拔 362 米。黄尾屿位于钓鱼岛东北约 27 千米，面积约 0.91 平方千米，是该海域的第二大岛，最高海拔 117 米。赤尾屿位于钓鱼岛东北约 110 千米，是该海域最东端的岛屿，面积约 0.065 平方千米，最高海拔 75 米。

钓鱼岛海域资源丰富，海底石油、天然气等矿产资源和渔业资源非常丰富，其战略价值也极其重要。

1879 年，明治维新后的日本武力吞并琉球王国，设立冲绳县，接着便把目光投向了中琉海路必经的钓鱼岛，19 世纪 80 年代中期以后对钓鱼岛进行了秘密调查，但惧于清政府态度未敢轻举妄动。1894 年 7 月，日本发动甲午战争。同年 11 月底，日本军队占领中国旅顺口，明治政府认为清朝败局已定，无须再顾忌清政府的态度，12 月 27 日，日本内务大臣野村靖致函外务大臣陆奥宗光，认为"今昔形势已殊"，要求将在钓鱼岛建立国标、纳入版图事提交内阁会议决定。1895 年 1 月 11 日，陆奥宗光回函表示支持。同年 1 月 14 日，日本内阁秘密通过决议，将钓鱼岛"编入"冲绳县管辖。日本官方文件显示，日本从 1885 年开始调查钓鱼岛到 1895 年正式窃占，始终是秘密进行的，从未公开宣示。1895 年 4 月 17 日，清朝在甲午战争中战败，被迫与日本签订不平等的《马关条约》，割让"台湾全岛及所有附属各岛屿"。作为台湾"附属岛屿"的钓鱼岛也一并被割让给日本。1900 年，日本将钓鱼岛改名为"尖阁列岛"。依据《开罗宣言》《波茨坦公告》和《日本投降书》，钓鱼岛作为台湾的附属岛屿应在第二次世界大战后连同台湾回归中国。但由于钓鱼岛孤悬海外，当时并无人定居搁置。尽管如此，钓鱼岛属于中国的历史事实没有变。

　　"二战"后美军长期占领琉球群岛，20世纪50年代，美国擅自将不属于琉球群岛的钓鱼岛纳入其"托管"范围。1971年6月17日，美日签订《关于琉球诸岛及大东诸岛的协定》（以下简称"归还冲绳协定"），将琉球群岛和钓鱼岛的"施政权""归还"给日本。海内外中国人对此同声谴责。同年12月30日，中国外交部发表严正声明指出："美、日两国政府在'归还'冲绳协定中，把我国钓鱼岛等岛屿列入'归还区域'，完全是非法的，这丝毫不能改变中华人民共和国对钓鱼岛等岛屿的领土主权。"中国台湾当局对此也表示坚决反对。在此情况下，美国政府表示在钓鱼岛主权问题上不持立场。但日本政府于1972年3月8日，由外务省发表《关于尖阁列岛所有权问题的基本见解》，阐述日本政府对于钓鱼岛主权归属问题的主张：一是钓鱼岛为"无主地"，不包含在《马关条约》规定的由清政府割让给日本的澎湖列岛和台湾及其附属岛屿的范围之内。二是钓鱼岛不包含在"旧金山和约"第二条规定的日本所放弃的领土之内，而是包含在该条约第三条规定的作为西南诸岛的一部分被置于美国施政之下，并根据"归还冲绳协定"将施政权"归还"日本的区域内。三是中国没有将钓鱼岛视为台湾的一部分，对"旧金山和约"第三条规定将钓鱼岛置于美国施政区域内从未提出过任何异议。日本的上述主张严重违背事实，是完全站不住脚的。钓鱼岛属于中国，虽然是"无人岛"但绝不是"无主地"。在日本人"发现"钓鱼岛之前的数百年间，中国人一直是钓鱼岛及其附近海域的无可争辩的主人。日本所谓依据"先占"原则将钓鱼岛作为"无主地""编入"其版图，是侵占中国领土的非法行为，不具有国际法效力。日本试图侵占钓鱼岛，实质是对《开罗宣言》和《波茨坦公告》等法律文件所确立的第二次世界大战后国际秩序的挑战，严重违背了日本应承担的国际法义务。美国等国家与日本签订的片面媾和条约"旧金山和约"所规定的托管范围不涵盖钓鱼岛。美国擅自扩大托管范围，非法将中国领土钓鱼岛纳入其中，后将钓鱼岛"施政权""归还"日本，都没有任何法律依据，在国际法上没有任何效力。对于美日上述非法行径，中国政府和人民历来是明确反对的。

1972 年中日两国邦交正常化，以及 1978 年中日两国签署和平友好条约之际，两国领导人从中日友好大局出发，同意将钓鱼岛问题暂时搁置，留给子孙后代去解决。但日本右翼团体在钓鱼岛上建立灯塔，日本政府不但不加以制止，反而无视中日两国达成的搁置争议的默契，通过断断续续在岛上修建各种设施和其他动作，试图渐进式霸占钓鱼岛，形成对钓鱼岛已实行"实效控制"的局面，俨然把钓鱼岛当作日本领土。中国于 1992 年 2 月 25 日颁布《中华人民共和国领海及毗连区法》，以立法形式重申钓鱼岛为中国领土。

近年来，中日钓鱼岛争端的升级缘起于 2010 年日本在钓鱼岛海域非法扣押我渔船和船长，以及 2012 年的"购岛"闹剧。日本政府于 2012 年 9 月 11 日与钓鱼岛所谓的拥有者栗原家族签署购买协议，对钓鱼岛及其两个附属岛屿实施"国有化"。对此，中国政府严正声明，日本政府的所谓"购岛"完全是非法的、无效的，丝毫改变不了日本侵占中国领土的历史事实，丝毫改变不了中国对钓鱼岛及其附属岛屿的领土主权。此后，为抗议日本政府的非法行径，向国际社会彰显我国维权决心，我国对对钓鱼岛进行常态化巡航，并对日本采取一系列反制措施。

2012 年 9 月 12 日，中国常驻联合国代表向联合国秘书长提交了中国钓鱼岛及其附属岛屿领海基点基线坐标表和海图。至此，我国已履行了《联合国海洋法公约》所规定的义务，完成了公布钓鱼岛及其附属岛屿领海基点基线的所有法律手续。

2013 年 11 月 23 日，中国国防部公布根据中国政府关于划设东海防空识别区的声明，规定位于东海防空识别区飞行的航空器，应当服从东海防空识别区管理机构或其授权单位的指令，对不配合识别或者拒不服从指令的航空器，中国武装力量将采取防御性紧急处置措施。此举表明中国东海防空识别区划设正式生效。2014 年 11 月 7 日，中日两国发表了四点原则共识，日本承认围绕钓鱼岛等东海海域近年发生的紧张局势，中日双方的见解有所不同，同意通过对话磋商防止局势恶化，建立危机管控机制，避免发生不测事态。在共识发表后，中日领导人举行会谈，并一致决定逐步改善两国关系。

近期日本在钓鱼岛问题上的战略和动向

日本对中国海洋警备力量正当的维权行动和海上武装力量在东海区域的活动，深感不安，大肆渲染和阻挠。航空自卫队飞机针对中国军机的紧急起飞次数，2014 年达 464 架次，是"国有化"前的约 3 倍[①]。2015 年 1 月到 10 月，中国海警编队共在钓鱼岛领海巡航 31 次，除 8 月巡航两次外，其余基本上是每个月巡航 3 次。日本媒体还妄称，2013 年 1 月中国舰艇对海上自卫队的护卫舰和直升机实施了火控雷达照射等行为。

安倍政权以国家安全保障战略和防卫计划大纲为支柱，强化离岛防卫和警戒监视能力。日本加强西南诸岛的防卫，其核心就是加强钓鱼岛的防卫。在不断强化钓鱼岛及其周边岛屿的军事力量的同时，也同中国推进"海上联络机制"，以防止偶发冲突。

2015 年以来，日本政府针对钓鱼岛的动向主要表现在：

1. 财政方面

日本政府通过的 2015 年财年（2015 年 4 月至 2016 年 3 月）的预算案中，防卫相关预算为 49801 亿日元（约合人民币 2623 亿元），连续三年递增，创下历史新高。预算案中列入了 371 亿日元（约合人民币 19.6 亿元）"战略性海上保安体制构筑费"，主要是为了应对在钓鱼岛海域巡航的中国船只等，较 2014 年度增加 52%。据日本《读卖新闻》

---

① 《日媒：中日钓鱼岛打消耗战 中国或派万吨海警船》，环球网，http://mil. huanqiu. com/observation/2015 - 09/7476708. html，2015 - 09 - 13。

报道，预算案增列了日本海上保安厅增员 435 人所需费用，这将使海上保安厅的人员总数达到 1948 年创设以来史上最多的 1.34 万人。此次增员中，包括为警戒中国海警船巡航钓鱼岛而增加的巡逻船船员等共 178 人，还有负责收集分析可疑外国船只信息的人员 85 人。① 据报道，日本海上保安厅还会继续强化领海警备，在 2016 年度的预算概算要求中，有关新型喷气式飞机和巡逻船的预算就有约 509 亿日元，是 2015 年度的 1.4 倍。日本还计划把宫古岛海上保安署升格为海上保安部。② 另外，海上保安厅还在 2016 年度预算申请中增列 44 亿日元用于购置小型巡视船和基地建设，以应对在进入钓鱼岛海域的中国渔船。③

2. 安全方面

一是建立"领海警备专属体制"。日本政府在 2015 年 6 月 30 日召开的综合海洋政策本部会议上新确定了"有关离岛保全与管理的基本方针"。其中明确了将在 2015 年度内确立钓鱼岛附近的"警备专属体制"。为此，日本将加快强化向海上保安厅配备大型巡逻船等装备的措施，新增 6 艘大型巡逻船，建成由总计 12 艘巡逻船、约 650 人组成的"钓鱼岛警备专队"。④ 另据日本《产经新闻》报道，为在 2016 年 3 月完成钓鱼岛周边的"领海警备专属体制"，海上保安厅正在加紧实施相关工作。"专属体制"规定要部署 10 艘 1500 吨级巡逻船，因此海上保安厅正在紧急督造新型巡视船，并在石垣海上保安部配备了第 4 艘新型巡逻船"残波"，用于应对中国海警船驶入钓鱼岛海域。"专属体制"要求部署 10 艘 1500 吨级巡逻船和两艘 3000 吨级搭载直升机的巡逻船。

---

① 《日本将建 600 人钓鱼岛警备专队》，《东方早报》2015 年 1 月 15 日。
② 《中日为钓鱼岛打消耗战 日方紧盯中国万吨海警船》，环球网，http://mil. huanqiu. com/observation/2015 – 09/7476708. html，2015 – 09 – 13。
③ 《日本海保厅申请 44 亿日元应对中国渔船进入钓鱼岛》，参考消息网，http://www. cankaoxiaoxi. com/world/20150831/923752. shtml，2015 – 08 – 31。
④ 《日出台新方针加强钓鱼岛警备 拟增 6 艘大型巡逻船》，环球网，http://mil. huanqiu. com/world/2015 – 07/6816394. html，2015 – 07 – 01。

1500 吨级巡逻船全部为新造，特点是稳定性好，可以经常在风高浪急的钓鱼岛周边海域执行巡逻任务。船上配备了最尖端装备：20 毫米口径机关炮、遥控监视设备、遥控水炮、停船命令显示装置等。其中尤其具有威力的是 20 毫米口径机关炮，其追踪目标的性能大大提高，可以根据锁定目标的动向、风力等数据，由电脑实施自动控制，命中精准度实现飞跃。遥控监视装置可以凭借高性能摄像设备捕捉在远处航行的船只。遥控水炮也较以往威力更大。上述设备都可以通过遥控操作，使船员遭遇危险的可能性降低。停船命令显示装置则是发出警告的电光显示板。①

二是加强西南诸岛的军事部署。2015 年度新增防卫预算主要用于加强西南诸岛的防卫，包括购买 5 架鱼鹰运输机、30 辆美式水陆 AAV7 战车、6 架美制 F35 战机以及新型预警机。此外预算中还包括日本防卫省一次性购买 20 架日本国产的 P1 警戒侦察机。日本防卫省官员称，大幅度增加防卫预算是为了强化对包括钓鱼岛在内的西南诸岛的防卫。② 防卫厅计划在冲绳县的宫古岛和石垣岛部署初始反应部队，其中大约部署 600 名人员在宫古岛，防卫厅计划为其配备地对舰导弹；计划 2018 年前后在长崎县的佐世保市建立一支两栖快速部署旅；计划 2016 年 3 月底前在日本最西端的与那国岛部署一支配备雷达的沿海观测部队；2018 年左右在鹿儿岛县的奄美大岛部署约 550 名成员的初始反应部队。官员称，这些离岛部队将有助于提高应对紧急事态能力，增强对抗侵入日本海域的外部威胁。③ 据日媒称，日本防卫省将在冲绳县宫古岛设置统辖"西南诸岛"地区地对空导弹（SAM）部队的司令部，配置约 200

① 《日本赶造新型巡视船 应对中方巡航钓鱼岛》，参考消息网，http：//world. cankaoxiaoxi. com/2015/0331/725122. shtml，2015 – 03 – 31。

② 《日本增加 2015 年防卫预算 连续 3 年增长创新高》，新浪网，http：//news. sina. com. cn/w/2015 – 01 – 07/135931371069. shtml，2015 – 01 – 07。

③ 《日媒：中国舰船频入钓鱼岛日本或增兵偏远岛屿》，前瞻网，http：//www. qianzhan. com/news/detail/480/150506 – 23e41352. html，2015 – 05 – 06。

名人员，负责指挥、统管日本陆上自卫队部署在宫古岛和奄美大岛的地对空导弹部队，以防外国飞机的武力攻击。报道直言，日本防卫省的目的是增强对中国的遏制力。① 为应对中国渔船进入钓鱼岛海域，日本海上保安厅决定将为冲绳县离岛重新配备专门负责警戒的海上部队。据报道，日本政府正在商讨未来在冲绳县宫古岛附近的伊良部岛设置海上据点的相关问题，并计划于 2—3 年内向该据点派遣部队，规模最终将达数百人。②

三是强化海上警备应对中国渔船。《日本经济新闻》2015 年 8 月 31 日报道称，据日本海保厅统计，进入钓鱼岛 12 海里的中国渔船在 2013 年为 88 艘，2014 年增至 208 艘，截至 2015 年 7 月已确认 56 艘，超过上年同期。作为中国渔船的应对基地，位于钓鱼岛东南约 220 公里的宫古岛周边成为候选地点，与宫古岛之间以桥相连的伊良部岛成为强有力的候选对象。宫古岛海上保安署将升格为海上保安部，有 3 艘在建的小型巡视船预计将在 2016 年度投入使用，在此之前将确定基地地点。到 2018 年度，巡视船有望达到 9 艘，人员也将达到数百人规模。为了 24 小时全天候监视周边海域，那霸市将部署 3 架新型喷气式飞机。2014 年秋季，超过 200 艘捕捞珊瑚的中国渔船涌向小笠原诸岛附近等海域，其中很多渔船从冲绳本岛、宫古岛和石垣岛等之间的海域通过。基地建设完成后，有望在这片海域阻止中国渔船进入。此外，日本各地的离岛监视体制将进一步加强，除了增加小笠原海上保安署的人员，还将在中国渔船出没较多的种子岛上设立新的海上保安署。③

---

① 《日本将在冲绳设地对空导弹司令部》，称防外国飞机 . 中国新闻网，http：//www. chinanews. com/gj/2015 – 05 – 12/7269524. shtml，2015 – 05 – 12。

② 《日拟派专门警戒部队应对中国渔船进入钓鱼岛海域》，环球网，http：//world. huanqiu. com/exclusive/2015 – 08/7348346. html，2015 – 08 – 24。

③ 《日本海保厅申请 44 亿日元应对中国渔船进入钓鱼岛》，参考消息网，http：//www. cankaoxiaoxi. com/world/20150831/923752. shtml，2015 – 08 – 31。

3. 舆论宣传方面

据共同社 2015 年 3 月 6 日报道，安倍内阁正在商讨对包括"尖阁诸岛"（我钓鱼岛）在内与邻国存在"领土争议"的地区发布天气预报，以宣示日本对"争议领土"的"主权"。报道称，日本政府拟在与日本存在"领土争议"的多个地区发布天气预报，这些地区还包括"北方四岛"（俄罗斯称南千岛群岛）以及"竹岛"（韩国称独岛），用以"彰显主权"，增强日本国民的"领土认识"①。为进一步向国际社会强化对我钓鱼岛和独岛（竹岛）的"主权宣传"，日本政府计划将保存在全国各地的相关"史料"制成数据，实现"史料电子化"，并通过网络实现全民自由阅览。关于相关"史料"的选定和公开方法，日本政府将通过由大学教授等专家组成的专门委员会进行讨论，同时还将委托民间研究机构搜集挖掘有关钓鱼岛和独岛（竹岛）的"史料"，使其数据化。报道称，日本政府计划在 2015 年夏天，将这些所谓的"史料"通过内阁官方"领土对策室"的网站对外公布，以便与中韩两国在领土问题上展开对抗，公开资料预计在 100 份以上。② 日本文部科学省 2015 年审定通过 104 部教科书，其中将钓鱼岛和独岛（竹岛）都称为是"日本固有领土"，这些教科书将于 2016 年 4 月起开始使用，此前 2014 年 1 月日本政府制定的"在历史、领土问题上要反映日本政府统一见解"的新审定标准在这次审定活动中首次得到落实。③

4. 外交方面

在钓鱼岛问题上日本与美国相互勾结相互利用。2015 年 4 月 27 日，美日外长、防长"2 + 2"会议在美国纽约举行，双方发表了修订

---

① 《安倍内阁欲借天气预报宣示对"争议领土"的"主权"》，新华网，http://news.xinhuanet.com/world/2015 - 03 - 06/c_ 1114553206.htm，2015 - 03 - 06。

② 《日为强化"主权"宣传 拟公开钓鱼岛独岛证明史料》，环球网，http://world.huanqiu.com/exclusive/2015 - 04/6113178.html，2015 - 04 - 07。

③ 《日本新教科书称钓鱼岛系日本领土 再度挑衅中国》，环球网，http://mil.huanqiu.com/observation/2015 - 04/6109709.html，2015 - 04 - 07。

的新版《日美防卫合作指针》，其中声明将取消美日安保合作的"地理限制"。日美两国外长在记者会上称，日美安保条约适用于包括钓鱼岛在内的所有日本施政范围。这充分体现了日美军事同盟在亚太地区遏制中国的目标指向。① 日本防卫省正加快构建应对日本离岛遭受武力攻击的体制，2017 年度末将设立统管日美陆上部队的联合司令部，此举意在加强对在东海活动日益频繁的中国的遏制力。同时，计划在驻日美军陆军司令部所在的座间军营设立"日美联合部"，常驻数十人规模的陆上自卫队队员，负责同美方进行联络和协调。此前，海上自卫队和航空自卫队分别与美国海、空军在同一个基地设立了司令部，但陆上自卫队却没有与驻日美国陆军共同运行的司令部。新的《日美防卫合作指针》在新增合作项目中明确提到了离岛防卫，因此防卫省决定设立旨在实现日美陆上部队一体化运行的司令部。② 随着南海局势的紧张，日本积极介入南海争端，这其中有暗中掣肘、分散中国力量的战略意图。2015年，日本先后同菲律宾、美国、澳大利亚、印度等国家在南海海域进行联合军演，与菲律宾、越南、印度等国家，展开有针对性的技术、军事训练等合作，拉拢南海地区国家共同对抗中国，企图使中国陷入腹背受敌的困境，从而减轻日本在钓鱼岛方面的压力。

钓鱼岛问题一直是中日关系特别是中日安全关系领域中突出而敏感的问题，短时期内无法解决。针对日本不断增强在钓鱼岛及其周边的军事力量的现实，中国海上警备和海上武装力量也必须针锋相对，确保我国的领土主权和海洋权益。同时，中日双方应积极推进"海空联络机制"，防止和应对突发情况。2015 年 1 月 7 日，中日两国举行中日防务部门"海上联络机制"第四轮专家组磋商，达成了许多重要的共识，

---

① 《日美修改防卫合作指针，打造全球性军事同盟》，新华网，http：//japan. xinhuanet. com/2015 - 05 - 22/c_ 134260266. htm，2015 - 05 - 22。

② 《日媒：日美欲建"联合司令部"防中国夺岛》，参考消息网，http：//www. cankaoxiaoxi. com/mil/20150929/954397. shtml，2015 - 09 - 29。

并根据中方提议，将"海上联络机制"更名为"海空联络机制"。1月22日双方举行了第三轮海洋事务高级别磋商。这两项磋商在推进危机管理机制建设、开展海上安全执法合作、加强沟通对话等方面均取得了积极进展。这对于中日双方降低钓鱼岛及东海海域的紧张，稳定和改善军事安全形势发挥了重要的作用。

7.2.2　日本对北方四岛（南千岛群岛）的战略及近期动向

四岛概况与价值

日本所称的"北方四岛"，是指千岛群岛以南与北海道东北部之间的四个岛屿，即择捉岛、国后岛、色丹岛和齿舞群岛。其中，择捉岛最大，面积约为3200多平方公里；国后岛次之，约为1500多平方公里；色丹岛位居第三，约为250平方公里；齿舞群岛最小，约为100多平方公里。俄罗斯称之为"南千岛群岛"。"二战"后，北方四岛由俄方实际控制，但日本主张对其拥有主权，致使双方至今仍未缔结和平条约。

北方四岛及其周边海域具有数量可观的矿产资源和丰富的水产资源。据探测，蕴藏着16亿吨的石油，1867吨黄金，9284吨白银，397万吨钛，2.73亿吨铁，1.17亿吨硫，36吨稀有金属铼。①该地区被列为世界三大渔场之一。对日本来说获得北方四岛将刺激日本的经济和就业，带动基础设施建设、高科技、能源等行业的发展，提振日本国内的经济。同时，北方四岛有重要的战略价值。千岛群岛北接俄罗斯堪察加半岛，南临日本北海道，是鄂霍次克海和太平洋之间的一道天然门户。北方四岛的总面积达5036平方公里，面积最大的择捉岛在日本公布的日本"所属各岛"中面积排第五位。如北方四岛为日本所有，日本将获得从北海道到得扶岛之间大约400公里的军事缓冲区，拥有北方四岛

---

① 马欢、葛晓光、张子宇、吕尚枝：《四岛"诅咒"：不沉的航母》，原载《时代周报》2010年10月14日。见 http://www.time-weekly.com/html/20101014/10341_1.html。

能减低来自俄罗斯方面的军事压力，提高日本本土的安全。

对北方四岛的诉求也是日本谋求"正常国家"地位的需要。在日本看来，为北方领土问题是"二战"唯一"尚未解决的"领土遗留问题，解决北方领土问题不仅意味实现领土完整，而且还意味彻底扭转"战败国"地位，成为真正的"正常国家"。日本海洋国家战略的目的之一，是将日本的国家力量和国际影响扩展到世界各主要海域，最终建立起一个确保日本国家安全和经济利益的海洋综合安全保障体系。北方四岛问题的解决是其中重要一环。

北方四岛问题的历史演变

北方领土归属的变迁。历史上日俄之间的领土纠纷主要是千岛群岛和库页岛。19世纪中期以后，沙俄和日本都走上资本主义发展道路并向外扩张，两国很快在千岛群岛和库页岛形成了争夺态势。库页岛原本是中国的领土，俄日两国趁清政府统治出现危机之际，分别从南北两个方向侵占了库页岛。1855年，日俄签订了《日俄亲善条约》（《下田条约》），划定了两国在千岛群岛的边界，也缓和了双方在库页岛问题上的矛盾。条约规定日本和俄国的边界应在择捉岛与得抚岛之间。择捉全岛属于日本，得抚全岛及其以北的千岛群岛属于俄国。1875年，日俄签订了《千岛库页岛交换条约》（《圣彼得堡条约》），规定整个千岛群岛归属日本。作为交换条件，日本把它占有的南库页岛领土让给俄国。至此，解决了日俄之间的领土纠纷。1905年日俄战争之后，两国签订了《朴茨茅斯条约》，条约规定，俄国将库页岛南部及其附近一切岛屿及财物等所有主权一并永远让与日本。其让与地区之北方边界，定为北纬50度。以上是日俄两国有关领土纠纷问题形成的历史渊源。

第二次世界大战结束前，美国为争取苏联出兵对日作战，在雅尔塔会议上苏美签订了秘密协定，确定战后将千岛群岛和库页岛南部交予苏联。苏军在"二战"末期发起了"千岛群岛战役"，击败千岛群岛各个岛屿上的几万日军，占领了整个千岛群岛，包括国后、择捉、齿舞、色丹等四个岛屿。苏联认为这四个岛屿在地理上是千岛群岛的向南延伸，是千岛群岛不可分割的组成部分，既然《雅尔塔协定》规定将整个千岛群岛交给苏联，自然也包括这四个岛屿。1946 年 2 月，苏联将齿舞、色丹、国后、择捉四岛纳入版图，并自 1947 年 1 月起将库页岛和千岛群岛组成萨哈林州。日本则认为，这四个岛屿是日本北海道的附属岛屿，不属于《雅尔塔协定》所说的千岛群岛范围，它们只是在第二次世界大战末期被苏军非法占领了，并一直要求苏联归还。这是北方领土问题形成的直接原因。

日苏时期北方四岛问题的发展。1955 年 6 月，苏联和日本在伦敦举行复交谈判时，日本希望放弃千岛群岛和库页岛南部的主权来换取苏联归还北方四岛。而苏联则要求日本正式承认千岛群岛及库页岛南部属于苏联。这样引起北方四岛是否属于千岛群岛的范围之争。日本提出北方四岛不属于 1951 年《旧金山对日媾和条约》宣布放弃的千岛群岛范围内，苏联持相反意见。为尽快结束谈判，苏联决定让步，将齿舞群岛和色丹岛移交给日本。但是日本拒绝接收"两岛"，正式提出返还"四岛"。双方争执不下，于是日本首相鸠山一郎决定暂时搁置争议，待两国复交后继续交涉。

1960 年 1 月，由于《日美安全条约》的缔结，苏联又提出，只有在外国军队全部撤出日本并缔结日苏和约后才能移交"两岛"。日苏双方就新条件是否合理展开论争，最终导致苏联完全否认两国存在领土问题。此后设法让苏联承认两国之间存在领土问题成为日本对苏联政策的核心。

1972 年，日本首相田中角荣访问苏联，苏联希望吸引日本投资发展国内经济，为此承认双方存在北方领土问题。日本提出"政经不可分"原则，即苏联不在北方领土问题上接受日本主张，日本就不与苏联开展经济技术合作。苏联则再次在两国之间是否存在北方领土问题上采取模糊态度。

    1985 年，戈尔巴乔夫提出以外交政策新思维来摆脱外交困境，开始积极谋求改善苏日关系。1991 年，戈尔巴乔夫在访日期间与日共同发表了《苏日联合声明》，苏联开始再次承认北方领土问题的存在。这是迄今为止，日本政府在北方领土问题上所取得的最大成果。

    日俄关于北方四岛问题的交涉。1991 年 12 月，苏联解体。俄罗斯急需经济、技术援助，叶利钦总统调整了苏联时期的北方四岛政策，承认存在争端，并寻求外交谈判解决。2000 年，普京任总统后，日本期望普京能够改善对日关系，接受日本在北方四岛的主张。日本政府提出"阶段性解决论"，即俄罗斯先行返还齿舞群岛和色丹岛，剩下两岛保留继续交涉余地的情况下，缔结和平条约。但是先行返还两岛的提议超出了 1956 年《日苏联合宣言》的规定，使俄日北方领土问题谈判重新陷入僵局。

    2006 年，俄罗斯政府发表了《千岛群岛社会经济发展计划》，着手大规模开发包括北方四岛在内的千岛群岛，强化了对四岛的控制。2008 年 9 月 24 日，麻生太郎成为日本新任首相，在北方领土问题上较为强硬，使两国分歧不断增加。梅德韦杰夫与麻生太郎既没有在领土问题上取得进展，也没有建立起相互信赖的关系。2010 年，菅直人出任日本首相，日本外交政策更加依附于美国，俄罗斯和日本也结束了鸠山时代短暂的"蜜月期"。2010—2011 年，时值梅德韦杰夫总统登上国后岛视察，俄罗斯总理、部长等多位高级官员相继对北方四岛展开视察。日方对此表示抗议，并召回驻俄大使。随后日本首相、大臣等内阁成员以对北方四岛空中巡视、隔海眺望等方式作出回应。日俄关系再度陷入紧张和停滞。普京再次当选总统让日本重燃希望，日本的政治家们希望抓住普京时期的机遇改善和发展俄日关系。2012 年，安倍晋三再度出任日本首相，并于 2013 年 4 月正式访问俄罗斯。安倍希望在不回避领土争议问题的前提下，建立同普京的信任关系，着力打造新型的俄日关系。2014 年 3 月，乌克兰危机不断升级，日本紧随欧美等西方国家之后对俄罗斯实施经济制裁。俄罗斯虽对日本的制裁表示谴责，但普京总统与安倍首相并没有停止政治对话。在西方七国集团加强对俄罗斯经济制裁的同时，普京总统希望能够与安倍首相保持紧密的合作，从日本身上打开制裁的缺口。同时，安倍首相也希望普京总统能够实现 2015 年访日计划，就解决北方四岛领土问题达成协议，并借作为西方发达国家首脑会谈主席国身份希望俄罗斯重返八国峰会。

日本在北方四岛问题上的战略和动态

第一，采取"柔软政策"，积极主动发展对俄关系。

安倍十分期待在自己任内，能在北方四岛领土问题上实现突破，因此竭力拉近与俄罗斯的关系，通过访俄、投资等企图软化俄罗斯立场。尽管俄罗斯在北方四岛问题上步步紧逼，日本在对俄政治上始终采取"柔软政策"。2015 年以来俄军频繁在千岛群岛地区举行军事演习，2015 年 2 月，俄罗斯东部军区就曾在千岛群岛进行军演，演习范围包括北方四岛。4 月，海军陆战队员在千岛群岛进行海岸登陆以及阵地防御的训练和演习，日方未做出回应。[①] 2015 年 8 月，俄总理梅德韦杰夫第三次登上争议岛屿后，俄多位政府高官也相继登岛视察。虽然日本用推迟外相岸田文雄 8 月底访俄的计划以示抗议，日本首相安倍晋三也表示："极其遗憾。这与日本的立场相悖，伤害了日本国民的感情。"但他同时表示，为解决北方四岛问题"将继续与普京总统开展对话"，表示想为其年内访日继续进行摸索。[②]

第二，把领土问题与经济合作挂钩，向俄方施压。

20 世纪 70 年代，日本政府针对北方领土问题提出"政经不可分"政策。此后，日本政府又推出的"扩大均衡""多层次接触""阶段性

---

① 《俄堪察加海军陆战队将在千岛群岛进行登陆训练》，中国新闻网，2015 - 04 - 29，ht-tp：//www. chinanews. com/gj/2015 - 04 - 29/7241838. shtml。

② 《日媒：安倍称将就北方四岛问题与普京保持对话》，参考消息网，2015 - 08 - 24，ht-tp：//www. cankaoxiaoxi. com/world/20150824/916506. shtml。

解决论"等，但是这些政策核心点仍然是"政经不可分"。① 2015 年，俄罗斯经济面临三重困难，即因介入乌克兰招致七国集团的经济制裁、油价暴跌和卢布贬值。日本专家认为这是日本解决北方四岛问题的难得机会。② 如果"乌克兰危机"无法摆脱眼前的混乱状态，俄罗斯与欧美间的对立还会持续下去。所以俄罗斯也不得不在欧美以外的区域，特别是亚洲增强存在感，并在经济及外交上寻求突破。俄罗斯油气资源丰富，对日本来说从俄购买油气比中东便利。而日本多年来积极谋求成为联合国常任理事国，俄罗斯的支持必不可少。因此，日本试图通过"经热"拉动"政热"，以最终实现对北方四岛和其他国际问题上的诉求。

第三，扩大宣传，积极赢得支持和同情。

虽然目前无力挽回俄罗斯实际控制北方四岛的局面，但日本尽力造势，让公众了解北方四岛是争议领土，加强与北方四岛的联系，积极赢得支持和同情，处理北方四岛问题的手段越来越成熟。20 世纪 70 年代以来，日本内阁都任命北方四岛的官员，不过这些官员从未在北方四岛上过一天班。在临近北方四岛的北海道的根室市，市政大楼上用俄语写着"北方领土是日本领土"的标语，市内所有的标语、招牌、包括街道指示都有俄语标识，在学生中也普及俄语。当地官员表示，这样做是为了便于在北方领土归还日本后，对岛上的俄罗斯人进行管理。③ 1981年，日本把 2 月 7 日定为"北方领土日"，每年这一天，日本各家电视台都会大量播放要求归还北方四岛的各种宣传片。日本也设法邀请北方四岛上的居民来日本旅游，请他们参观博物馆，为其讲解为何北方四岛是日本领土，日本政府还向北方四岛的居民提供了不少药品、医疗器械、燃料和粮食援助。1994 年，北方四岛发生大地震，日本政府甚至

---

① 李凡：《日本"北方领土"问题政策研究》，中央编译出版社 2013 年版，第 405—406 页。

② 《日本学者称日本面临对俄外交良机》，新华网，2015 - 02 - 13，http：//world. people. com. cn/n/2015/02/12/c157278 -26556898. html。

③ 《日本砸钱向北方四岛渗透 积极援助岛上俄籍居民》，国际在线，2010 - 10 - 08，http：//gb. cri. cn/27824/2010/10/08/5187s3013394. htm。

抢在俄罗斯中央政府之前派人登岛进行救援，并且还为他们建造了一座医院。自 1992 年起，日本北海道与北方四岛居民之间开始实施免签证互访。至今已有 1 万多日本公民重新踏上国后、择捉和色丹岛，他们多是原岛上居民及其子女和配偶。日本公民访问日程通常包括参观学校和教堂、同当地居民联谊、拜谒祖先坟墓等。而日本方面接待对方来访时，通常会安排他们去日本家庭做客，去超市购物，接受日语培训，以增加他们对现代日本的好感。据悉，无论是日本人访问北方四岛还是岛民访问日本，都是日方出钱。① 日本国会还通过了宣布北方四岛是日本领土的法案。

总之，日俄因北方四岛问题虽摩擦不断，但主动、妥协、积极的一方都是日本。在北方四岛问题的处理上，日本执着坚韧，手法圆熟，国力运用也越来越得心应手。安倍再度担任日本首相以来，积极谋求对俄关系发展，建立了在和平条约方面两国副外长对话机制，双方外交和防务首脑的"2 + 2"交流机制，希冀在其任期内与俄罗斯签订和平条约，解决北方四岛问题。然而，这些努力因乌克兰问题、朝鲜核危机等对俄、对朝等实施制裁而受到影响。但日本始终没有放弃同俄罗斯"对话"，积极谋求解决领土问题。

北方四岛为俄方实际控制，在争议领土问题上俄国完全掌握主导权。但是，日本也觉得有牌可打，其最大信心来自资金技术等优势，以及日俄两国经济的互补性、巨大共同利益。而且，俄罗斯也从未彻底否认返还北方四岛的可能性。在日俄领土争端问题上，日本更多地用力在外交及舆论上。与之相比，日本在钓鱼岛及东海问题上的言行就蛮横而固执。面对被俄实际控制的北方四岛，日本一副"被害者"模样，而对于钓鱼岛则顽固声称"不存在领土问题"，蛮横拒绝中国提出的搁置

---

① 《北方四岛：日俄积怨四百年》，时代周刊，2010 - 10 - 14，http：//www. time-week-ly. com/html/20101014/10338_ 1. html。

争议、共同开发的合理主张。

7.2.3　日本对竹岛(独岛)的战略及近期动向

在日韩两国这一岛屿争端中，日本的战略又是另一种样式。韩国主张，早在 15 世纪，当时朝鲜半岛上的李朝政权就已经对独岛行使了有效的行政管辖。而日本则宣称，竹岛早在 17 世纪就已经属于日本了，1905 年基本控制朝鲜半岛以后，更开始对"无主荒地"的竹岛有效行使主权。第二次世界大战之后，战败的日本没有权利、也无法继续对竹岛行使主权，该岛随后被韩国实际控制。1953 年，一名退伍的韩国军人洪淳七看到了一个报道，说是日本在独岛上立有一个碑，宣示独岛为日本领土。无比气愤的他就和 40 多名捍卫独岛的勇士购买了武器等装备登上了独岛，把日本的守军全部赶走了。从那以后直到 1957 年，洪淳七在长达三年零八个月的时间里，一直和战友一起守护着独岛，在此期间，他们一共 50 多次挫败了日本军人试图夺回独岛的企图。

1958 年，韩国海上警备部队正式接管了独岛的防卫，先是在岛上立了一个灯塔，然后又造了用于长期守备的哨所，以及供应能源的小型发电厂，还有一座标志韩国主权的石碑等。1981 年，韩国海军派出正规部队守护独岛，而且不断扩建军事工事。2006 年，为了展现守护独岛的决心，韩国海军还专门打造了一艘两栖攻击舰，并命名为"独岛号"，这艘军舰实际上是准航母，能够搭载数十架直升机，也可以搭载垂直起降战斗机。现在韩国一旦发现日本的船只、飞机接近独岛，就立即出动军舰、飞机予以驱逐或阻截，连日本的海洋科学调查船也不得随意进入独岛海域。日本虽然把竹岛划归岛根县管辖，也设立了"竹岛日"，并派出科学考察船试图在竹岛海域进行科学调查，但在与韩国争夺竹岛（独岛）的博弈中总体上始终处于下风。日本实际上知道拿回竹岛的可能性几乎没有，但是却将竹岛（独岛）诉求作为一个内政外交的姿态，也担心一旦放弃将对其他岛屿争端问题产生连锁反应。也因此，日方一些人士对韩国已经实际控制了竹岛（独岛）却一再"得寸进尺"而不以为然。

7.2.4　关于冲之鸟礁

在冲之鸟礁的主权归属问题上，包括中国、韩国等在内的国际社会并无异议，主要争议点在于它是不是"岛屿"以及根据国际法是否享有相关海洋权益的问题。日本极力强调它是岛屿，主张享有专属经济区，且试图加快变"礁"为"岛"的速度，以便争夺海洋资源。日本所说的"冲之鸟岛"几乎只是一片暗礁礁盘，涨潮时只有两块礁石露出海面，其他部分都没入海面以下。但是，对于这样名副其实的"弹丸之地"，日本政府却不惜花费巨资（几百亿日元）加以人工"拔高""造岛"。用钢筋混凝土在礁盘上修筑人工礁岩，使之在涨潮时也不至于没入海面之下，然后用钛合金把其中一个礁石罩起来，以防止海浪的冲击和侵蚀。同时在礁盘上采用人工培养珊瑚的办法，以加固和扩大礁盘。并且在人造礁石上培养植物，试图创造人类可以在礁石上生活的条件。

国际海洋法对于"岛"的构成有着极为明确和严格的规定，即"岛"必须是在任何时候都高于海平面，并且能够维持人类的经济社会活动。

而冲之鸟礁并不能满足上述要件，即使是日本政府修筑人工礁岩，它依然只能是"礁"，而不是"岛"，不能作为划设海洋专属经济区的基点。但日本政府居然在2008年向联合国提出申请，并要求拥有以冲之鸟礁为基点的200海里专属经济区。日本把本来属于公海的海域据为己有，不仅不符合国际海洋法，也不符合基本的国际行为准则。

近来，日本又出台保护低潮线的离岛法，对尚未命名的所谓"日本的离岛"进行命名，宣布将把25个"离岛"登记为"国家财产"，并准备在部分"离岛"上驻军。这25个"离岛"居然包括钓鱼岛。在日本看来，如果不能有效控制那些离岛，日本的海洋专属经济区只能局限于主要岛屿周围。日本抢岛除了为了圈海获取经济利益外，其战略意图还包括未来在与邻国的海洋划界谈判中争得主动，在未来海洋资源的争夺中占据优势。从目前情况看，日本尚难以在国际社会（包括联合国）获得支持而得到冲之鸟礁的专属经济区，但是受日本"温水煮青蛙"式的努力以及对国际海洋法秩序的积极介入和影响，将来这一问题会朝着哪个方向走还难以预料。

纵观日本百年来侵岛圈海的海洋扩张史，可以说是经历了一个从扩张占有到失败丢失的过程。在岛屿争端和海域问题上应当采取怎样的战略和政策才能给日本带来利益，确实需要日本认真思考。

7.3　日本对中国南海的战略及近期动向

日本南海战略的历史演变

日本是南海的域外国家。第二次世界大战期间，日本曾占领我国的西沙群岛和南沙群岛，并将其作为海军基地。随着日本的战败，其势力退出南海。在东西方冷战的大背景下，日本在涉及中国南海主权归属问题上的立场一直唯美国马首是瞻。日本在 1952 年出版的《标准世界地图集》和在 1964 年出版的《世界新地图集》中，都将南沙群岛标注在中国版图内①。直到 20 世纪 70 年代前，日本还明确承认中国对南海的主权。

20 世纪 70 年代以后，随着南海地区丰富的油气资源被发现，日本开始介入南海问题。如 1983 年日本《防卫白皮书》中明确规定日本周围数百海里、海上航线约 1000 海里的海域为日本防卫的范围。1989 年白皮书又首次把东南亚列入日本周边地区，并强调东南亚扼马六甲海峡等海上通道，东南亚的和平与稳定对日本至关重要。

---

① 王传剑：《日本的南中国海政策：内涵和外延》，载《外交评论》2011 年第 3 期。

冷战结束后，日本开始以"确保海上航行自由"为借口，加强自身对南海问题的影响力，对南海岛礁的主权归属表现出异乎寻常的关注，并且在行动上明显支持和偏袒东南亚国家，成为推动南海争端持续升温的一个重要因素，并利用东盟的大国平衡战略来增加自己在东南亚的分量。进入21世纪特别是近年以来，日本利用南海问题渲染"中国威胁论"，推动南海问题国际化、复杂化，通过修改相关法案，为其向南海地区派遣军事力量提供法律依据，通过开展联合军演、借口技术转移支援越南等国的海上军事力量，联合向中国施加压力等。

日本关注南海的原因

日本为了确保其最重要的海上生命线。南海地缘政治及地理位置的重要性，是日本关注南海的一大因素。2007年世界海运理事会（WSO）的统计数据显示，全球每年平均有1/4的海上航运量要经南海运往各大洲。中国、日本、韩国等国家85%以上的石油进口要经过南海运输。对日本来说，南海是其与中东、欧洲进行海上能源交流和货物运输的最重要路线，战略意义重大。21世纪以来，日本不断以所谓的"确保海上航行自由""中国威胁论"为借口，介入南海问题。

强化日美同盟，追求区域影响力，推进其海洋战略。日本借助美国"亚太再平衡"战略，利用南海问题，强化日美同盟，并提升自己在同盟中的地位，从而追求所谓正常国家地位，实现其"普通国家"化、"政治大国"化战略，提高在亚太地区的话语权，同时，向菲律宾、越南等东盟国家展示其国际影响力。日本军事战略已基本完成由"本土防御型"向"海外进攻型"的转变。近年来，日本借插足南海，推动解禁集体自卫权和修改和平宪法，并为其进一步推进"军事正常化"做铺垫。

应对中国崛起带来的压力并转移在钓鱼岛方面的压力。2010年，中国GDP超过日本成为世界第二大经济体，加上中国军事现代化步伐的加快，实施海洋强国战略，使日本深感压力。为了遏制中国，日本积极利用南海问题向中国发难和施压，联合菲、越等东盟国家，建立对中国的"U 形"包围圈，以牵制中国发展。另外，日本试图分散国际上对钓鱼岛问题的注意力，使中国疲于南北应付，从而减轻其在钓鱼岛方面的压力，策应其在东海抢夺中国主权权益。

近来日本的南海战略和动向

2015 年 1 月 14 日，安倍政府通过 2015 财年预算案，其中防卫预算为 4.9801 万亿日元（约合 421 亿美元），比上年度增加 2%。这是安倍上台后连续第三年增加防卫预算，其额度也创下了历史新高。日本针对南海的海洋战略动向主要表现在以下几个方面：

一是积极参与联合军演，包括日菲、美澳日、美印日、美日联合军演等。

2015 年 5 月 6 日，日本和菲律宾以"反海盗"为主题在马尼拉湾举行了一次海岸警卫队联合演习。这是日菲两国自 2012 年签署战略伙伴关系协议以来举行的首次联合演习。据报道，澳大利亚、越南等 17 个亚洲国家的海岸警卫队负责人观看了这场演习。菲计划 2015 年将在这一海域与日本举行 3 次演习。① 6 月 23 日，日本海上自卫队 P-3C 反潜机从菲律宾西南巴拉望岛机场起飞，抵南海相关空域活动 3 小时，机上有 14 名日本海上自卫队员和 3 名菲律宾军人。24 日，这架 P-3C 反潜机会同菲律宾军机前往距离巴拉望岛约 80—100 公里的南海空域展开联合演习。②

2015 年 7 月 5 日，美国和澳大利亚启动了一个大规模的两年一度的联合军事演习，日本首次参加。这被认为是牵制中国在南海和东海的海洋活动。③

---

① 《日菲军演给南海"火上浇油"》，载《人民日报》（海外版）2015 年 5 月 12 日第 6 版。
② 《日本起劲掺和军演意欲何为》，载《人民日报》（海外版）2015 年 7 月 10 日第 1 版。
③ 《美菲在中国南海沿岸搞军演 日本自卫队观摩参加》，中华网，2015 - 10 - 09，http://military. china. com/news2/569/20151009/20526900. html。

2015 年 10 月 18 日，美国和印度海军及日本海上自卫队在印度孟加拉湾举行"马拉巴尔"联合军演。日本派出"秋月"级"冬月"号导弹驱逐舰。早在 2013 年，为了防止中国在海上交通线所必经的南海日益扩大影响力，保障印度洋和西太平洋的海洋安全，安倍晋三就明确提出了将日本与澳大利亚、美国夏威夷、印度联结起来形成"安全保障菱形圈"的战略设想。美印日本此次联合军演可谓是这一战略设想付诸实施的又一具体表现。

在美国军舰进入中国南海岛礁 12 海里海域，局势趋于紧张的背景下，日本海上自卫队在南海与美军举行了联合军事演习。海上自卫队护卫舰"冬月"号在参加完日美印三国的印度洋联合军演后，与美军舰队一起，于婆罗洲岛北方海域进行通信训练，还进行了美军士兵与日本自卫队员换乘对方军舰的演习。分析人士指出，不排除日本今后参加美军即将实施的第二轮进入中国岛礁 12 海里海域内巡航的行动的可能，以彰显日美同盟关系，向国际社会展示日本参与南海事务的姿态。①

2015 年以来，日本多次参与两国或多国的联合军演，具有数量多、进攻性强、多次演习为首次参加等特点。日本这样做的主要目的是为推动新安保法案的修订制造借口，营造紧张气氛；转移和减轻日本在钓鱼岛问题上因挑衅中国而面临的压力；迎合美国"亚太再平衡"战略，借机构筑"中国包围网"。

二是积极创造法律依据变更《周边事态法》。2015 年 2 月 19 日日本政府决定变更《周边事态法》的名称，扩大自卫队为他国军队活动提供后方支援的地理范围。如此一来，自卫队的后方支援对象将扩大至美军以外的军队，并且将允许提供武器弹药等。日本还通过了新"开发合作大纲"，允许对其他国家提供"非军事目的"的军事支援，取消

---

① 《日本将与美军在南海举行联合军演》，日本新闻网，2015 - 10 - 29，http：//www.cjdby.net/junqingfenxi/2015 - 10 -29/military - 8025. html。

"援助外国部队禁令"，并将军援领域扩展到海洋、太空、网络、反恐等诸多领域。

三是强行通过《新安保法案》。2015年7月16日，日本众议院全体会议上，执政联盟凭借议席优势强行通过了旨在解禁集体自卫权的安保法案。2014年7月，安倍政府正式决定修改宪法解释以允许行使集体自卫权。2015年4月，日美联合发布新版《日美防卫合作指针》，大幅扩大日本自卫队对美国军事行动的支援范围。新安保法案就是为上述行动提供法律依据，以允许日本更加自主地介入地区安全事务。首相安倍晋三在参议院特别委员会上就行使集体自卫权参与南海"扫雷"一事发表意见称："若满足'武力行使三条件'，则会采取应对措施。"①

四是批准2015年版《防卫白皮书》。2015年7月21日，日本2015年版《防卫白皮书》获得政府批准。白皮书首次单独设置"海洋问题动向"章节，将海洋问题升级为和"大规模杀伤性武器""恐怖主义"等同等重要的课题。此外，白皮书首次加入了中国南海岛礁建设的照片，表示"强烈关切"中国在南海"快速且大规模地强制进行填海造岛活动"。

五是与有关国家开展经济、技术、军事训练等支援与合作。

菲律宾：2015年1月，日菲两国签署协议加强安全合作。年内日本将建造的首批10艘巡逻艇交付菲律宾。据路透社报道，日还可能为菲方提供资金，帮助改善一处菲军军事基地基础设施建设。② 日本《产经新闻》7月26日发表题为《海自与菲海军的联合训练将例行化并扩大规模》的报道称，日本防卫省拟将海上自卫队与菲律宾海军的共同训练例行化，每半年举行一次。日本派往非洲索马里海域参与打击海盗

---

① 所谓"武力行使三条件"，是安倍政府为解禁集体自卫权而修改的宪法解释。根据新的解释，日本即使没有直接遭到攻击，只要威胁到日本存亡，从根本上对日本国民构成"明确危险"，如果没有其他适当手段可以排除对日本或与日本关系密切国家的武力攻击，就可以行使必要最小限度的武力。

② 《日菲军演给南海"火上浇油"》，载《人民日报》（海外版）2015年5月12日第6版。

活动的海上自卫队舰艇返航途中将在菲律宾海域与菲海军共同训练。日本还计划向菲律宾赠送 3 架装备侦测雷达的比奇 TC-90 "空中之王" 双发螺旋飞机,以帮助菲方增强南海巡逻能力。菲方拟允许日本自卫队飞机和舰船使用菲律宾的基地加油、补给,这将增强日本自卫队在南海的活动能力。此外,日本支持菲律宾单方面提起 "南海仲裁案",以牵制中国正在南海进行的填海造陆工程。

越南:日本外务大臣岸田文雄 2014 年访问河内时承诺向越南援助的 6 艘二手船,2015 年开始陆续交付。为了支援越南海上警备力量,日方决定在二手船的基础上,向越南提供性能优良的新船。日越两国还就实现政治层面的信赖关系、跨太平洋伙伴关系协议(TPP)交涉、允许日本海上自卫队舰船停靠南海重要通道金兰湾等方面进行合作,并达成了共识。

印度:日本于 2014 年 4 月新制定 "防卫装备转移三原则",这是安倍政府推动军工产业发展的重要举措,其中向印度出口海上自卫队救灾水上飞机 US2 将成为该政策出台后首个成品装备的出口事例。印度方面希望首先采购两架在日本生产的 US2,然后在印度国内合作生产 10 架左右。

俄罗斯:俄罗斯与日本政治关系的冷淡,并没有影响双方在南海地区的行动。日本公司将为俄罗斯能源巨头控制的越南大陆架油气项目钻井勘探,勘探地点位于南海主权有争议的范围内。日本海洋钻井(JDC)公司 2016 年将用自己的海洋钻井平台在南中国海为俄罗斯石油公司在越南的能源项目开凿两口探井。

近年来,日本不断介入南海,这一动向体现了日本防卫重心向西南转移的战略,也是其军事战略由 "本土防御型" 向 "海外进攻型" 转变的具体表现。日本渲染 "中国威胁论",推动南海问题 "国际化",积极参与针对南海和中国的各种联合军演、加紧拉拢东盟、创造海外行动法律依据等一系列举措,都是为了服务于其海洋战略和国家战略。

2015 年以来，日本搅局南海呈现强度大、公开化的趋势，目的是确保其海上生命线的安全，追求正常国家地位，推动其"俯瞰地球仪"外交，转移国际社会对钓鱼岛问题的关注等；也是为了配合美国"亚太再平衡"战略，牵制中国发展。

8 日本海洋战略与中国

8.1 亚太地区海洋安全形势

在论及日本海洋战略与中国之前，有必要先对当前亚太地区总体的海洋形势做一简要评估。

一、亚太国家对海洋战略问题前所未有地关注，"蓝色圈地运动"日益加剧，中国的海洋战略空间遭到严重挤压

随着世界各国经济的发展和对资源能源的需求，与陆地和太空相比，海洋成为直接的、现实可能的能源资源宝库和获取的渠道。近年来，主要涉海国家都已经制定并逐步完善了其海洋战略，力图在海洋竞争中抢占优势，并以此来支撑国民经济的可持续发展。美国以控制全球海洋为目标，全面实施"全球海洋战略"，特别是借助其科技和军事优势维持超强地位，推进海空一体化战略；日本确立了"新的海洋立国战略"，积极扩大海洋战略空间，加快"海洋大国"的步伐；韩国实施"海洋强国战略"，推进"蓝色革命"，努力跻身世界海洋强国之列；越南采取政治、经济、军事手段，实现其对南沙岛礁从占领向占有的转变；印度出台"海洋新战略构想"，意图控制印度洋，染指南中国海，挺进太平洋；澳大利亚、印度尼西亚，甚至菲律宾也不例外。我国也已经确立了海洋强国的目标，提出了制定海洋发展战略，大力发展海洋经济的要求，并在"十二五"规划纲要中提出了发展海洋经济的"百字

方针"。"海洋世纪"已经在进入 21 世纪以来实实在在地呈现在我们面前。

二、亚太地区海洋安全问题的热点和焦点主要集中在环中国海地区,未来局部海洋冲突发生在中国海洋国土内的可能性增加

近年来,黄海的延坪岛炮击事件及其引发的黄海危机、撞船事件引发的东海钓鱼岛争端升级、南海争端的不断加剧、台湾海峡潜在的不稳定、其他非传统安全问题(海盗、恐怖袭击、海上走私贩毒等)等,虽然有的看似偶发,但实质上是"二战"和冷战的"遗产",是地缘政治版图的变化、国力的消长、包括《海洋法公约》在内的国际法运用中的分歧、海洋战略地位的上升等诸多因素综合作用所导致,这些问题是对中国海洋安全的挑战,也是对中国应对挑战的能力的考验。

三、对亚太海洋安全起决定作用的是中日美三国,三国在海洋问题上的矛盾、博弈、较量在增加,与此同时三国的对话、合作、互信以及对对方战略意图的正确判断比任何时候都重要

东亚出现的海洋安全问题以及将来的解决,中日美三国都是当事国或重要存在。几十年来,三国关系随着形势发生变化,这种变化也是亚太地区未来安全形势的风向标。近年来,中国前所未有地参与国际经济活动和海洋活动,经济实力显著提升,海洋事业快速发展,这也引起周边一些国家和海洋大国的关注、疑虑、担忧。最近美国"重返亚洲"和所谓"美国的太平洋世纪"不仅是一个口号,而且已经成为奥巴马政府最重要的战略调整。美国这一战略调整的主要目的,虽然有对以往战略目标中一定程度对这一地区忽视的补救和强化,而更主要的目的是对亚太地区新兴大国特别是中国的防范和遏制,对中国未来的走向在美国看来是"不确定"的一种"介入"和"引导"。然而,美国在战略上、军事上、意识形态上对华顾虑和戒备,与美国同中国在经济上的密切合作以及在许多全球性、地区性问题上对中国的依赖存在矛盾,加之美国自身的问题和经济衰退能否支撑它向亚太地区全面投入力量还是个

疑问，换言之，美国的战略能力受到它自身的限制。而且，把中国当作对手还是伙伴，是对抗、遏制还是合作共赢，这在美国战略家和各界人士中还在争论和观察。众所周知，美中日三国是世界三大主要经济体，总量占全球的40%左右，三国还互为重要的经贸伙伴。这就决定了中日美关系在东亚地区乃至世界的影响力。中日美之间互动决定着亚洲形势的演变、地区格局的走向和世界经济形势的发展。此外，东亚中的中日美关系又有着很大的复杂性。冷战后，中日美之间因冷战而形成的彼此战略需求关系不复存在，三国都需要重新进行战略关系定位。进入21世纪尤其是国际金融危机之后，包括三国在内的各国联系日趋密切，而中国的进一步发展和"走出去"战略的实施，日本加快寻求"正常国家"地位，美国亚太新战略的推进，都使得东亚地区的大国关系及地区格局处于深刻的调整变动之中。在这种背景下，三国对于地区秩序的设想、自身的定位以及彼此的认知，都存在着这样或那样的差异，在政治、经济、军事、文化等各个具体领域则呈现出摩擦与协调、竞争与合作时缓时烈、时起时伏的状态。

四、亚太地区海洋安全多边和双边合作机制不断得到建立和完善，并正在发挥其积极作用

无论是亚太经合组织、东盟10＋1、东盟10＋3、东亚峰会、《南海行为各方宣言》高官会，以及其他有关地区安全、海洋安全的机制，都在维护和促进地区安全方面发挥了积极作用，有的也成为本地区海洋安全对话协商的有效平台，其重要性和方向性显而易见。地区安全形势越复杂，就越需要对话、协商和沟通，就越需要发挥双边和多边机制的作用，并建立新的有效机制。这既是中国走独立自主和平外交之路的客观要求，也是解决问题、缓和矛盾的最有效途径。

总之，亚太国家特别是中日美三国尽管存在诸多分歧和矛盾，但同时也有着重大的战略利益，特别是在经贸合作以及海洋安全等领域有着较大合作空间。因此，增加协调减少争斗，增加合作减少摩擦，应该成

为中日美三国在东亚相处的应有方式。对中国而言，在一个相当长的历史时期中，面对的重要挑战仍然是要解决繁复的国内经济和社会问题，因此中国外交的基本任务仍然是为中国的持续发展包括海洋发展创造良好的外部环境。从历史经验、文化传统、执政理念、国家利益出发，中国走和平发展之路，致力于建设和谐海洋的信念将是坚定不移的。

8.2　日本海洋战略的突出特点

确立国家战略是为了实现国家利益的最大化，并尽可能使本国利益和国际社会的公共利益相统一，并由此建立更加健全的人类社会整体的存在方式，从而更好地满足本国利益。换言之，为了实现本国国家利益的最大化，要积极主动地建构和指导人类社会和人类历史。对中国这样有着数千年文明史的大国来说，我们应该有这样的觉悟和自信。同样，海洋战略是国家战略的重要组成部分，并且应当与国家战略相呼应、相统一。海洋战略应该为实现国家海洋发展和海洋权益的最大化服务，同时为建立和谐海洋，为全人类更好地公平利用海洋做出贡献。

研究日本海洋战略的过程中，我们经常议论这样一个话题：日本是否有战略？是否有海洋战略？这种战略是否清晰？我们认为，回答应该是肯定的。

在以上各个章节中，我们围绕日本海洋战略问题进行了认真研究。其中包括：对战略的概念、内涵及其战略思想的历史进行了考察；对主张海权、海洋战略的主要人物及其观点进行了介绍和评析；对日本海洋战略的历史演变及其与日本国家战略的关系做了阐述；对日本近代以来日本海洋军事战略做了梳理；对战后日本海洋战略的基本构想及其理论基础进行了探析；对日本"海洋国家论"进行了剖析；对日本海洋战略的调整和新动向进行了考察；对日本进入 21 世纪以来"新的海洋立国"战略的主要战略目标、战略规划、战略重点、实现途径等做了介绍——包括海洋资源能源开发利用、海洋环境保护、海洋安全、海上运输、专属经济区、离岛保护等重要领域的计划、政策、措施和效果；对日本海洋立法特别是《海洋基本法》进行了解读；对日本在主要岛屿争端问题上的战略和策略进行了比较。

通过这些研究，我们发现，在很长一段时期内，对列岛国家日本来说，海洋带来恩惠，带来安全，带来财富，带来文化。但是，从丰臣秀吉统一日本开始，日本国家战略和海洋战略呈现出冒险、贪婪、侵略的特征。近代日本明治维新以后实行帝国主义、军国主义扩张政策，无论是南进还是北进，无论是大陆政策还是海上推进，实际上都是把海洋当作跳板，侵略领土、掠夺资源、控制战略通道，试图建立所谓的"大东亚共荣圈"，试图主宰东亚乃至整个亚洲。"二战"后，在新的国际格局下，日本依靠美国的安全庇佑，以海洋贸易立国，成为世界第二经济大国，这一时期日本海洋战略以经济为中心，相对单纯。但是冷战以后，随着国际和地区形势的变化和世界海洋形势的发展，日本对自己的国家战略进行了深入思考，经历了缓慢而艰难的重新抉择和调整，把成为"普通国家""政治大国"作为 21 世纪日本的国家战略目标。与日本国家战略的调整相随，日本的海洋战略也进入迅速调整时期，其海洋意识更加强烈，海洋认识更加多元，海洋观念更加外向，海洋战略日益清晰，海洋法律逐步健全，海洋管理体制更趋完备，海洋涉外活动更加积极，海洋战略规划更加具体详尽，海洋权益争夺更趋强势。

我们认为，对于什么是海洋战略应该从"纵""横"两个维度理解。从纵向来说，它包括海洋战略思想、海洋战略方针、海洋战略体制机制、海洋战略目标、海洋战略规划、海洋战略手段和步骤、海洋政策和策略等；从横向来说，它应当包括海洋法律体系、海洋安全战略、海洋经济与产业战略、海洋能源资源战略、海洋调查与科学研究战略、海洋军事战略、海洋外交战略、专属经济区和大陆架战略、海岛与海岸带战略、海洋运输战略、海洋文化与教育战略等。这些要素和领域应当相互衔接，构成完整统一的战略体系。

孔子《论语·颜渊篇》中有"兵""食""信"是政治的要诀这一说法。"兵"，即是现实的国家安全；"食"是指国民生活；"信"则是指对思想和伦理上正确性的信念。宏观上讲，一个国家的海洋战略，也应当从国家海洋安全（兵）、海洋经济发展（食）、海洋认知和海洋观念（信）这几个方面来展开。我们观察近年来日本的海洋战略，发现它未必是自觉的但却基本上是按照这样一个思路来确立的。也就是说，这几个方面是日本海洋战略体系中的核心内容或者说是主体。第一，海洋安全保障，即确保日本的海洋安全，维持海洋和平与安定。第二，促进海洋经济的繁荣，即扩大和开发海洋能源资源，包括以此为前提确保海洋贸易航线安全、保障海洋能源安全及保护海洋环境等。第三，提倡亲近海洋、认识海洋，提升海洋价值观的地位等，并努力向世界推广。

经过若干年的努力，日本已经具备"海洋强国"的基础和条件，已经形成"海洋国家"的特征和轮廓。

日本海洋战略所体现出来的几个要点应引起我们特别注意。

1. 日本海洋战略的目标，是为日本力图摆脱战败国的束缚成为"政治大国""普通国家"的国家战略服务的。20世纪90年代开始，日本战略家就一直在讨论，作为经济大国的日本，要不要成为政治大国，进而成为军事大国。后来基本形成共识，不仅要成为真正的政治大国，而且要以"海洋国家"为主要特征，突出日本的海洋国家属性，提出把建立海洋国家作为日本国家的大战略。在日本来看，威胁来自海上，国家发展的空间也在海上。

2. 日本国土资源狭小，资源缺乏，对外依赖严重，正因为对能源资源的渴望，以及沿海国家间激烈的竞争，使得日本的海洋扩张意识异常强烈，为此，它总是在国际海洋法的模糊地带大做文章，积极占岛圈海，变礁为岛，扩大海洋国土面积。日本海洋能源资源战略规划在日本的涉海发展规划中往往最为具体、严密，在日本的海洋规划中占有突出的地位。

3. 日本经济严重依赖海外贸易，为此，它异常重视战略要道，全力确保海上生命线，近年来已经突破海外派兵限制，配合美国在全球的军事行动，并强化对日本周边岛屿、海域、海峡的军事控制以及监控力度。日本主要海上交通线与美国军事战略称之为"不安定弧"的危险地带地域基本一致。为此，日本也与美国配合，宣称维护航行与自由、和平共同利用海洋，并以此为借口介入南海等争端。

4. 日本海洋战略针对中国的意图显而易见。日本一些人由于疑虑中国的走向，担心中国崛起会带来威胁，有人甚至说"像中国这样缺乏资源的超级大国，其发展本身就是霸权行动"（渡边利夫语）。他们极力渲染中国的经济发展和海洋发展的威胁，以此来影响日本的对华政策，企图牵制、遏制中国的海洋发展。日本还把与中国的东海划界问题视为它海洋战略中最大的外交课题。

5. 主张并积极联合所谓"海洋国家"，共同应对"陆地国家"的挑战。这些年来，日本出现了把日美同盟这一"海洋同盟"体制扩大到多国之间，试图建立以日美同盟为核心的"海洋国家联盟"的新动向。日本积极联合东南亚岛国（甚至参与到中国台湾军方活动中），试图建立以日本为主导的岛屿国家链条，① 形成大陆边缘地带对中心地带包围网，暴露出典型的冷战思维。

6. 日美同盟在未来较长一个时期将依然是日本海洋战略的主轴。1997年《日美防卫合作指针》（新指针）具有标志性意义，它使日美安保适用范围扩大、支援能力增强，是日美加强长期防卫合作的纲领性文件。2001年的《阿米蒂奇报告》使日美同盟的防卫范围从"新指针"

---

① 屋山太郎、坛伊藤宪一、猪口邦子、川胜平太、佐濑昌盛、小岛朋之、冈崎久彦、秋山昌广、江畑谦介等一起讨论日本作为海洋国家应有的样态，"海洋国家"成为日本国家战略的重要视角。关于建立海洋国家联盟的倡议和努力尽管时起时落，但是一直没有停止。加拿大和澳大利亚也提议日、美、加、澳建立太平洋同盟。泰国、巴西也寻求与日本建立紧密军事合作关系。跨太平洋战略伙伴关系协议（TPP）是这一联盟构想的新发展。

的"周边"继续扩大至亚太甚至具有了全球意义。日本在同盟中的地位开始从被动接受转变为主动参与。最近,日本又通过防卫领域的一系列新调整、新部署,强化西南诸岛方向战力,积极配合美国重返亚太战略,给中国海洋安全带来更大压力。同时,日美同盟已经超出了日美双边范围,超出了"远东"地域局限,超出了军事防卫领域。

8.3　中国的应对和选择

牢牢把握中日海洋关系发展大方向

随着改革开放和现代化事业的推进,中国的经济规模和综合国力显著提高,海洋事业也进入了前所未有的发展时期,建设海洋强国也已经上升为国家战略。当前,中国"十二五"规划刚刚起步,面临着转方式、调结构,实现科学发展的艰巨任务。日本也经历了大地震带来的连锁式三重自然灾害,野田新内阁将灾后重建和振兴经济作为首要课题。中日两国都在贯彻新的国家发展战略和海洋发展战略。和平与发展依然是当今世界的主题,区域一体化进程蓬勃发展,同时全球性挑战层出不穷,世界海洋形势和东亚海洋形势也同样面临挑战。中国的海洋经济发展方兴未艾,海洋能源资源开发前景无限,海洋环境保护任务繁重,海洋安全形势不容乐观。形势和任务要求我们要高瞻远瞩,胸怀大局意识,立足于国家的长治久安,充分把握有利的战略机遇期,制定和完善海洋发展战略,加强同包括日本在内的有关国家的海洋合作,勇于面对和处理同包括日本在内的有关国家的海洋纠纷,妥善处理敏感问题,使我们的海洋战略、海洋规划、海洋政策、海洋外交都能与国家战略相协调,全面推进我国海洋事业发展。历史经验告诉我们,在重大敏感问题上,中日都应始终以两国关系大局为重,根据双方有关共识和谅解,特别是中日四个政治文件的精神,坚持通过谈判对话和协商冷静妥善处理。

清醒认知中日两国在海洋领域的差距

自古以来，中国既是一个陆地国家，也是一个海洋国家。中华民族在历史上曾经创造出悠久灿烂的海洋文化，出现过令人自豪的海洋活动壮举，也为世界海洋文明进步做出了巨大贡献。但是，数百年来，中国对海洋疏远了，这其中有相当复杂的主客观原因。近代以来，我们与"一衣带水"的邻国日本相比，在海洋发展的许多领域落后了。进入 21世纪的所谓"海洋世纪"，中国奋起直追，日本也力图继续保持优势，但是到目前为止在海洋领域总体上日本处于优势，中日之间的差距主要表现在：

1. 日本的海洋立国战略确立时间早、持续时间长、经验积累多（从近代至今）；近年来的"新的海洋立国战略"思路清晰，与日本的国家战略吻合度高。

2. 日本民众与海洋打交道的人口比例大，海洋利用多，海洋意识强，海洋教育普及，海洋观念深入，在海洋"软实力"上中日差距明显。

3. 日本的海洋地理环境较为优越，东侧面向太平洋，北侧背靠日本海，西侧连接中国东海，海岸线长，岛屿众多，出海口多，优良港湾多，海上战略通道多，管辖海域广，这些给日本带来海洋利用上的便利以及海洋地缘（海缘）上的优势。

4. 日本海上军事力量（海上自卫队、海上保安厅）的人员训练有素，武器装备精良，信息化程度高，远航能力强。中国海上武装力量发展迅速，处于追赶阶段，同日本的差距正在逐步缩小。中日双方互有强弱，中方数量占优势，日方质量上占上风。

5. 当今的日本海洋战略系统化程度较高，理念较为清晰，法律较为完善，体制较为健全，规划较为全面，措施较为到位，推进较为扎实，在东亚海洋国家中处于领先位置。

6. 日本的海洋战略建立在较为牢固的日美同盟关系的基础上，在海洋安全问题上得到美国这样的霸权国家撑腰，无形中增加了日本的海洋安全度，也增加日本在与邻国争海夺岛的筹码。

7. 东亚复杂的海洋形势和纠纷，恰恰伴随着中国的快速崛起和海洋力量的增强，容易引起周边国家的疑虑和不安。日本出于自身的狭隘利益，往往利用这些国家给中国制造麻烦，阻碍中国的海洋发展。

客观地认识中国与日本在海洋领域这些"先天的"和"后天的"差距和不足，有利于我们正确研判当下的中日海洋关系并预测未来的发展态势，也才能更好地应对日本海洋战略带来的挑战。

积极推进中日两国在海洋领域的合作

中日邦交正常化已经四十多年。40 年来，中日关系跟随着时代发展的巨轮，承载着历史的记忆艰难前行，既不断结出丰硕果实，也不断遇到障碍和挑战。近年来双方领导人将两国关系定位于战略互惠关系，并通过一系列的努力不断充实战略互惠关系的内涵。特别是两国经济关系密切，人员往来频繁，文化交流活跃。这些合作和交流，促进了各自国家的发展，给两国人民带来实惠。但是包括海洋关系在内的两国关系也时不时遇到障碍，钓鱼岛问题和东海划界问题最为突出。

中日两国在海洋领域究竟有没有共同的战略利益？两国能否建立一种理性平和的关系？日本在中国建设海洋强国的过程中会扮演什么角色？中国应该推动日本海洋战略朝着怎样的方向走？如何消除日本对中国发展海洋事业的恐惧？这些都需要我们认真加以研究。要进一步推进两国合作，必须增进战略互信，这是寻求中日共同战略利益的前提。实际上，缺乏互信已成为阻碍中日两国关系健康发展的主要原因。政治安全互信的核心在于如何认识和看待对方，是对手、敌手还是合作伙伴，是挑战还是机遇？这是根本性的问题。当前，两国之间缺乏互信的根源在于不能客观理性地认识和对待对方的发展。中方反复重申，中国坚定不移地走和平发展道路，奉行防御性的国防政策，这是中国基于自身的基本国情、发展现实和根本利益做出的战略选择。中日双方应当在增进战略互信的基础上积极推进两国在海洋领域的合作，同时双方的合作也能逐步加深战略互信，进而实现良性互动。

除了历史问题之外，中日在东海存在争议，矛盾相互交织，高度复杂敏感，是影响两国关系稳定发展的突出现实隐患。在海洋争端问题上，中国应敦促日本着眼两国关系大局，遵循迄今达成的谅解和共识，坚持通过对话协商来慎重妥善处理。在海洋安全合作方面，当务之急是要加强海上危机管控，尽早建立完善海上危机管理机制，切实避免突发事件。双方还可以联合开展西太平洋海洋环境调查，共同维护海上航道安全，在救灾活动、海上搜救、打击海盗、走私等海上犯罪等方面，进一步加强合作。在海洋经济领域，众所周知，中日经济上相互依存度高，能源方面的合作尤为重要，包括海洋新能源以及对能源资源的共同开发等。此外，双方在海洋生物资源开发、海洋药物开发、海洋环境保护、海洋污染物处理等领域都存在合作空间。总之，中日两国在海洋经济领域有广泛的合作前景，双方应抓住后金融危机时代全球经济产业调整的新机遇，推动双方海洋经济合作、海洋能源和海洋环保合作，优势互补。同时，促进双方在海洋安全领域尤其是非传统安全领域的合作，努力扩大共同的战略利益。

处理中日海洋问题和海洋关系的方针

中日两国既有历史感情纠葛，也有现实利益摩擦。鉴于历史认识的原因和现实的结构性矛盾，中日间的矛盾和分歧还会不断出现，此起彼伏，中日之间存在的岛屿争端和海洋争端在短时间内难以彻底解决，中日之间围绕海洋的矛盾和斗争将会长期存在。因此，要树立长期作战、既合作又斗争的思想。今后，我们捍卫领土主权和海洋权益的斗争中，需要把握好原则、底线、程度、节奏、规模，处理好"维权"与"维稳"的关系、"安全"与"发展"的关系、"斗争"与"和谐"的关系。在处理中日海洋关系时,既不能太乐观,也不能太悲观;既不能因为强调友好就放弃原则,也不能一切都用敌对和阴谋论的心态看待对方。根据不同的时期、针对不同的问题,要注意区别对待,要把握好力度,既要积极有所作为,又要尽量避免激化矛盾。

坚决捍卫国家的领土主权和海洋权益的原则

在捍卫国家的领土主权和海洋权益,进行对日海洋维权斗争中,要坚持以下几个原则:

第一,主权至上。在钓鱼岛领土主权问题上,我们不能有丝毫退让;在海洋划界问题上,要坚持我方合理合法的主张,坚持通过谈判解决问题的立场,在我方主张的管辖海域有效行使管辖权利。要吸取我国以往在海洋划界问题上的教训,珍视每一个岛礁、每一片海域,不留下遗憾,不殃及子孙。在有些问题上,则可以根据公平合理原则,互有退让,如在能源资源开发上,可以通过协商共同开发、合作开发,共同受益。对于短时间内解决不了的"疑难杂症",双方可以先搁置,留待条件具备时再解决,但是"搁置"必须是双方共同的,而不能一厢情愿。

第二,要有底线。要让对方知晓我方底线。底线不能碰,更不可逾越。如在钓鱼岛问题上就决不容许日本在岛上驻军和建设军事设施;决不容许日本向岛上移民和建设基层政权组织;决不容许日本单方面开发钓鱼岛海域海底资源;决不容许日方在钓鱼岛采取军事行动造成我方人员伤亡和财产的重大损失。倘若越过这些底线,我方就必须采取断然的对抗措施。

第三,合力对外。我国涉海管理各部门和外交、军事等方面要密切配合,加强沟通和协调,建立内部工作机制,相互通气,形成合力,一致对外,不能单打一,不能"竞相压价"给自己带来损失和被动。

第四，保持争议。在岛屿争端和海域争端问题上，既不逞强，也不示弱，不回避矛盾，不怕发生冲突，坚持"有来有往"，针锋相对，迫使日方承认争议现实，努力使我方变被动为主动，为将来创造条件。

第五，官民并举。要让维权方式更加多样化，会聚民众的智慧和力量，发挥学者的作用，借助民间的声音。国家和地方要鼓励各方面正当的海洋活动，如渔业、科考、观光等，增加补贴渔民在争议海域进行劳作的损失，并积极向国际社会释放民意，打造维权软实力。

第五，言行一致。一般情况下，我方应坚持主张和行动要统一。要定期巡航和护渔，要有显示度和存在感，但不轻易使用武力。

认真研究借鉴日本海洋战略，加快建立我国海洋战略优势

我国《国民经济和社会发展第十二个五年规划纲要》明确提出：要制定和实施海洋发展战略，提高海洋开发、控制、综合管理能力。目前国家海洋局正在会同有关部门研究制定我国海洋发展规划，在这一过程中，需要研究和借鉴国外海洋发展的经验，对作为邻国和海洋国家日本的海洋战略尤其需要关注。以下分领域在评估两国海洋战略现状的基础上，对如何借鉴和应对日本的海洋战略略述己见。

1. 在海洋安全战略方面：中国面临的海洋安全形势不容乐观，甚至可以说相当严峻。我国在环中国海的几个主要海域与邻国都存在海洋纠纷，最近几度出现问题突出、矛盾激化的状况，加之域外国家的介入，使得我面临的海洋安全环境更加复杂。日本海洋安全的基石是日美同盟，同时，近年来日本在海洋安全战略上出现更加积极主动、更加具有针对性的特点。日本主动强化日美同盟关系，积极参与海外军事活动，强化对中国的防范，强化对岛屿和海域的军事控制能力，提升海上自卫队和海上保安厅的装备水平，增加海洋安全方面的经费投入，加大对中国海洋活动的监视力度，扩大与美、韩、印、澳以及东南亚国家的海上军事防卫合作，与中国台湾军事情报部门暗地串通，此外，美日控

制第一岛链，日本在国际海峡（开放数量有限的宫古和津轻等海峡以及公海如冲之鸟礁海域）的监视、监听、阻挠给我海军"走出去"战略的实施设置障碍，给我国的海洋安全和正常的海洋活动带来干扰。但是近年来，随着我国国力的不断增强和海洋军事力量的迅速发展，中国海洋活动范围不断扩大，维护国家海洋安全和海洋权益的能力显著增强，作为中国战略军种的海军有能力维护国家海洋安全，威慑和打击外部敌对势力对中国的觊觎和侵犯，维护国家统一和领土完整。但是，我海军远洋作战能力有待尽快提升；对我管辖海域的综合管理能力需要加强。我们赞同最近在人大十一届五次会议上罗援将军等人关于组建国家海洋警备队的提案，认为此举有利于实现对我管辖海域的一元化高效管理。另外，在海洋安全领域也存在与日本进行合作的空间，如建立海上危机管控机制，加强海洋安全领域包括非传统安全领域的合作、交流和磋商，增加在多边海洋安全合作中的接触，在打击海盗的护航行动、协调北极通道问题上积累共识等，以此来增进两国的安全互信。未来一个时期，还不能期待中日两国在海洋安全领域有很多交集。面对日美同盟的现实，中国在海洋安全方面仍然面临较大压力和制约，国家海洋安全战略需要与国家外交战略进一步衔接，对一些战略方针有必要重新审视，如不在海外建立军事基地、不向海外派兵等，而应当从国家海外利益不断延伸的客观现实出发做出调整。有的具体战略安排可以少说多做（航母建设、尖端装备、远投能力提升等），或只做不说（如所谓印度洋"珍珠链战略""反介入"战略等）。

2. 在海洋法制建设方面：到目前为止，日本已经制定颁布了近百部涉海法律。特别是《海洋基本法》，经过 5 年的实施，对日本海洋发展起到非常显著的指导和促进作用。相比之下，我国在海洋法制建设上还比较滞后，应当多向日本学习和借鉴，增强依法治海的紧迫感，结合国情加速建立和完善海洋法律体系，构建统一高效的海洋管理体制机制。目前我们所面临的问题，一是法律的数量还远远不够；二是法律的质量还有待提升；三是国家和地方的政策性法规还远未完善；四是政策出台还不够及时主动（如对钓鱼岛群岛的规范性命名等）；五是对国际法、海洋法的认识和国际法律事务参与度还不够高。这些都需要我们认真对待。

3. 在海洋经济战略方面：国家在发展海洋经济的过程中，应进一步规范和限制盲目无序的海洋生物资源开发，确保其可持续利用，在这方面日本的经验教训很值得借鉴。在海洋能源和矿产资源开发方面，日本比我们起步早、起点高、规划细、目标明，而且已经取得许多世界领先的重要成果。特别是在海底热液矿床、钴结核、锰结核、甲烷水合物（可燃冰）等方面的产业化进展迅速；在海洋新能源、清洁能源开发利用方面也在抢占先机。东日本大地震引发的核泄漏给日本和全世界带来巨大冲击，也使日本和有关国家开始调整能源政策，提升核电安全标准，扩大包括海洋能源（海浪和风力发电、海水温度差发电等）在内的新型替代能源的技术开发力度和产业化水平。这也给中日能源合作带来新的契机和更大的合作空间。在这方面，我国也可以借鉴日本的海洋能源资源战略，制定更加完善绵密的公开或者非公开的规划，并采取有力措施积极推进。

4. 在海洋环境保护战略方面：康菲公司渤海漏油事件再次向我们敲响海洋环境保护的警钟。我国海洋环境污染大于海洋环境改善的状况必须通过海洋环境保护战略加以改变。这方面我国与日本合作的空间最大，也是日方合作积极性较高的一个领域。日本正因为在经济高速增长时期有过教训（如濑户内海的污染、水俣湾事件等），加之数十年的环境法规、政策、措施以及国民意识普遍提高，才有了今天清洁良好的海洋环境。另外，中国可以学习借鉴日本地方自治体"富饶里海"（创造美丽的故乡之海）行动计划，使中国沿海地方也能致力于各自小区域的海洋环境改善，进而提升整体环境水平。

5. 在岛屿和专属经济区战略方面：在钓鱼岛问题上我们已有专门

报告另行提交，此不赘述。在冲之鸟礁问题上，我国应坚持按照对国际《海洋法公约》有关条款的规定，反对日本变"礁"为"岛"，试图圈海为本国专属经济区的行为，同时应在国际场合揭露和批驳日方的做法，扩大其他国家在此问题与我的共识，同时警惕日本有可能通过修改海洋法或增加对自己有利的解释的企图，以避免在战略上对我国十分重要的、作为公海的冲之鸟礁海域成为日本的"后花园"。在琉球群岛问题上，要加强学术研究，特别是琉球群岛地位问题研究，从历史和法理方面揭露日本近代以来对琉球的侵略和非法吞并，尝试在非正式场合与钓鱼岛等其他海洋问题联动议论，对日本造成一定压力。但是在目前情况下，还应言行慎重，不宜公开提出支持琉球独立等主张。在日韩、日俄岛屿争端问题上，我国应当模糊处理，不明确支持任何一方的主权主张，由当事双方协商解决，以便留有余地，不因国家关系的变化给自己造成被动。但是，鉴于同日本之间存在钓鱼岛问题，我国可在策略上与有关国家有所默契和呼应。至于中日之间的东海划界问题和东海共同开发问题，我方应当认真研究，拿出整体系统的战略性意见，以便在谈判中不至于被动。2014 年 12 月日本野田首相访华与中方达成重开落实东海合作开发原则共识的高级别谈判的意向。谈判可以使争议朝着解决的方向迈进，正常情况下我方应当积极，因为这种方式是国际上处理海洋争端的基本途径，但是一定要避免因重大原则问题的让步造成战略上的失误（这方面从清末中日交涉开始就有教训，要特别警惕日本要小聪明，搞小动作），而要做到这一点，需要有精细严密的准备和外交智慧。同时，在东海划界没有完成之前，我方决不能承认或默认日方的所谓"中间线"，也不急于达成于我不利的临时界线，对日本在争议区的活动要严密监视，未雨绸缪，针锋相对，同时，我方在争议海域也暂时不宜主动建设大型的固定设施。

6. 在海洋科研和海洋文化战略方面：海洋科技中战略性新兴产业的比重高，有着广阔的发展前景，在国家转方式调结构的大背景下，在地方加快推进"蓝色经济建设"的有利条件下，可以得到更多的支持和更好的发展。近年来，涉海院校增多，海洋科研院所得到支持的力度增大，为海洋科研水平的提高和自主创新能力的增强带来机遇。但是，需要注意的问题是，由于我国科研管理和海洋管理体制机制长期以来存在的问题，导致还普遍存在研究力量分散、课题重复、高水平成果少的状况，需要通过改革科研管理体制机制，改善考核和指导，制定统一协调的战略规划来进行政策引导。在海洋文化和海洋教育方面，宣传教育部门和海洋局宣教中心等应联合制定长远的战略规划，充实海洋教育内容，丰富海洋感知体验，鼓励年轻人投身海洋事业，夯实建设海洋强国的基础。同时，加强中日之间海洋文化、学术、教育的交流，并将其纳入海洋战略规划中。

7. 在海洋软实力战略方面：以往我们在制定海洋战略规划时，较多看重经济规模（如海洋产业增加值等），今后应当更加全方位地考虑，把海洋软实力更多地纳入战略规划当中，并与国家战略，与政治和外交相互协调。所谓"海洋软实力"至少包括：海洋意识、海洋观、海洋文化、海洋教育、海洋人才培训、海洋外交、参与国际海洋事务等，同时对国际社会普遍遵循的海洋法、海洋规则及航行自由问题，加大研究力度，增加自己的运用能力和话语权，防止别有用心的国家和势力把中国孤立化，打破他们试图视中国为我行我素、不遵守国际规则和国际惯例的"另类国家"的企图。

8. 在对待中日海洋关系的外部因素方面：当今的国际关系已经越来越需要超越双边关系的范围，从地区和国际的视角来研究，中日之间的海洋关系也不例外。中日海洋关系最大的外部因素是美国，事实上，美国因素早已是一个"内部"因素了。中日之间岛屿和海洋问题的产生和发展都与美国密不可分，日美同盟目前依然是中国海洋安全和海洋发展的最大阻碍。中日美三边中，任何一对双边关系的背后都有着"第三方"的影子。因此，需要推进三方逐步建立战略互信，这样才能进行有效的战略合作并扩大共同利益。但是，同时也应当加强战略防范，维护国家的安全利益。这就更需要政治智慧和战略博弈。目前，中日美之间的经济关系逐步变成了等边三角形，而政治军事关系则因日美结盟而形成了一条边很短的不等边三角形。这种不均衡的三边政治和军事关系，令日美的对华态度往往带有动摇性和戒备性。我们希望日美在战略上将中国视为伙伴，而不是敌人，以和平友好的心态看待中国的发展，推进与中国在海洋领域的合作。但是我们良好的愿望也需要对方相向而行。台湾问题在中日美关系中以及在中日海洋关系中都处于重要位置。在台湾问题尚未解决之前，东海方向我国处于相对不利的位置。实际上，日本看待台湾问题比美国还重，这从日本在中日邦交正常化文件的表述中也能明显看出来。但是，由于"日台"关系发展比较隐秘，所以更容易被忽视。虽然两岸关系目前发展比较顺利，但是从长远看，日本不会在两岸统一过程中发挥积极作用，中国在与日本在钓鱼岛和东海的博弈的过程中，也不能对台湾当局抱有过大期待。这一点，需要我们制定中国海洋发展战略时应当留意。此外，中国需要警惕日本拉拢东南亚和印、澳等国家极力扩大所谓"海洋国家联盟""自由繁荣之弧"，并以此来对抗中国崛起的动向，在我海洋战略实施过程中，要批驳日本采用是否具有"海洋国家属性"、是否是同一价值观的"自由民主国家"来画线的做法，强化与有关国家的经济文化联系，改善中国的外部形象，为中国的海洋发展营造良好的环境。

目前，中国的海洋发展在质量上与日本还存在差距，特别是在一些重要领域，如海洋法制、海洋规划、海洋尖端科技、海洋战略推进的领导力、决策力、软实力等方面差距明显。但是，中日海洋发展的总体差距正在逐步缩小，中国应在结构、质量、效益、效率、水平上下更大的功夫，通过坚持不懈的努力，争取用10年到20年的时间形成对日本的战略优势。对此我们应当抱有信心。

8.4　结语

中国海洋战略的选择，出发点是中国的国家利益。其中包括生存利益（安全利益）和发展利益（经济利益）。① 基于对当前海洋形势以及日本海洋战略的基本判断，我们认为，当前我们应当按照"十二五"规划纲要的要求，加快制定海洋战略，充实、调整、完善海洋政策，并使其与国家总体战略相协调。要树立全民的大海洋观念，树立决策者的大战略思想。具体而言，在海洋发展的空间上，要固守和捍卫已经控制的岛礁和海域，扩大海洋战略的支点，同时眼光要超越一岛一礁，积极挺进深海大洋和极地。在海洋发展的内涵上，应借鉴日本的一些做法，从国家和地区的实际情况出发，全面推进所有涉海领域的工作，包括资源能源开发、海洋环境生态保护、海洋权益维护和拓展、海洋历史文化的弘扬、海军建设和海上通道安全保障等。要加快海洋综合管理体制特别是海洋维权执法体制的改革步伐，加快完善海洋法律体系，加强青少年海洋教育，提升国家海洋发展的软实力。要营造海洋发展良好的外部环境，巧抓机遇，积极参与国际海洋事务、海上和平行动，展示负责任大国、负责任的海洋国家的形象，维护国家、地区、世界的海洋安全。经过改革开放三十多年的发展，中国发生了巨大的变化，世界格局和地区形势也在发生深刻变革，对中国来说，战略机遇期已经进入了一个新的阶段，我国的海洋战略和外交战略也应当与时俱进，在指导思想、工作方针上应当有创新的思维和战略，在战略部署和工作步骤上也应当有新的规划和行动，审时度势、有所作为，切实改善国家和地区发展的安全环境，加快中国的海洋的发展，并为世界海洋的可持续发展做出应有的贡献。

---

① 安全与发展作为中国最根本的利益，存在着不可分割的内在联系。一般来说，如果在安全利益上面临生死攸关的情况，如国家主权受到威胁，那么发展利益就应当服从安全利益；反之，则应当坚持发展利益居先。

附　录

日本《海洋基本法》

（2007 年 4 月 27 日　第 33 号法律）

第一章　总则

（目的）

第一条　占地球大部分面积的海洋是维持人类等生物的生命不可或缺的要素，在四面环海的我国，按照《联合国海洋法公约》及其他国际公约的规定，在国际合作的基础上实施可持续开发利用的国际性举措，以实现对海洋的和平而积极的开发、利用，保护海洋环境实现和谐发展，进而迈向新的海洋立国目标。基于此，本法律制定海洋方面的基本理念，明确国家、地方公共团体、企事业及国民的职责，制定海洋基本计划及其他关于海洋的政策措施的基本事项，同时，通过设置综合海洋政策本部，综合而有计划性地推进海洋政策的实施，由此实现我国经

162

济社会的健全发展和国民生活的稳定提高，并为海洋与人类的共生做出贡献。

（海洋开发利用与海洋环境保护的协调）

第二条　海洋的开发利用是我国经济社会的基础，确保海洋生物的多样性等良好海洋环境的保护，是人类生存之本，且鉴于海洋在提供富裕幸福的国民生活上的不可或缺，为将来能够继续享受海洋的恩惠，必须以实现海洋环境的安全及海洋的可持续开发利用为宗旨，积极进行开发和利用。

（海洋安全的确保）

第三条　对四面环海的我国而言，确保海洋安全极其重要，鉴于此必须积极推进确保海洋安全方面的举措。

（充实海洋方面的科学认知）

第四条　为能够合理进行海洋的开发利用、海洋环境的保护等，有关海洋方面的科学知识不可或缺。另外，鉴于海洋方面存在许多尚未得到科学性解释的领域，必须充实海洋方面的科学认知。

（海洋产业的健全发展）

第五条　承担海洋开发利用与保护等的产业（以下略称"海洋产业"）是我国经济社会健全发展及国民生活稳定提高的根基，鉴于此必须确保海洋产业的健全发展。

（海洋综合管理）

第六条　鉴于海洋管理与海洋资源、海洋环境、海上交通、海洋安全等海洋方面的诸多问题紧密关联，有必要从整体上做一探讨，必须进行综合化一体化的海洋开发、利用、保护等。

（海洋方面的国际协助）

第七条　海洋为人类的共同财富，在紧密的相互依存的国际关系中我国经济社会才得以存续，因此对于海洋方面的政策推进，必须以承担国际秩序的形成与发展中的领军作用为宗旨，在国际协调的基础上进行。

（国家的职责）

第八条　国家要遵循第二条至第七条所规定的基本理念（以下略称"基本理念"），负有综合而有计划地制定和实施海洋政策的职责。

（地区公共团体的职责）

第九条　关于海洋方面，地区公共团体要遵循基本理念，在与国家进行适当的责任分担的基础上，制定与地区公共团体所在区域自然、社会条件相适应的政策，并负有实施的职责。

（企事业的职责）

第十条　海洋产业的企事业单位在遵循基本理念开展相关活动的同时，必须努力协助国家或地区公共团体实施海洋方面政策措施。

（国民的职责）

第十一条　国民要在认识到大海恩惠的同时，努力协助国家或地区公共团体实施海洋政策。

（相关者间的合作与协助）

第十二条　国家、地区公共团体、海洋产业的企事业单位、从事海洋活动的团体及其他相关者，为了确保基本理念的实现，必须努力保持相互间的合作与协助。

（海洋节的庆典活动）

第十三条　国家与地方共同团体在《关于国家节假日的法律》（1948 年第 178 号法律）第二条所规定的海洋节期间，必须努力举办能够增强国民对辽阔海洋理解和关注的活动。

（法制方面的举措等）

第十四条　政府为了实施海洋方面的政策，有必要在法制、财政或金融方面采取措施，或在其他方面采取必要的措施。

（资料的作成及公示）

第十五条　政府必须作成有关海洋情况及政府所实施的海洋政策方面的资料，并通过适当的方式随时公示。

第二章　海洋基本计划

第十六条

1. 为了综合而有计划地推进海洋政策的实施，政府必须制定海洋方面的基本计划（以下略称"海洋基本计划"）。

2. 海洋基本计划规定如下事项。

（一）实施海洋政策的基本方针

（二）关于海洋政策实施，政府应综合而有计划地组织实施

（三）除了前两项内容以外，综合而有计划地推进海洋政策实施方面的必要事项

3. 对海洋基本计划的方案，内阁总理大臣必须征求内阁会议的

决定。

4. 在完成所规定的内阁会议决议后，内阁总理大臣必须及时公示海洋基本计划。

5. 考虑到海洋形势的变化，基于对实施海洋政策的效果评价，政府必须每隔五年左右重新研讨海洋基本计划，进行必要的修改。

6. 第三项及第四项的规定适用于海洋基本计划的变更。

7. 关于海洋基本计划实施中的所需经费，考虑到必要资金的确保，政府在每年度国家财政的许可范围内，要将此列入预算，努力采取海洋基本计划得以顺利实施的必要举措。

第三章　基本政策的实施

（海洋资源开发利用的推进）

第十七条　在保护海洋环境的安全，实现海洋资源可持续开发利用的同时，为推进海洋资源的积极开发和利用，国家要对水产资源的保护管理、水产动植物生长环境的保护改善、渔场生产力的提高、海底或海底下石油、可燃性天然气、锰矿、钴矿等矿物资源开发与利用的推进，进行相关体制的整备，并采取其他必要的举措。

（海洋环境的保护等）

第十八条

1. 鉴于海洋对防止全球变暖等地球环境保护方面的重要影响，国家应采取保护与改善生长环境的措施以确保海洋生物的多样性，降低海洋流入水的污染负担，防止向海洋倾倒废弃物，迅速防除因船舶事故带来的溢油，采取保护海洋自然景观及保护其他海洋环境的必要措施。

2. 基于科学性见地，从预防对海洋环境产生不良影响的角度，国家在实施上述举措的同时，要努力及时进行适当的修改。

（对专属经济区开发等的推进）

第十九条　国家鉴于强化专属经济区等（指《关于专属经济区及大陆架法律》（1996 年第 74 号法律）第一条第一项规定的专属经济区及同法第二条规定的大陆架。下同）的开发、利用和保护等（以下略称"专属经济区等的开发"）措施的重要性，根据不同的海域特性推动专属经济区等的开发等，在专属经济区等防止出现对侵犯我国主权的行为，并推进其他专属经济区等的开发，为此需要采取必要的举措。

（海上运输的确保）

第二十条　为确保海上运输高效、稳定的进行，国家要确保一定的日本船舶，培训船员并确保一定的数量，对作为国际海上运输网基地的港湾进行整顿，并采取其他必要的举措。

（海洋安全的确保）

第二十一条

1. 我国四面环海，经济社会发展所需要的主要资源大部分依赖进口，鉴于确保海洋资源的开发利用与海上运输等的安全，以及维护海洋秩序的重要性，为了确保我国和平与安全以及海上安全和治安，国家要针对海洋采取必要措施。

2. 国家要采取必要的措施，防范海啸、海潮等海洋灾害，保护国土、国民的生命、身体和财产，防灾害于未然，在发生灾害时要防止受灾范围的扩大，并开展灾后重建（以下略称"防灾"）。

（海洋调查的推进）

第二十二条

1. 为切实进行海洋政策的制定及实施，国家要把握海洋状况，预测海洋环境的变化，制定并实施其他有关海洋政策的必要调查（以下略称"海洋调查"），还要努力对进行海洋调查所必要的监控、观测和测量等体制进行整备。

2. 为了有助于地方共同团体对涉海政策的制定与实施，以及企事业及其他人员活动的进行，国家要努力向其提供海洋调查所得的信息。

（海洋科学技术方面的研发推进等）

第二十三条　为实现关于海洋的科学技术（以下称"海洋科学技术"）研究开发的推进以及成果的普及，国家应当采取必要措施，在海洋科学技术方面整备研究体制，推进研究开发，培养研究者和技术人员，强化与国家、独立行政法人（指《独立行政法人通则法》（1999年第103号法律）第二条第一项所规定的独立行政法人。下同）、都道府县以及地方独立行政法人（指《地方独立行政法人法》（2003年第118号法律）第二条第一项所规定的地方独立行政法人。下同）的试验研究机构、大学、民间组织等的合作。

（海洋产业的振兴与国际竞争力的强化）

第二十四条　为实现海洋产业的振兴与国际竞争力的强化，在海洋产业方面，国家要通过推进尖端研究开发，提高技术水平，确保人才培养，整备竞争条件等，采取强化经营基础并开拓新事业等其他必要的举措。

（沿岸区域的综合性管理）

第二十五条

1. 沿岸海域的诸多问题起因于陆域的各种活动，若只对沿岸区域采取措施，将来难以继续享受沿岸区域资源、自然环境等带来的恩惠。

鉴于此，从自然社会条件来看，国家在能够认可一体化政策实施的沿岸海域与陆域，通过采取综合性对各种活动的管制及其他措施，为实现切实的管理要采取必要的举措。

2. 在沿岸海域与陆域，尤其是自然条件严峻的海岸，亦为多种生物生长繁殖的场所，另外也有独特的景观。为此，国家在执行前项措施时，必须充分留意因海啸、海浪以及其他海水或地层变动引起的灾害，要对海岸进行防护，整顿并保护海岸环境，以确保海岸的切实利用。

（离岛的保护等）

第二十六条　离岛对我国领海及专属经济区等的保护、海上交通安全的确保、海洋资源的开发与利用、海洋环境的保护等方面承担重要作用。鉴于此，针对离岛，国家要保护海岸等的安全，确保海上交通安全，整顿海洋资源开发利用的设施，保护周边海域自然环境，整备居民生活基础设施并采取其他必要的举措。

（国际合作的确保与国际协助的推进）

第二十七条

1. 为了确保能够自主参加海洋方面国际公约等的制定，以及其他关于海洋领域国际合作，国家要采取必要举措。

2. 为了积极发挥我国在国际社会中的作用，国家要在海洋资源、海洋环境、海洋调查、海洋科技、海上犯罪取缔、防灾、海难救援等方面为推进国际合作，采取必要的措施。

（增进国民对海洋的理解等）

第二十八条

1. 为了增进国民对海洋的理解和关心，国家要在学校教育与社会教育方面推进海洋教育，采取措施普及并推广《联合国海洋法条约》

和其他涉海国际公约，采取实现海洋可持续开发利用的国际性举措，以及普及海洋娱乐等方面的必要举措。

2. 为培养能切实应对海洋方面的政策课题、掌握必要的知识并具备一定能力的人才，国家要努力推进在大学等的跨学科教育和研究，采取必要的措施。

第四章　综合海洋政策本部

（设置）

第二十九条　为了集中而综合地推进海洋政策的实施，在内阁设置综合海洋政策本部（以下略称"本部"）。

（所管辖的事务）

第三十条　本部所管辖的事务如下。

一、推进海洋基本计划方案的制定及实施

二、对相关行政机构基于海洋基本计划进行的政策措施进行综合调整

三、除了以上两条内容之外，有关海洋政策重点内容的规划、方案制定、综合协调等

（组织）

第三十一条　本部由综合海洋政策本部长、综合海洋政策副本部长及其他综合海洋政策本部成员组成。

（综合海洋政策本部长）

第三十二条

1. 本部的领导为综合海洋政策本部长（以下略称"本部长"），由

内阁总理大臣担任。

2. 本部长全面负责本部的事务，指导监督本部职员。

（综合海洋政策本部副本部长）

第三十三条

1. 本部设置综合海洋政策本部副本部长（以下略称"副本部长"），由内阁官房长官和负责海洋政策的大臣（指受内阁总理大臣之命、辅助内阁总理大臣集中而综合地推进海面政策的国务大臣）担任。

2. 副本部长协助本部长工作。

（综合海洋政策本部员）

第三十四条

1. 在本部设置综合海洋政策本部员（以下略称"本部员"）。

2. 本部员中除了本部长与副本部长之外，均由国务大臣进行担任。

（资料提交及其他的协助）

第三十五条

1. 本部在执行所管辖事务中认为必要的情况下，对相关行政机构、地区公共团体、独立行政法人和地方独立行政法人的领导，以及特殊法人（指按照法律规定直接设立的法人，或按照特别法律的规定由特设的法人，符合《总务省设置法》（1999 年第 91 号法律）第四条第十五号的规定者）的代表者，可以做出提交资料、发表意见、说明及其他协助的请求。

2. 本部在执行所管办公中认定有特别需要的情况下，可对前项规定以外者做出必要的协助请求。

（事务）

第三十六条　有关本部的事务由内阁官房处理，内阁官房长官助理受命进行管理。

（主任大臣）

第三十七条　有关本部方面的事项，《内阁法》（1947 年第 5 号法律）中所指的主任大臣为内阁总理大臣。

（政令的委任）

第三十八条　此法律规定以外的有关本部的必要事项，由政令进行制定。

附则

（实施日期）

1. 此法自公布之日起，在不超过三个月内，按照政令所规定之日期开始实施。

（研讨）

2. 本部要在本法实施后第五年的节点进行综合性研讨，基于研讨结果采取必要的措施。

（徐晓红译，修斌校）

日本《海洋构筑物等安全水域设定法》

（2007 年 4 月 27 日　法律第 34 号）

（宗旨）

第一条　为确保海洋构筑物等的安全及在其周边海域航行的船舶安全，本法根据《联合国海洋法公约》，对海洋构筑物安全水域的设定等方面的内容规定必要的措施。

（定义）

第二条

1. 本法的"海洋构筑物"是指，在《专属经济区和大陆架法》（1996 年法律第 74 号）第一条第一款规定的专属经济区域或其第二条规定的大陆架（以下称"大陆架"）中，进行该法第三条第一款至第三款规定的行为（以下称"特定行为"）的工作物（包括新建的或正在拆除的物件），以及开发大陆架的船舶（仅限于为开发目的而停止的船舶）。

2. 本法的"安全水域"是指，《联合国海洋法公约》第六十条第四款（包括适用第八十条的情形）规定的安全水域，根据本法第三条第一款的规定在海洋构筑物等周边设置的水域。

3. 本法的"特定行政机构首长"是指，主管从事与海洋构筑物等特定行为有关的企业业务的行政机构的首长。

（安全水域的设定等）

第三条

1. 为确保海洋构筑物等的安全及在其周边海域航行的船舶的安全，国土交通大臣可根据《联合国海洋法公约》的规定设定安全水域。

2. 上款设置的安全水域，应根据特定行政机构首长提出的申请进行。

3. 设置安全水域时，国土交通大臣须与外务大臣、农林水产大臣、经济产业大臣、防卫大臣及其他相关行政首长协商；废除安全水域时，也应遵循同样程序。

4. 安全水域的设置必须遵循海洋构筑物等的性质及功能，合理进行。

5. 安全水域的宽度应为从海洋构筑物等外缘的任何点量起不超过500米。

6. 在对国际航行所认定的不可或缺的航行带使用造成妨碍的海域中，不得设置安全水域。

第四条

1. 设定安全水域时，国土交通大臣应及时通告该安全水域的位置和范围；废除安全水域时，也应遵循同样程序。

2. 设定安全水域时，国土交通大臣可要求有关该安全水域的前条第二款规定提出要求的特定机关行政首长采取必要措施，通告在该安全水域附近航行的船舶，使其知晓安全水域的位置和范围。

（禁止进入安全水域等）

第五条

1. 任何人应依据国土交通省令的规定得到国土交通大臣的许可才能进入安全水域。但符合以下各项之一时不受此限制。

（一）船舶驾驶失控的情况

（二）从事救助有人命或紧急危险的船舶的情况

（三）国家或都道府县的机关为确保海上安全及治安实施业务的情况

（四）从事有关该安全水域海洋构筑物等的业务的情况

2. 在前项申请许可的情况下，认定不妨碍确保海洋构筑物等的安全时或是对灾害的修复等其他公益上有必要时并且认定是暂时情况时，国土交通大臣才能做该项的许可。

3. 通过第一项的许可时，国土交通大臣应提前与有关该安全水域的第三条第二款规定的提出申请的特定行政机关首长协商。

4. 国土交通大臣能对第一项的许可附加必要的条件。

5. 国家或地方公共团体欲进入安全水域时（遵循第一项，但有文件特殊规定的情况除外），把与该国的机关或地方公共团体和国土交通大臣达成协议视为符合第一项的许可。

6. 第三项的规定适用于国土交通大臣根据前项规定，接受协议的情况。

（诚实履行国际约定）

第六条　此法施行时，应注意不妨碍我国缔结的条约及其他国际约束的诚实履行。

（罚规）

第七条

1. 符合以下各项之一者，处 1 年以下徒刑或 50 万日元以下罚金。

（一）违反第五条第一款规定者

（二）违反第五条第四款规定的国土交通大臣附加的条件者

2. 法人的代表人、法人或自然人的代理人、使用人及其他从业人员实施了与其法人或自然人的业务有关的前项的违法行为时，除处罚行为人外，对其法人或自然人也要处以相应的罚款刑。

附则

本法自公布之日起三个月内，从政令规定的日期开始施行。

（徐晓红译，修斌校）

日本《海洋基本计划（2013—2017）》

（2013 年 4 月颁布）

总　论

海洋立国目标

（1）根据《海洋基本法》（2007 年法律第 33 号）的表述，"对四面环海的我国来说，海洋的开发和利用不仅是我国经济社会的基础，而且还是确保海洋生物多样性等海洋环境保护以及人类生存发展的基础"。

我国通过传统的水产业、海运业、造船业等构建社会经济基础的同时，也致力于防范海啸等海洋灾害威胁。其次，积极致力于海洋能源、矿物资源、海洋可再生能源、深海生物资源、海洋娱乐等新的海洋价值的开发和利用。再次，维持以人类为首的生物的生命不可或缺的要素，即从保护地球环境的角度出发，致力于海洋生物多样性的保护以及研究全球变暖、海洋酸性化的对策。

日本近年来在亚洲太平洋地区，一直谋求通过与相关国家的合作，依法建立海洋秩序。其次，重新研究日本大地震之后的能源战略，考虑到对海洋能源、矿物资源开发的高期待等围绕海洋的社会形势的变化，也要进一步从促进国家发展的战略角度出发，回应对积极开发和利用海洋前所未有的高期待。再次，海洋是隐藏着无限可能性的新开拓空间，人们也期待对深海大洋和海底的生物圈有新的发现和认识，也希望向其挑战。

（2）《海洋基本法》中规定，"新的海洋立国的目标是，依照《联合国海洋法公约》及其他条约的规定，通过国际合作，以实现对海洋和平而积极的开发、利用，保护海洋环境实现和谐发展。"

（对国际合作和国际社会的贡献）

首先，通过海洋，加强我国同环太平洋诸国在各水平上的国际合作。其次，遵守《联合国宪章》《联合国海洋法公约》等国际法律法规，以依法建立国际海洋秩序为目标。再次，在以建立该海洋秩序为目标的国际社会中发挥主导性作用，为世界和平与发展做出贡献。

（依靠海洋开发利用创造财富和繁荣）

为了给我国带来财富和繁荣，要最大限度地挖掘海洋的潜力。一边谋求与保全海洋环境的相互协调，一边积极推进我国周边海域的水产资源、能源和矿物资源等海洋资源的开发，同时，与此相关的水产业和资源关联产业等海洋产业的开发和振兴以及国际合作的展开，也将创造更多财富，促进我国的发展。

（从"被海洋守护之国"到"守护海洋的国家"）

在作为贸易之路的海洋上，确保海上运输路线安全、有效、稳定的同时，也要彻底防范海洋灾害，成为防灾强国。并且在守护领海和专属经济区的同时，继续积极保护海洋这一全人类的共有财产。以此保护国民的生命、身体、财产，并为国民生活及经济活动的维持、发展做贡献。

（向未知领域的挑战）

最大限度地利用我国已有的科学技术，通过对以深海底为首的海洋未知领域的探究，积极创造人类的智慧财产，解决海洋环境和气候变动等全球性课题。通过参与海洋事务来主导世界，为世界做出贡献。

制定《海洋基本计划》的意义

海洋政策既要包含涉及范围广泛的多种多样的个别对策，也要从海洋的共通点出发，在注重个别对策的相互结合、调整的同时来开展工作。需要政府综合把握边调整边推进的政策也有很多。其中，以综合而有计划性地推进海洋政策为目标，于 2007 年 7 月开始施行《海洋基本法》，根据该法，内阁会议于 2008 年 3 月制定了《海洋基本计划》（2008—2012）。

到目前为止，依据该计划实施各项海洋政策，已历经五年。这期间，顺应海洋形势的变化，过渡到一个以海洋立国为目标的新阶段是适当的。因此，国家制定了从 2013 年开始为期五年的本计划。本计划延续 2008 年制定的《海洋基本计划》，通过向国民展示我国应该实施的海洋政策的具体内容，以便强化与相关机构的联系合作，一边实施海洋政策，以期实现"新海洋立国"的战略目标。

本计划制定之后，为了使国民便于理解本计划及其相关政策，需要采取普及措施，使国民便于知晓本计划的具体内容。

本计划的第一部分，主要是分析目前的状况和课题，在此基础上，根据社会形势的变化，提出今后大约五年时间内需要重点推进的工作。同时遵循《海洋基本法》的基本理念提出七项政策，立足长远确定实施的政策的基本方针，以及各项政策的实施方向。

第二部分，要立足于第一部分的基本方针，依据《海洋基本法》规定的 12 项基本政策，确定在今后大约五年的时间应实施的政策，以及需要在相关部门紧密协作下推进的综合而有计划的海洋政策。

第三部分，提出综合而有计划地推进海洋政策的必要事项，例如要加强综合海洋政策本部的自我检查、地方公共团体和民间应该承担的任务、信息的积极公开等。

第一部 关于海洋政策的基本方针

1 海洋政策的现状和任务

（1）《海洋基本计划》的实施情况

A. 到目前为止的主要实施对策

《海洋基本法》于 2007 年 7 月施行，而且依据综合海洋政策本部令（2007 年政令第 202 号），在综合海洋政策本部设置参与会议。同月，综合海洋政策本部会议召开第一次会议，决定设置干事会。

2008 年 3 月制定了《海洋基本计划》后，各府省依据此计划认真研究了关于海洋的对策，并且在综合海洋政策本部的综合调整下，推进了需要全体政府参与的以下政策：

• 2008 年 11 月我国向大陆架界限委员会提出了延长大陆架的申请，并于 2009 年 3 月，在综合海洋政策本部会议上通过了《海洋能源、矿物资源开发计划》。

• 2009 年 6 月，通过了《处罚与应对海盗行为法》（2009 年法律第 55 号）。同年 12 月，制定了《关于旨在加强海洋管理的离岛保护管理基本方针》，并于 2010 年 3 月开始了"海洋情报信息中心"的运行。

• 2010 年 5 月通过了《为促进专属经济区及大陆架保护和利用的低潮线保全及基地设施整备法》（《低潮线保护法》2010 年法律第 41 号）。7 月，根据该法律，制定了《低潮线保护基本计划》。并且，为在我国专属经济区行使正当的矿物探测以及科学调查主权的权利，综合海洋政策本部于 2011 年 3 月制定了《关于今后在专属经济区的矿物探查及科学考察的应对方针》。

• 2011 年 5 月，综合海洋政策本部会议通过了《我国海洋保护区的设定方法》，这是在研讨我国海洋保护区相关意见后形成的。7 月，通过了对矿物探测许可制度的修正案《矿物法》（修正）（2011 年法律第 84 号），并于 2012 年 1 月施行。

• 2012 年 4 月，日本接受了来自大陆架界限委员会的劝告，这是针对日本申请的 7 海域中 6 个海域相关报告的反馈。5 月，综合海洋政策本部会议通过了《关于今后促进利用海洋可再生能源的方针》。

B. 今后的主要任务

到目前为止，我国基本上顺利地依据《海洋基本计划》实施了海洋政策，但要继续为实现海洋立国的目标，在下个阶段中，要进一步充实完善各项政策，强化重点和提高效率也非常重要。其次，有必要对目前的对策中不够完善的政策进行检验和修改。

基于以上观点，本计划立足于"围绕海洋社会形势变化"，在明确"本计划的重点推进工作"的同时，遵循《海洋基本法》所规定的基本理念，确定"本计划实施的方向性"。

（2）围绕海洋的社会形势的变化

A. 基于东日本大地震的能源战略的重新研讨及防灾对策强化的动向

东日本大地震导致的东京电力福岛第一核电站事故，使我国能源政策的调整迫在眉睫。目前正在推进构建涵盖能源稳定供应和降低能源消耗的、有责任的能源政策的研究。特别是关于海洋可再生能源。如果不把海上风力计算在内，从理论上计算，我国领海区域和专属经济区内的海洋可再生能源可相当于 1500GW 的发电设备，有着非常值得期待的潜力。

东日本大地震引发了我国前所未有的、超乎想象的大海啸，造成了巨大的灾难。现在，举国上下在积极复兴的同时，也在加强海啸预防对策的研究。

B. 对海洋开发和利用的高期待

到目前为止，为推进我国的海洋能源和矿物资源开发，国家制定了《海洋能源与矿物资源开发计划》，修正了《矿业法》。不过近年来，鉴于我国稀土进口不稳定事件频发、不少核电站停止发电、高价天然气的需求增加等原因，确保以石油、天然气和稀有金属为主的能源、矿物资源的稳定供应变得日渐重要。另外，在我国的周边海域，正在推进石油、天然气、深海锰结核以及海底热液矿床等资源开发的调查和研究，同时，从推动技术革新的角度出发，致力于发现包含稀土元素的海底堆积物等，以实现资源开发的进步。伴随着新兴国家对能源的高需求，世界海洋资源开发市场急速成长，为满足这些需要，我国的海洋产业也有望更好地发展。

C. 围绕海洋权益保护的国际形势变化

首先，近年来在我国的周边海域，周边诸国围绕海洋安全保障与海洋权益的主张和活动日渐活跃，甚至在我国领海和专属经济区内发生外国渔船的非法操作，以及在未经我国允许下擅自进行海洋调查等事件。其次，索马里海域、亚丁湾的海盗事件持续发生。所以，从维护海洋秩序、确保海上航线安全的角度出发开展工作十分必要。

D. 其他社会形势的变化

海冰面积减少和气候变动使北冰洋发生变化。面对这种现状，全世界都非常关注全球气候系统受到的影响以及北冰洋航路利用的可能性。我国也要推进对北极的研究和调查活动，通过减少海上运输费用实现海上运输的变革。

除此之外，全球变暖和海洋酸性化导致海洋环境变化；在全世界都对水产品的需求日益高涨中，我国消费者反而与鱼类产品出现疏远迹象；东南亚诸国高速经济发展使海上物流增大和变化等，这些情况也正在发生。

2　本计划的重点推进工作

根据目前的政策实施情况和社会形势变化，在未来五年中，主要重点推进以下工作。

（1）海洋产业的振兴和创新

复兴日本经济，依靠国家发展创造财富成为当下重要的政策课题。其中，因为海洋蕴藏着丰富的资源，有无限的潜力，而且经过以往不懈的努力，海洋资源的开发已成为现实。所以，今后在推进海洋开发和利用、海洋领域技术革新的同时，谋求海洋产业的振兴与开发，将成为我国海洋发展战略中的关键。

因此，为了促进海洋能源、矿物资源的开发以及海洋再生能源的利用，要在现有基础上，政府和民间共同参与，谋划产业化和海外各种工程课题的开发体制。推进海运、造船和水产领域的战略性对策研究，以及有利于提高我国海洋产业的国际竞争力的对策研究。另外，关于造船产业，从维持舰艇建造基础的角度出发，该产业非常值得关注。再次，为了加强能够支撑海洋产业的基础设施建设，需要推进技术开发，加强人才培养和政府与民间的合作。

为了推动担负着海洋开发、利用和保护重任的新海洋产业的开发，要在产业界、政府机关、大学（以下简称"产学官"）协作之下，研究适应产业状况的政策支援措施、事业开发的环境整备、强化国际竞争力、制定人才培养方案等综合性战略规划。

（2）海洋安全的确保

目前，围绕海洋权益的国际形势不断发生变化，在此基础上，进一步强化确保海洋安全的举措变得更为重要。因此，应该采取措施确保我国领海及专属经济区的安全，强化海上保安厅和海上自卫队的机制，提高能力，并且加强同相关省厅的协作。除此之外，在加强对离岛的保护、管理和振兴的同时，依法推进国际海洋秩序的确立。

（3）海洋调查的推进，海洋信息的一元化和公开化

为确保海洋资源的开发利用、海洋综合管理、海洋权益保护等一系列海洋政策得以切实、顺利地推进，获取必要的海洋信息、构建共享该资源的基础都是不可缺少的。因此，要站在战略高度推进海洋调查和海洋监测，扩充信息内容，包括卫星信息的有效利用等。另外，推进国家海洋信息的一元化管理的同时，也要适当地公开，提高便利性。

（4）人才培养和技术力量的强化

为实现海洋立国，强化海洋人才培养和增强技术能力非常重要。因

此，首先要在小学、初中和高中充实关于海洋知识的教育。其次，要通过推进大学的校园文化节教育和专业教育、加强基础性和前沿性开发、推进产学官联合等，培养能够支撑海洋立国的多样化人才，增强基础性技术力量。

（5）海域的综合管理和计划制定

我国的海岸带，不仅作为社会经济活动的基地被广泛利用，而且也涉及环境保护等方面的各类问题，因此，首先要从促进海岸带的发展活力、保护和重建海洋环境、应对自然灾害，以及提高当地居民的生活便利性等角度出发，推进海域与陆域的一体化综合管理。其次，人们期待通过开发利用专属经济区和大陆架，以实现海洋产业的振兴和开发。为此，也要推进对可利用调整海域的有效管理。

（6）其他应该重点推进的工作

A. 基于东日本大地震的防灾、环境对策

首先，加强基于东日本大地震的海洋防灾和环境对策。其次，妥善应对伴随东日本大地震而来的大量海上漂流物，加强对海洋有害物质和放射性物质的检测。

B. 针对气候变化导致北冰洋变化的应对

气候变动导致北冰洋变化，受此影响，一系列课题也随即出现，需要有效应对。例如，确保海上运输、海上交通安全，推进研究、调查活动，环境保护，推进国际合作等。因此，今后针对此类课题，要综合而战略性地加以应对。

3　本计划的政策实施的方向性

（1）海洋开发利用和海洋环境保护的协调

关于海洋能源和矿物资源的开发，首先，既要继续进行调查研究，又要明确目前已经进入为商业化而加强开发研究的阶段：①为充分掌握我国周边海域的资源潜能，要继续推进技术开发和广泛的科学调查、资源探测；②集中性地实施面向生产的技术开发。其次，继续推进开发对环境影响的评价技术方法的研究。再次，关于支撑开发的活动基地，在加强包括遥远离岛（南鸟岛和冲之鸟）等基地的基础设施的同时，也积极推进相关的海洋调查和经济活动等研究。关于资源信息，一方面考虑到科学公开原则的平衡性，一方面也要严格管理重要信息。

关于推进海洋可再生能源的利用，根据 2012 年 5 月综合海洋政策本部制定的《关于今后推进海洋可再生能源利用的方针》，继续以综合海洋政策本部为中心，相关各领域互相配合，实施面向实用化的技术开发和促进商业化的相关政策。特别是在管理者明确的既定港湾区域，要作为先行部分完善合作机制。关于海洋可再生能源的购买价格，在可预见实用化、可核证费用的阶段，也要考虑到国民负担来研究和决定。同时，要提高以地域合作、渔业合作为基础的社会可接受性。另外，对于没有管理者的海域的利用，不仅要营造包括法律协调机制的有利环境，还要加强必要的基础设施建设。作为"方针"的下一个阶段，在把目标设定和时间规划提上日程的同时，也要研究推动海洋风力发电和关联产业开发的战略性对策。

关于水产资源的开发利用，为确保水产资源的持续利用，在推进我国专属经济区内水产资源管理和国际性水产资源管理的同时，也积极地为实现水产资源持续利用而进行研究开发和制定相关政策，以及确立环境负担小的持续性养殖业等，按照《水产基本计划》展开工作。

海洋与地球环境两者息息相关，保护海洋环境既要注重国际合作，也要推进各方面的配合。关于保护海洋生物多样性，要切实贯彻《海洋生物多样性保护战略》和《生物多样性国家战略》。关于气候变化、海洋酸性化等全球性环境问题的应对，我国应该站在世界主导的立场上进行调查研究，同时保证持续性的长期监测。

为协调海洋开发利用和环境保护两者之间的关系，要消除开发利用和环境保护相互对立的观点，以保护环境为前提进行开发利用。并且要具体研究、制定适当的资源管理方案。

东日本大地震产生的海洋漂流物漂到了美国等国家，因为有人指出可能会长期漂流，所以在掌握现状和实施漂流预测的同时，也要采取措施与相关国家实现政府间相关信息的共享。

（2）海洋安全的确保

为确保我国周边海域、海上航线和离岛的安全，在加强相关国家间的合作和相关省厅部门之间协作的同时，要推进必要机制的建立，维持和强化作为国际公有财产的海洋的保护工作。

首先，维持海上治安和领海警备的同时，为确保海上交通安全、妥善进行海难救助，要强化海上保安机制和加强预防海难的对策研究。

在应对海盗方面，要联合相关国家，继续在索马里海域、亚丁湾以及东南亚海域开展相关工作，特别要确保从索马里海域驶回的日本船舶的安全。

在应对海洋自然灾害方面，依照《海啸灾害对策编》附加的《现行防灾基本计划》，综合而有计划地开展工作。特别是应对海啸灾害，在已有地质记录的基础上，研究把所有可能性考虑在内的特大地震和特大海啸，将以下两种海啸视为假想海啸：①虽然发生频率低，但是一旦发生就会带来巨大灾害的特大海啸；②与特大海啸相比，虽然发生频率较低、强度不高，但是也能带来巨大灾害的频发海啸。对于特大海啸，要采取各种灵活的软硬措施，以便实现把保护居民的生命放在首位的要求，以及能够全体总动员实现多重防御。对于频发海啸，要从保护居民生命、财产、地区经济活动的安定化以及确保有效的生产基地的观点出发，完善海岸保护设施。

其次，我国是一个到处都可能发生地震的国家，特别是日本南海海槽的海沟型地震和首都直下型地震为最大隐患，要针对地震和海啸采取有效对策。

再次，作为应对全球变暖的对策，要致力于基于全球变暖导致海面上升的大海潮的对策研究。

（3）科学知识的充实

首先，关于海洋科学技术的研究开发，在对科学技术基本计划，以及科学技术、学术审议会海洋开发分会展开研究的基础上，要根据战略需要重点推进以下五方面研究开发：①全球变暖和气候变动的预测、顺应；②海洋能源、矿物资源的开发；③海洋生态系统的保护、生物资源的可持续利用；④海洋可再生能源的开发；⑤应对自然灾害。

其次，要立足海洋基础性研究和中长期发展，推进必要的研究开发，与此同时也要在关乎国家生存基础的技术和有助于综合性了解广阔海洋空间的必要技术等方面，推进引领世界的基础性技术的研究开发。

再次，推动可以提高调查效率的技术开发，例如船舶的计划性整备、研究机关和大学的船舶共同利用，以及小型高性能无人探测机等。

在海洋政策的推进方面，更好地利用卫星信息，充分配合宇宙政策，根据今后国内外的卫星基础设施的建设情况进行进一步的研究。

在南北极地区的观测和调查研究方面，要重视对全球性气候变动的预测、全球变暖对日本周围气象的影响评价，尤其是要持续推进对北冰洋航线的利用可能性调查研究和评价。

关于海洋资源的利用、海洋环境保护、海洋权益保护以及气候变动等全球性的课题的应对等，要配合调查船、卫星观测、观测浮标、一般船舶监测、陆地监测等，有战略性地推进作为海洋政策基础的海洋调查和检测。

关于海洋信息的一元化和公开化，要充实强化"海洋情报信息中心"和"海洋信息录"，推动可视化数据解析系统的配备完善，更加有效地利用海洋信息。还要制定关于收集、管理、公开海洋信息的共同规则，促进海洋信息的广泛利用。

（4）海洋产业的健全发展

关于确保海上运输，要综合性地推进造船、港湾整备、海上航路的完善以及船员的保护和培养。特别是在海运方面，首先，要本着积极为我国的成长战略和经济安全保障做贡献的原则，推进基于全球环境变化的远洋海运的战略性应对，以及平等国际竞争环境的营造，同时通过国际谈判建立一个有秩序的竞争环境。其次，建立和完善对低碳、循环型社会有所贡献的海上运输体系，以提高我国海运业竞争力和加强经济基础。同时，通过促进环保性能高的船舶技术开发，开拓新市场、新实业，并加强业内整顿，提高我国造船业的竞争力。再次，要加快面向今后利用北冰洋航线的各项工作。

关于水产业的复兴，要积极向鱼类产品消费者提供鱼类食用信息，加快鱼类食品的普及，并进行恰当的资源管理。另一方面，推动渔业经营的稳定化，按照《水产基本计划》，强化渔业经营机制，培养具有国际竞争力的企业团体。

首先，从开创新的海洋产业的观点出发，推动与海洋可再生能源利用相关的发电业的产业化，未来全世界重视的海洋能源、矿物资源开发，以及与海洋构造物、机器设备有关的产业的开发。其次，关于有效利用海洋信息的产业，以及充分利用目前尚未利用的生物资源和具有独特功能的海洋生物，也要朝着产业化的方向推进研究和技术开发。再次，为使我国的海洋产业进一步发展，实现经济复苏，进入到海洋可再生能源、海洋能源和矿物资源等产业的全球市场，需要高度重视世界海洋开发。从扩大全球共享的观点出发，为强化我国海洋产业的国际竞争力，要实现官民同心协力，为日本企业参与国外海洋开发项目提供政策支持并营造有利环境。

积极发挥海洋作为观光资源和娱乐场所的作用，推动观光船、海洋娱乐等观光业的振兴和发展。

另外，由于东日本大地震的影响，在受灾严重的东北地区的太平洋沿岸区域，切实推行实现海洋产业复兴的各项政策。

（5）海洋综合管理

关于领海和专属经济区的管理，由于根据国际法我国所拥有的权利在这些不同的海域不尽一致，所以需要根据各海域不同情况建立相应的管理机制，研究必要的法律整备。为了相关部门在利用海域时能够有效充分利用相关的法律和政策，要研究构建海域利用的协调机构。

关于超出 200 海里的大陆架区域，2012 年 4 月我国接受了来自大陆架界限委员会的劝告。鉴于该委员会的劝告内容，要继续努力使劝告中留待将来处理的海域尽快地得到解决，做好应对大陆架界限设定的工作。

关于沿岸海域的综合管理，在因地制宜的基础上，政府和地方公共团体要携手共同应对各种课题，推动陆地和海岸带的一体化管理。

关于离岛的保护和管理，依据在海洋政策上有明确定位的《关于旨在加强海洋管理的离岛保护管理基本方针》，重点推进以我国专属经济区的外缘为据点的离岛保护和管理。同时，依照《低潮线保护基本计划》，更好地保护低潮线及其周边地区。另外，在遥远离岛（南鸟岛和冲之鸟）建设可运送和补给的活动基地。

首先，要促进离岛的自主式发展，谋求居民生活安定和福利，与此同时，促进地区间的交流，防止无住民离岛数量的增加和离岛人口的显著减少。其次，通过促进在离岛定居，让离岛在海洋政策上起重要作用，在整顿落后产业和生活基础设施的同时，实施与医疗看护、交通通信、产业、生活环境、教育文化、观光交流有关的软政策，实现综合性的可持续振兴。

（6）海洋国际合作

首先，为了确保海洋利用、海洋资源开发利用、海洋环境保护等，要致力于在多国间或两国间的海洋协议等场合中完善国际规则，促进国际性的意见统一。

特别是关于海洋争端问题，从形成、发展海洋秩序的立场出发，要依据国际法规定的国际规则来解决问题，也要重视利用国际司法机构等第三方机构。不仅是我国，世界各国都应持此态度，积极支持国际司法机构在海洋领域中的相关活动。

其次，在确保海上安全保障和治安方面，要加强合作训练，并为提高相关国家的能力提供支持。

再次，在科学技术领域，针对全球性环境变化的理解以及海底新开拓领域的情况说明等各项课题，要在国际合作的前提下推进对广阔海洋的持续而先导性调查，同时，关于应对海啸的对策，要吸取东日本大地震的教训，推进国际合作。

通过以上关于海洋的各项工作，为国际社会的安定和繁荣做出贡献。

（7）充实海洋教育与增进海洋理解

首先，充实初等教育、中等教育以及高等教育中关于海洋教育的知识，并有系统地研究相关政策。其次，从支持海洋教育的观点出发，联合相关机构、大学和民间企业开展活动。

关于人才培养。首先，培养海洋产业和海洋教育的中坚力量，同时也要从长远出发，研究扩大未来中坚力量的政策。其次，培养具备专业知识的人才和掌握海洋多方面知识的人才。再次，通过各地区产、学、官联合的广播电视网，推进能够发挥地域特色的人才培养工作。

首先，从增进国民对海洋理解的角度出发，为使国民切身感受海洋，通过举行大范围的相关活动和海洋观光等，为国民增加亲身接触海洋的机会。同时，研究利用大众传媒和互联网、通过与水族馆和博物馆合作发布相关信息。其次，让国民发表关于海洋的意见，推动政府与国民之间信息的双向交换。再次，继续推进海洋娱乐的安全对策，开展保护海洋环境的启发活动等。还要进行与海洋相关的水下遗址的调查，并研究此类遗址的保存和使用方案。

第二部　政府应综合而有计划推进的海洋政策措施

1. 推进海洋资源开发和利用

（1）推进海洋能源和矿物资源的开发

A. 海洋能源和矿物资源调查的加速

- 为了掌握我国管辖的广阔海域中海洋能源、矿物资源的储存量和储存状况，利用海洋资源调查船"白岭"号、三次元物理探测船"资源"号、新建的对海底进行广域调查的研究船，以及包括主要进行挖掘的地球深层探测船"地球"号，在相关省厅的合作和民间团体的协助下，加速对海洋资源的调查。

B. 共同基础的加强

• 关于《海洋能源、矿物资源开发计划》的修改，要立足于目前的实施情况，在相关府省的合作下，根据需要进行。

• 为了通过广域的科学调查，收集与能源、矿物资源的矿床候补地选定相关的基础数据，推动利用海底广域调查的研究船、有人潜水调查船、无人探测机等平台和最尖端的传感技术的广域调查系统的开发和完善，同时，要加快对新探测手段的研究开发，提高海洋资源的调查研究能力。

• 为了推进资源开发产业化并提高国际竞争力，通过相关府省的合作，既要汇总海洋能源和矿物资源开发的调查、探测、研究开发等成果，又要整合其他领域的尖端技术推进资源开发。

• 为使海洋资源的开发、利用和海洋调查等工作，在远离本土的遥远海域内也能得以安全稳定地进行，在遥远离岛（南鸟岛和冲之鸟）设立运送和补给的活动基地，与此同时，重视将来海洋资源运输方式的活动基地，并充分加以利用。

• 针对资源供应国，推动官民一体化，推进与资源国的合作，加强资金供给功能以获得资源权益，通过以上举措，进一步从战略性高度推进官民最大限度地利用资源、确保资源。

C. 石油、天然气

• 为掌握日本周边海域中探测成果比较少的海域中石油、天然气的储存情况，机动地实施利用"资源"号三维物理探测船进行基础物理探测（6000km²/年）和在储存可能性较大的海域中进行的基础钻探。

• 将"资源"号的基础物理探测和2013年实施的新潟县佐渡西南海域的基础钻探成果转入民间企业，以此推进勘探活动。

D. 甲烷水合物（可燃冰）

• 在日本周边海域中被期待有相当储存量的甲烷水合物，为了实现其今后作为能源资源的利用价值，要立足于海洋生产试验的结果，以2018 年为目标，为实现商业化进行技术准备。为了在 2023—2028 年使由民间企业主导的商业化工程得以开始，要着眼于国际形势，推进技术开发。

• 表层型的甲烷水合物已经被确认存在于日本海，为了掌握其资源量，利用 2013 年之后的大约三年时间，进行必要的广域分布调查。

E. 海底热液矿床

• 着眼于国际形势的变化，在 2023—2028 年为使民间企业参与的、以实现商业化为目标的项目得以开始，要推进已知矿床的资源量评价、新矿床的发现和大致资源量的掌握，包括海域试验在内的采矿和选矿等机器的技术开发、环境影响评价方法的开发，同时为了使其结果有利于民间企业的商业化，要实现官民合作，共同推进。

F. 富钴结壳、锰结核、稀土类元素

• 关于富钴结壳和锰结核的资源量调查和相关生产技术，要根据国际海底机构制定的探测规则进行调查研究。尤其是关于富钴结壳，要立足于海底热液矿床开发取得的成果，制定具体的开发计划。

• 首先，关于富含稀土类元素的海底堆积物，将来可作为稀土类元素的潜在能源，所以要对其进行基础性的科学调查和研究。其次，利用2013 年后的三年时间，对海底储存的稀土类元素的大体资源量和储存状况进行调查。再次，鉴于海底的高黏度和深水性特点，要对今后的开发和生产在各技术领域内进行广泛的调查研究。

（2）促进海洋可再生能源的利用

A. 加快面向海洋可再生能源实用化的技术开发

• 为降低利用海洋可再生能源的发电技术的开发成本，确保安全性，要积极听取民意，强化海洋产业的国际竞争力并集聚关联产业来活跃地域经济，建设可进行实证试验的实证场地。

● 为支持面向促进海洋可再生能源的利用的技术开发，要把取证场地的利用和其他相关政策有机结合起来。

● 为确保海域实证试验工作安全有效进行，在进行实证试验时，对于第三方是否克服了技术问题的评价机制，要进行探讨。

B. 促进海洋可再生能源的实用化、商业化

● 对以利用海洋可再生能源的发电事业为目标的海洋利用进行调整时，要意识到地方公共团体的重要作用，谋求同其他海域利用者共存共荣的同时，考虑地方实际情况，从综合性观点出发进行调整。其次，从营造顺利调整的环境的角度出发，制作并公布地域协调型、渔业协调型的海洋可再生能源清单，以实现相互之间达成共识。

● 为明确海洋利用的规则，需要完善必要的法律制度。

● 为促进海洋可再生能源的利用，在充实必要的海洋信息的同时，要充实易于阅读此类信息的海洋信息明细记录表，加强相关功能。

● 依据个别法律规定，在港湾区域、渔港区域、海岸保护区域等管理者明确的海域内，在不影响本来目的和作用的范围内，推进引领性工作。

● 明确海洋构造物、发电设备安全性的担保制度的同时，要以提高我国海洋产业国际竞争力为出发点，依托我国的先进技术，引领技术规格的国际标准化。

● 关于海上风力发电事业的环境影响评价，在实证工作上推进技术方法的研究。对于除海上风力发电之外的利用海洋可再生能源的发电事业，今后也要在必要的情况下，研究正确的环境影响评价方法。

● 为应对海洋特有的关于成本消耗方面的问题，要配备能够进行安全快速安装、维护的作业船，制订基础设施建设的研究方案。

C. 普及海洋可再生能源的基础和环境整备

● 既要调整能源政策的整体方向性，又要在战略性推进海洋可再生

能源普及的相关政策方面，对施政目标进行综合性的研究。

● 关于海洋可再生能源的购买价格，在可预见实用化、可核证费用的阶段中，也要考虑到国民负担来做出研究和决定。

● 关于我国利用海洋可再生能源的重要性，实施面向国民的普及和启发活动。

D. 海上风力发电

①技术开发的推进

● 为了在 2014 年实现确立适合我国海洋状况、气象条件的海上风力观测系统以及植入式海上风力发电系统的技术的目标，在铫子海域和北九州海域进行 2MW 级的实证研究的同时，要探讨关于环境影响评价的技术手段，开发适应市场需求的超大型风力发电系统传动系统、长翼刃、遥测监控技术。

● 为在 2015 年之前确立适合我国气象、海海洋状况特点的浮体式海上风力发电技术，在长崎县五岛市椛岛海域，继 2012 年设置的小规模试验机（100kW）之后，在 2013 年设置实证机（2MW），推动实证研究。

● 以实现世界最大的浮体式海上风力发电站为目标，在福岛县海域推进浮体式海上风力发电的实证研究。同时，在 2015 年，实现对相关技术的确立、安全性、信赖性、经济性进行评价。

● 研究维护管理方法和环境评价方法，明确船舶航行安全的评价以及同渔业的共存办法。

②安全标准建设

● 为确保浮动式海上风力发电设施的安全性，进一步对漂流、翻转、沉没、浮体系留设备的安全性进行技术性探讨。为降低大规模展开时系留绳索的绞缠风险，对确保其安全进行技术性探讨。立足于以上的研究结果，在 2013 年之前制定安全方针，在国际电气标准会议上主导国际标准化的制定，增强国际竞争力。

③基础设施建设

• 为推进海上风力发电设施的普及，解决建造海上大型风车作业船的课题，明确其克服方法，对海上大型风车作业船的实用化进行研究。

④引领性工作

• 在管辖主体明确的海域上掌握主动权，在港湾区域，通过构建与港湾管理运营以及其他活动共同协调进行的环境，顺利引入海上风力发电。另外，在渔港渔村区域，从缩减能源消耗、减少温室气体排放、灾难发生时可作为紧急电源的角度出发，推进可再生能源的引进工作。

E. 波浪等海洋能源

• 作为有效利用海洋能源（波力、潮流、海流、海洋温差等）的发电技术，在开发达到 40 日元/kW·h 的实体机器的同时，为进一步降低发电成本，进行革新技术的研究、发电系统的开发、实证研究等多方面的技术研究开发。

• 为推进海洋能源的引进，研究确保浮动式和海中悬浮式等发电设施安全性的政策，同时要研究在不影响港湾原本的目的和功能的前提下，顺利引入并高效利用的方针政策。

• 依据《东日本大地震复兴基本方针》，推进面向在东北沿岸自然条件下形成的高效率、高信度、低消耗的革新式发电系统的确立的基础性研究开发。

（3）水产资源的开发和利用

A. 水产资源的有效管理和水产动植物生育环境的保全

• 渔业者依据国家和都道府县制定的《资源管理方针》，制定《资源管理计划》，并能切实实施的基础上，按照资源管理、收入稳定对策对其进行贴补，基本实现全部的渔民参与计划制定，根据《资源管理方针》《资源管理计划》，在全国范围推进资源管理。

• 为了推进以金枪鱼为代表的国际性水产资源的保护管理，各地的渔业管理机关，要依据我国先进科学技术，在争议中起主导作用。

●关于鲸鱼类，为实现科学的可持续利用，安全实施鲸鱼类捕获调查的同时，继续扩大国际间对我国立场的理解。

●加强同可共享资源的周边诸国、地区的合作，为进一步推进水产资源管理，在确保我国渔船作业权益的同时，适当制定不同国家的捕鱼比例、许可数量等保护管理措施，并使其严格遵守，推动国际性的资源管理。

●为充实资源的调查研究，构建有效迅速收集捕鱼数据的收集体制，要在维持国家和地方海洋观测数据收集体制的同时，研究掌握资源动向所需要的预测海洋环境的方法，提高资源评价的精确度。

●为了防止和减少赤潮带来的养殖灾害，要推进对海洋环境变化导致的新赤潮的发生构造的解析。

●为了谋求海洋生态系统和生物多样性的保护与渔业持续发展这二者的协调，推进对海鸟、海龟等混合捕获的影响评价以及减少混合捕获的普及的同时，作为资源保护管理的方法之一，设置日本型海洋保护区并加强管理，对水产资源稀少性进行评价。

●为充实支撑水产业的调查、研究和技术开发，谋求国家、以水产综合研究中心为首的独立行政法人、都道府县的试验机关、大学、民间企业等"产学官"的合作，快速有效地推进资源管理、渔业振兴、持续性养殖、确保渔业安全等方面的研究和技术开发。切实推进海洋监测等基础性调查研究。

●为了确保资源管理规则、增加资源管理效果，对违反操作进行有效的监视和管理。

●在我国领海以及专属经济区内，因为存在外国渔船的恶意的或是策略化的行为，所以要强化监视和取缔机制。

B. 提高渔场生产力

●为实现水产资源有效供给和可持续利用，既要应对生物区系、海洋环境、渔场利用形态的变化，还要推进海上渔场整顿和藻场、滩涂的保护建设，提高生态系统的整体生产力。作为海藻掉色的对策，在能够提供必要营养盐的基础上，开发能够维持和管理渔场水质的方法。

• 为了发挥水产业和渔村的多方面功能，要充分利用渔村的丰富资源，增加渔村的活动，提升渔村的魅力。

2 保护海洋环境

（1）确保生物多样性

A. 生物多样性保护的战略方针

• 根据《生物多样性国家战略 2012—2020》，在推进生物多样性保护和可持续利用的同时，向着爱知目标的实现，切实推进相关工作。

• 在相关府省的协作下，正确施行《生物多样性公约（CBD）》等国际条约、联合国可持续发展开发会议（RIO＋20）的成果文件。

B. 抽取生物多样性保护的重要海域

• 2013 年之前，从保护生物多样性的角度，抽取在生态学、生物学上的重要海域，以被抽选出的海域为基础，把每个海域的生态特性和社会、经济、文化因素考虑在内，推进海洋保护区的设立和管理，以及海洋保护区的网络化。

• 为了制定关于保护海洋生物多样性的方案并有效实施，到 2016 年，对海洋生物濒临灭绝的程度做出评价，整理稀有海洋生物的相关信息。对濒临灭绝的海鸟实行保护增殖。

• 从根据生态系统特性来保护生物多样性的角度出发，依据《珊瑚礁生态系统保护行动计划》中生态系统的特性来实施该计划。尤其是，为了推进东亚地区珊瑚礁的保护，在国际珊瑚礁发起组织（ICRI）的带领下，继续实施《ICRI 东亚地区珊瑚礁保护区网络战略 2010》。

C. 推动设立海洋保护区的步伐及其管理

• 海洋保护区作为保护海洋生物多样和实现生态系统服务可持续利用这一目的的手段之一，在 2020 年之前，以保护管理海岸带和海域的 10％ 为目标，在相关府省的协作下，继续加强管理，推进海洋保护区的设立。

• 海洋保护区作为资源保护管理的手段之一,要推进其设定和管理,实现海洋生态系统及生物多样性的保护与渔业的持续性发展两者之间的共存。

• 关于以可持续利用为目的的我国海洋保护区的存在方式,要将其作为日本型的海洋保护区并扩大海内外对它的理解。

• 在指定和扩大国立、国定公园的同时,把拥有优美海上、海中景观的国立、国定公园所在的海域,指定为海域公园地区。

D. 作为多样化生态系统培育基地的举措

• 为了净化水质,确保生物多样性,培育水产资源,实现海域的可持续利用,要对藻场、滩涂、珊瑚礁等进行适当的保护和修整。

（2）降低环境负荷的举措

A. 应对全球环境变动的举措

• 伴随全球变暖的海水温度上升、大陆冰川溶解,导致海面水位上升和海洋酸性化,为掌握它们给海洋生态系统带来的影响,要继续实施高准确度的海洋观测。为这些变动或变化的重现和预测制作高精准的数据模型,推进海洋环境影响评价的研究。

• 为解决全球性的环境问题,要积极参与策划 Argo 计划、全球海洋观测系统（GOOS）、《国际海洋碳协调计划》（IOCCP）、《全球海洋各层面观测调查计划》（GO-SHIP）、《全球地球观测系统（GEOSS）10年实施计划》,在国内外相关机构的协作下,推进包括海洋观测的地球环境变动研究。对于向决策者提供国际性地球观测计划的制定与实施、全球变暖的科学、技术和社会性评价等关于气候变动的政府间气候变化专门委员会（IPCC）活动,要积极参与并做贡献。

• 为强化海洋环境的国际性合作机制,积极支援作为联合国环境计划（UNEP）实施的《地域海行动计划》之一的西北太平洋行动计划（NOWPAP）、东亚海洋环境管理伙伴关系（PEMSEA）、全球海洋评估

（GMA）等。

B. 海岸带综合管理

• 在广阔的封闭性水域，例如东京湾、伊势湾、濑户内海等海域，实施第 7 次水质总量缩减（2014 年）并为完成下次总量削减的目标而努力。在进行水质总量缩减的同时，推动实施降低污浊负荷的对策、环境改善对策、环境监测的"全国海洋再生工程"。关于濑户内海，鉴于中央环境审议会报告中"关于濑户内海今后的发展状况和环境保护、再生的方法"，依据《濑户内海环境保护特别措施法》（1973 年法律第 110 号）对基本计划做出变更。关于有明海、八代海，在研究环境恶化的原因及调查、再生情况及再生次序的同时，根据《关于有明海及八代海再生的特别措施法》（2002 年法律第 120 号）推进审议。

• 在加强对漂流垃圾状况的掌握以及对策研究的同时，要支援地方公共团体对海岸漂流物的处理以及含有海岸漂流物等废弃物的处理设备的整备。支援海岸管理者对漂流木材的紧急处理工作。

• 除了海岸防灾防护，也要充分考虑到确保临岸道路等提高利用者的便利性、优美海岸景观保护、生物的生存和生育环境保护等，整顿海岸保护设施。

• 为了减少通过河川流入海洋的垃圾，要杜绝一切随手丢弃垃圾的不文明行为，加强河川的美化工作。

• 为了降低陆源污染负荷，要加强下水道等污水处理设施的整备，并引入高效处理办法。

C. 海洋污染的防止

• 根据《伦敦条约 96 年议定书》，修改了《关于防止海洋污染和海上灾害的法律》。关于新导入的规定，原则上禁止向海洋投入和处置废弃物，在执行新的许可制度的同时，研发促使守法的监视和监测方法。

• 从遵守国际海事机关（IMO）和海洋环境保护委员会（MEPC）

倡导的《防止海洋污染条约》等国际条约的角度出发，确保对船舶漏油、有害液体物质及废弃物的排放和废油进行处理的设备，与此同时，做好《船舶压载水管理公约》生效的准备。

● 首先，针对油类、有害液体物质而制定了《关于海洋污染的国家应急计划》，依据该计划，为有效进行油类防除工作，强化溢油防除机制，例如做好海岸带的环境信息整理，油防除、油回收的资金设备材料配备，对相关机构实施研修、训练，切实对油污染事故给予损害补偿等工作。其次，为保证船舶的安全航行，对船舶事故导致的流出油进行回收。再次，对于进入我国港口的外国船舶，要做好油污染事故损害的应对工作。

D. 放射线监测

● 关于海洋的放射线监测，在相关府省、机关的协作下，继续实施海水、海底土、海洋生物的监测。

● 首先，关于对东京电力公司福岛第一核电站事故的监测，按照综合监测计划，在相关机关的协作下，在该发电站附近海域及沿岸海域、海面、远海海域，对海水、海底土、水产物以及海洋生物实施放射性物质的浓度监测。其次，对来自陆地通过河川流向海洋的放射性物质的路径也要加以考虑，并加强监测。再次，对于以上的监测结果，要采取必要的对策。

E. 减少海洋温室气体排放的举措

● 为了减少港湾内温室效应气体的排放量，要促进陆地运输到海洋运输的方式转换，同时，促进港湾工作所需装卸机器的节能化、可再生能源的利用、二氧化碳吸收源的扩大等，在港湾地区综合性推进低碳政策。

● 为了海运过程中的节能和减少温室气体排放量，要推进船舶革新节能技术的研发和普及、革新节能型海上运输系统的实证和普及，并加快以具有良好环境性能的天然气为燃料的船舶的实际应用和推进普及。

● 关于海底二氧化碳的回收储存，为了正确判断经营者实施的环境影响评价结果是否有效，需要对日本近海区域的生态系统、海水以及海底的化学特性进行调查。

3　推进专属经济区的开发

（1）专属经济区的确保和保全

● 鉴于大陆架界限委员会对我国大陆架延长申请的回复内容，关于回复中留待将来处理的海域，我们要继续努力争取早日得到承认，有效推进应对大陆架界线设定的措施。

● 关于东海海域的专属经济区，对同其他国家存在主权争议的海域的相关问题，要依据国际法全力应对，保证我国专属经济区的权益。2008 年 6 月中日两国政府就东海资源的开发达成协议，但是实施过程中必要的缔结国际条约的谈判，却自 2010 年 9 月以来被中断，为了将 2008 年 6 月的协议提早实施，要利用一切机会，向中国方面提出重新谈判。

● 为保护作为专属经济区根据的低潮线，依据《低潮线保护法》以及《低潮线保护基本计划》，限制在低潮线保护区内挖掘海底的行为，同时为了掌握低潮线的状况，有效利用船舶、飞机等进行巡视、空中周期性录像、卫星录影等。

（2）推进专属经济区的有效利用

● 为了有效利用广阔的专属经济区，以及振兴和发展海洋产业，要适应海洋特性，确保水产资源的持续利用，推进海洋能源、矿物资源的开发，推动海洋可再生能源的利用。

（3）为推动专属经济区开发的基础和环境整备

● 为了让海洋资源的开发、利用和海洋调查即使在远离本土的远洋海域也能得以安全稳定的进行，在遥远离岛（南鸟岛和冲之鸟）建立可运输和供应的活动基地。

● 为了整理有利于顺利推进专属经济区的开发利用和管理的基础信息，在进行海洋调查的同时，实现海洋信息的一体化和公开化。

● 为了防止专属经济区内侵犯我国主权的行为，关于外国海洋调查船进行矿物资源探测和科学调查的情况，相关部门要相互协作，正确应对。

● 为了推进专属经济区的开发，要立足于海域开发的实际情况和开发前景，对管理目的明确、政策体制健全和进程表明确的海域的管理方式，制定相关的方针政策。然后依照该方针，综合海洋政策本部要综合考虑以下几方面：海洋权益的保护开发和环境保护之间的协调，研究重复利用的有效调整方法，海洋调查的推进和海洋信息的一元化、公开化等，建立有关海洋管理的总括性的法律体系。

4 确保海上运输

（1）确保稳定的海上运输体制

● 为确保日本商船队的国际竞争力以及稳定的国际海上运输，对于按计划增加日本籍船舶和日本船员的远洋航行海运经营者，实施吨数标准税制，尽快确定日本籍船舶和候补船舶总数为 450 艘的规模，同时继续努力使日本远航船员数量自 2008 年后十年间增长 1.5 倍。

● 作为公平条件下参与竞争的环境整顿，以实现谈判参与国的高水平自由化规则为目标，积极参与世界贸易组织（WTO）和经济合作协定（EPA）的海运服务领域的谈判。

● 关于近年来广受关注的北冰洋航线利用的可能性，在促进与相关国家进行磋商的同时，联合海运经营者和货主，研究开通航路的可能性、技术问题，以及经济课题等。

● 为确保沿岸海运稳定运输，在维持作为国际惯例的沿海运输权制度的同时，促进老龄船只的代替修建、船舶管理公司的集约化。

（2）船员的确保和培养

● 为了培养具备适应远洋和沿岸海运需要的临时战斗力和实践能力

的船员，要进一步提高船员教育质量：①通过利用海运经营者的航行船舶，扩大实践乘船训练的社会船只实习，并导入到沿岸海运中；②引进能够适应沿岸航行船只航行状态的，可以进行实践乘船训练的实习船。

● 为了应对老龄化发展导致沿岸航行船员的不足情况，要实行就业体验实习，政府和航运业相关机构合作，采取措施引导年轻人的参与志向。其次，对新船的培养、确保工作给予支持。

● 为改善船员教育的环境，要通过国家、船员教育机构以及海运从业者之间的相互合作，实施现役船员的实践性讲解和人事交流，把现场知识和经验纳入教育当中，加强船员数量的确保和培养。

（3）海上运输基地的建设

A. 支撑经济、产业、生活的物流基础的建设

● 为了从物流方面支撑全国和各地区的经济、产业、生活，构建作为国际海上运输网络基地的国际海上集装箱码头，以及快速低廉的运输物流体系，要推动复合贯通的运输码头、适应地区产业特性和运输需要的国内贸易码头的建设，以及临港道路网的建设。

● 为了维持并扩大我国同北美、欧洲等地直线联系的国际基础航线，在国际集装箱战略港湾（阪神湾、京滨湾），要加强能够强化网络中枢功能的集装箱码头的基础设施建设、利用馈电运输网络的货物汇集以及港湾运营的民营化等，集中实施软硬一体的综合性政策，并强化其功能。

● 为了实现资源、能源等稳定廉价的进口，从提高我国产业竞争力、防止就业产出与所得流向海外的角度出发，要确保大型船只入港的停靠据点，加强企业合作，在全国上下形成有效而且稳定的海上运输网络。

● 为了有效地进行港湾建设，在沿岸区域进行波浪观测和潮位观测的同时，在海上要运用有助于地震发生时海啸观测的 GPS 波浪仪进行观测。

● 为了在港口地区充分利用民间智慧和资金，要适时推进关于官民合作的设施建设和运营的研究。

● 为了有效实施进出口和港口相关手续，要改善电子处理系统功能，让使用者感到更加便利。

　B. 适应循环型社会的基地建设

● 为了形成循环资源的物流网络，把作为广泛流动基地的港口指定为循环港口（综合静脉物流据点港口），改善运用和确保可处理循环资源的岸壁等港口设施，同时，加强与民间设立的循环港口推进协议会的合作。

● 关于港湾建设带来的疏浚土沙和不能循环利用的废弃物，在尽可能实现减容化的同时，有计划地建设海面处理场所来实现最终处理。特别是对于大阪湾区域内的废弃物，要在大阪湾内的海面处理场处理，首都圈的建设废土要利用港湾建设资源的广泛利用促进系统，用于全国的用地建设。

　5　海洋安全的确保

　（1）海洋安全保障和治安的确保

　A. 周边海域秩序的维持

● 强化我国周边海域的广范围的经常监测机制，以及远方、重大事件的应对处理机制。特别是针对在我国领海范围内无正当理由停留或逗留的外国船只，依据我国法律，给予适当处置。加强对岛屿的信息收集、警戒监视以及海上保安体制。

● 推进海上保安厅的巡视船、航空飞机和自卫队的舰艇、航空飞机的有计划建设，保证持续性活动的同时，也要致力于工作人员的保护。其次，为了维持和提高对可疑船只、间谍船的应对能力，在继续实施对可疑船只的应对能力的训练之外，也要强化信息收集分析机制。

● 在强化自卫队和海上保安厅的合作机制的同时，对于我国周边海域的信息情况，从地方到中央，要强化把通过信息收集、警备监视获得的信息实现迅速共享的相关省厅的合作机制，以实现政府同心合力应对。

● 为了掌握航行于周边海域的船舶的动态，相关行政机构要对已有船舶的航行信息进行一元化管理，包括信息提供的模式、利用卫星进行海洋监视的方法等，并就掌握船舶动态进行研究。

B. 海上犯罪的管理

● 为防海上犯罪于未然，要继续加强监视和管理。尤其是要继续加强对国内非法捕鱼、外国渔船的违法作业、向海洋投放废弃物等海上环境违法行为的监视和管理，以及对毒品、枪械走私运输等违法事件的取缔和管理。

● 从加强维护治安体制的角度出发，要加强相关机关的合作，加强海上保安厅的巡逻舰艇、航空飞机以及警察专用船舶的管理建设。

● 为确保我国沿岸地区和离岛地区的安全，要进一步增加从事治安维护活动的工作人员，完善装备和器材，构建海上保安厅和警察部门之间顺利密切共享信息资源的合作机制。除有效运用监视偷渡的岗哨之外，联合沿岸警备协力会共商各种对策。

C. 海盗对策

● 首先，联合国际社会，继续对索马里海域、亚丁湾等地区的海盗采取相关对策，同时，要推进在海盗多发海域的日本船只上可以使用步枪实施戒备的特别措施的施行。其次，通过联合国索马里海域海盗对策联络小组（CGPCS），加强同相关国家的合作。再次，为了增强索马里及索马里周边国家的海上保安机关的能力，以及海盗诉讼和管理能力，继续利用国际机构进行支援或者实施两国间直接支援。

● 关于航运援助设施的运用以及建设方面的合作和人才培养，依据《亚洲海盗对策地区合作协定（ReCAAP）》通过共享海盗信息情报，在马六甲海峡和新加坡海峡施行海盗对策和航行安全对策。

● 为了应对海上恐怖主义，要联合相关机构，加强对恐怖主义相关信息的收集和分析，确保进入我国港口船舶的安全，完善出入境管理信息系统。为了应对海滨恐怖主义，要对临海区域的核电站、石油联合企业的危险设施以及美军重要设施进行监视和警备，同时，加强对核燃料运输船舶的警备机制。

• 为了保证《货物检查法》措施的有效性，与相关行政机构进行合作训练，密切相互联系。

• 为了阻止海上运输大量破坏性生物化学武器，依据《防扩散安全保障构想（PSI)》，积极参加海上阻止训练。关于防止海上恐怖主义行为和海上运输大量破坏性生物化学武器的扩散，要关注在公共海域船舶上使用大量破坏性生物化学武器以及利用船舶运输此类武器的行为进行制止和取缔的方法，并时刻掌握国际动向进行相关研究。

（2）海上交通的安全对策

A. 提高船舶安全性、确保船舶航行安全

• 为防船舶海难于未然，确保海运业的运输安全，推进以构建海运业从上到下一体化安全管理体制为目标的运输安全管理制度。同时，继续做好已有监督业务，并开发安全评价方法。

• 通过国际机构的协定，对船舶的设计、建造、航行、拆卸标准不断进行重新研究的同时，要切实实施检查，实施外国船舶的监督、海上安全的启发等。

• 为确保稳定的海上运输，对形成我国国际、国内海上运输网络基础的航路，要进行全国性的开发、保护和管理。

• 为确保船舶交通安全和提高航行效率，对于作为航行船舶标志的航标，要提高视认性、识别性，并做好修整工作。

• 为有效利用电子海洋地图和航海专用刊物提高船舶交通的安全性，要积极参与国际水道测量组织（IHO）的国际标准制定，研究较高便利性的航海安全信息的提供方法，同时完善充实电子海图并提高其性能。

• 除了利用海洋快报提供相关海况，也要强化狭水道的潮流观测机制及信息提供机制。

●为了防止社会影响显著的大型海难的发生，要利用海上交通中心为船舶安全航行提供必要的信息，对船舶航行进行指导。为了能够顺利有效地开展此工作，要加强该中心的运行能力。

●密切联系民间团体、相关行政机构，普及预防海难意识和知识，同时，利用一切机会指导遵守法律和安全航行，推进防止海难的对策研究。

B. 海难救助机制和事故灾害对策的强化

●为了迅速有效实施海难救助，利用巡视船艇、航空飞机的高性能化，通过充实装备器材、训练、研修，来强化救助、救急能力，提高漂流预测的精确度，充实强化海难救助机制。联合民间救助组织，加强同邻国搜索救助机构的定期协商和训练，加强合作。

●为了防止船舶火灾以及由船舶引起的海洋污染、海上灾害，在加强排油防除机制和其他防灾机制的同时，实施资材的配备和联合训练。

●为有效防除溢油，要推进表示海岸带环境信息的脆弱沿岸海域图的制作，利用卫星录像进行监测，利用网络提供沿岸海域环境保护情报，以及加强与相关机构的合作。

●发生重大海难的情况下，要对发生原因和构造进行调查及分析，改善安全标准和航运管理体制，研究对策防止再次发生。

（3）应对海洋自然灾害的举措

●为了对日本列岛周边海域的地震和海啸进行发生预测和受灾预测，要强化关于地震和海啸的调查及观测机制，建设观测网，同时，及时整理活断层等地质信息。

●依据《关于海啸防灾地区的法律》，将海岸保护设施的建设、海啸防护设施的新建与改良等硬件方面的政策，同海啸灾害警戒区的指定、海啸灾害预测图的制作与修改、海啸防灾综合训练的实施等软件方面的政策相结合，推进多重防御的海啸防灾地区的建立。

• 以东日本大地震为鉴，研究港湾内船舶遭遇海啸的安全对策，有效运用《港则法》进行避难教育，利用《港则法》规定的特定港口内设置的海啸对策协商会，对港内船舶的避难标准、避难时期进行对策研究。

• 为了防止或者减轻今后可能会发生的南海海沟巨大地震等地震、海啸灾害，在推动海岸堤坝的抗震化、防洪闸门的自动化和遥控操作化、海岸防灾林建设的同时，推进为紧急物资运输的抗震码头的建设。推进即使海啸越过堤顶的情况下，也会有效发挥作用的海岸堤防、防波堤的建设。

• 为了保护人身安全和生命财产免受海啸、大海潮、波浪的侵害，在推进海岸保护设施建设的同时，从保护国土的观点出发，实施侵蚀对策。对破旧的设施进行调查和恰当的管理，确保设施的可用性。

• 为了提升以东京湾、大阪湾、伊势湾为首的全国沿岸城市、渔村的防灾功能，维持和发展物流功能，研究设想在人口、功能集聚的三大湾的港湾区域内发生超大海啸时的防护标准，在确保岸壁、临港道路的抗震化，入口道路的抗震化、重叠化，避难道路、避难设施的建设，开放空间和航路功能，强化与企业联合，与此同时，有效进行基础性广阔防灾基地的管理。

• 在发生或者可能发生大规模自然灾害的时候，派遣紧急灾害对策救援队（TEC-FORCE）对受灾地方公共团体能够迅速把握受灾情况，防止次生灾害，对受灾地区的早期恢复及其他灾害的应急对策等方面给予技术上的支持。

• 对于大规模灾害时的运输发挥重要作用的沿岸海运，要联合地方公共团体和经营者，为紧急运输时能够有效利用船舶进行相关环境建设。

• 为了确保船舶、沿岸的安全，要利用海洋气象观测船、漂流型海洋气象浮标、沿岸波浪仪、潮位仪、卫星等进行观测和分析，以此来掌握地区特性，并对符合地域特性的大海潮、典型波浪等的预测技术进行改良，继续提供关于大海潮、大海浪的防灾信息。除此之外，实施海上预报、警报的发布和气象无线模拟通报，并提高台风预报的准确度。

● 为了减轻大海潮、大海浪带来的浸水灾害，保护国土资源，在对潮位进行持续性监视、调查、预测和信息公布的同时，提高它们的准确度。为应对全球变暖导致海面上升的问题进行相关对策的研讨。

6　推进海洋调查

（1）综合性海洋调查的推进

A. 海洋调查的战略性举措

● 实施海洋调查的各部门之间要加强合作，在有效进行海洋调查的同时，促进调查成果的相互利用，提高海洋数据的便利性。

● 在推进海洋调查基础的海洋调查船、有人和无人调查系统建设的同时，推进新机器的开发和新技术的引进。

● 为了掌握全球变暖、气候变动和海洋酸性化等全球性变化的动态，要积极参与世界气象组织（WMO）、联合国教科文组织政府间海洋委员会（UNESCO/IOC）关于国际性海洋观测计划的制订，首先，在利用海洋调查船进行高精确度高密度观测的同时，推进中层浮标自动观测系统的利用和水中滑翔机等最新技术的引进，切实对海水温度、盐分、温室效应气体浓度进行观测。其次，通过数据模型的高度准确化，进一步掌握气候变动、海洋酸性化、海况（海水温度、海流、海冰）等实际情况，提高预测准确度。同时，补充相关信息内容。再次，为了促进这些成果的有效利用，以"海洋的健康诊断表"的形式公开信息。

B. 海洋调查的扎实推进

● 为了整理海洋资源开发、海洋权益保护和海洋综合管理的必要基础信息，继续实施对海底地形、海洋地质、地壳构造、领海基线、海潮海流的调查。

● 为了在我国周边海域快速有效地施行海洋环境保护对策，要掌握油、重金属、内分泌干扰素等来自陆地或海洋的污染物对海洋环境的影响，同时也要掌握背景数据的常年变化情况。对海域中的放射性物质进行监测。

● 伴随东日本大地震发生的海啸，导致废弃物流向海洋、油污染和东京电力福岛第一核电站的放射性物质发生泄漏等情况，为了掌握这些情况对海洋的影响，继续实施关于有害物质和放射性物质的监测。

● 在封闭性海域的海洋环境监测方面，要对东京湾、伊势湾和濑户内海的水质进行调查，掌握由陆地流入的化学需氧量（COD）、氮和磷的超载量。利用海洋环境整备船进行水质调查，利用海洋短波雷达实行流况观测，充实能够收集和共享国家与地方公共团体实施的海洋调查数据的海洋环境信息数据库。

● 为确保海上交通安全，作为"海洋快报"通过互联网提供海洋信息的同时，在船舶交通集中的狭窄水道加强潮流的观测机制和信息提供机制。

● 利用卫星的遥感技术，推动开发更有效的海洋环境监测手段的同时，运用环日本海海洋环境巡更系统，提供水温、浮游生物浓度的观测数据。

● 在发生海难事故时，为了迅速有效地利用巡视船和飞机进行搜救行动和泄漏油的防除行动，在相关部门的协助下，做到海象数据海域全覆盖，强化数据管理系统，根据预测数据的改良来改善漂流预测方法，正确进行漂流预测。

● 有效利用水循环变动观测卫星（GCOM-W）及陆地观测技术卫星2号（ALOS-2）的海冰观测数据，对有利于北冰洋航路上船舶航行安全的海冰速报图进行利用实证。

● 为了解释说明在板块边界处海沟型巨大地震的发生构造、收集整理有助于监测地震和海啸发生的基础信息，要实施海底地壳变动观测、利用GPS的地壳变动观测、海底变动地形调查、声波探测、海啸地震性堆积物的调查和地震断层的挖掘调查等。

●从海啸防灾的角度出发，通过对东北地方太平洋海域地震的震源周围发生海啸的早期预测，并在东北地区太平洋沿岸海域设置浮标式海底海啸仪器进行海啸观测。

●为了有效实施港湾内船舶避难的海啸对策，以及通过地方公共团体制作海啸灾害预测图，要在收集整理海底地形数据的同时，推进海啸防灾信息图的制作。

●为了收集和整理有利于预测火山喷发的基础信息，以南方诸岛和西南诸岛的海域火山为中心，利用航空飞机和卫星影像进行定期监视，利用海洋调查船对海底地形、地质构造、海上重力以及地磁进行调查。

（2）海洋信息的一元化管理和公开

●为了提高海洋信息的便利性，制定关于政府进行海洋调查的信息收集、管理和公开的共同规则。

●以国家和地方公共团体进行海洋调查获得的相关信息为主，对国家在推进海洋政策的基础上收集整理的海洋信息，要进行一元化管理和公开，实现海洋政策的有效推进和产业活动的促进。

●在相关机构的协助下，日本海洋数据中心（JODC）对各类海洋信息进行收集、管理和提供的同时，继续充实信息内容，发挥海洋情报信息中心的作用。

●从促进海洋信息利用的观点出发，充实能够把各类海洋信息可视化和信息选择结合起来的海洋信息录，并强化其功能。

●为了建设和使用收集、处理海洋信息的共同平台，促进包括都道府县等地区的海洋情报信息的利用。并从提供广泛性一般性信息的角度，在广泛收集、整理有关海洋科学技术资料的同时，也提高利用的便利性。

7　推进海洋科学技术的研究和开发

（1）推进国家级重要项目的研究开发

A. 关于预测、应对全球变暖和气候变动的研究开发

●伴随着海洋与大气的相互作用和海洋循环而来的热输送、碳素循

环，随着海洋吸收二氧化碳的增多而产生的海洋酸性化等，给海洋生态系统带来了很大影响，要加强观测和调查研究，解释说明这些影响。

● 为了推进全球变暖和长期气候变化不确定性的定量化，要整理、收集作为气候变化的风险评价基础的相关信息。为了制定全球变暖和长期气候变化的对策，就像都道府县等地区水平的评价成为可能一样，在改良数据模型的同时，加强适应各地需要的观测和调查研究。

● 在北冰洋、黑潮流域等对我国气候影响较大的地区，以及包括南大洋在内的南极区域内，推进观测和调查研究。尤其是关于北冰洋的观测和调查研究。近年来，由于全球变暖导致的北极海冰融化，所以全世界都持有很高的关注度，我们要立足于这种情况进行调查研究。

B. 关于海洋能源、矿物资源的研究开发

● 通过广泛的科学调查，收集作为能源、矿物资源的矿床候补地推定基础的数据，积极开发和利用对海底实行广域调查的研究船、有人潜水调查船和无人探测机的平台，以及利用高端传感技术进行广域调查的系统，同时推进构建矿床形成模型等新探测手段的研究开发，加强海洋资源的研究调查能力。

● 以我国领海和专属经济区水域为对象，通过实施地质学和地球物理学的调查研究、海洋地质信息的整理、对海洋能源、矿物资源的成因和生成条件及各类含有元素的起源解释等，明确资源的潜在储存量。

● 进行海洋能源、矿物资源的开发时，要集中我国广大产业界的意见，努力组织开展相关工作。关于海底热液矿床、富钴结壳等海洋矿物资源的开发，既要注重每种对象资源的课题进展，也要推进"采矿""扬矿""选矿""冶炼"等共同课题的生产技术方面的研究开发。

C. 关于海洋生态系统的保全和海洋生物资源持续利用的研究开发

● 从持续利用海洋生物资源的角度出发，推进有助于综合理解海洋生态系统的构造、功能及其变化情况的研究开发，同时，充实完善有利于海洋生态系统保全的重要海洋生物的生物学特性和多样性等相关信息。

●推进水产养殖新生产技术的研究开发，推进能够有效利用作为新型资源的海洋生物的研究开发，为新产业的开发做贡献。

●东日本大地震导致了海洋生态系统的急剧变化，首先，为了掌握海洋生态系统的恢复情况，要利用大学、研究机构来形成网络，在东北太平洋海域进行海洋生态系统的调查研究。其次，为利用该海域的海洋资源开发新的产业进行技术研究，为受灾地区的复兴做贡献。再次，为了掌握放射性物质的监测情况和对海洋生物的影响，就放射性物质在水中的扩散情况进行长期持续的调查。

D. 关于海洋可再生能源的研究开发

●为使海上风力发电实现实用化并引进扩大适用范围，推动相关的技术开发和实证工作。推进专用船等基础设施和基础信息等海上风力发电的基础设施建设。

●根据《东日本大地震复兴的基本方针》，在东北沿岸进行海浪发电系统和海流发电系统的实证试验，特别是推进作为东北沿岸自然条件下形成的高效率、高可靠性、低消耗的革新式发电系统的研究开发。其次，在冲绳，对充分利用当地地理特性的海洋能源的发电技术进行研究开发。

E. 关于海洋自然灾害的研究

●为了利用密集的观测点，对海洋地震、海啸进行准确的早期观测，对警报的高度化和发生机制进行解释，要重点在沿日本海沟和南海海沟建设可实现地震海啸实时观测的海底观测网。在包括日本海在内的日本列岛周边海域，进行关于地震海啸的发生预测和被害预测的调查研究，并据此进行防灾、减灾的对策研究。

●关于从地表到地心的整个地球的各种现象，通过对其动态的基础性研究，积累与海洋板块移动形成的地震、火山活动的起因，岛弧、大陆地壳的演变，地球环境的变迁以及海底构造相关的见解，同时进行地震、海啸、火山的模型化和预测、验证。

（2）推进基础性研究和中长期发展的研究开发

• 强化广泛持续的独创性多样化的基础研究工作，创造人类共同的知识财产，积累雄厚的知识基础。

• 为了构建面向海洋与地球以及与之相关领域的综合性理解、新知识领域开拓的科学技术基础，推进观测、调查研究、解析等研究开发。

• 冲绳海域有海底活跃的热水活动区域、生物多样性丰富的珊瑚礁，并且被世界为数不多的流动性强的黑潮所包围，是非常适合海洋研究的海域，在该海域积极引入染色体科学和信息科学等高端研究，形成国际上与众不同的海洋领域的教育研究基地这样一个类似于网络集线器的互联网络。

（3）海洋科学技术共同基础的充实和强化

A. 引领世界的基础性技术的开发

• 推进稀有资源开发和确保的海洋探测及开发技术、搭载在各类浮标和水中滑翔机上的生物化学传感技术等，以及在海上、海中、海底以及海底地壳等多样化的海洋空间内进行调查所必要的机器和基础技术的开发。

• 为掌握板块边界地震等地壳变动，要推进对地震、海啸等进行早期预测的密集观测、监视、信息传达技术，利用海底电缆的长期观测平台技术等，同时推进在海中和海底进行深海底环境变动的持续性观测等必要的基础技术等。

• 推进针对巨大地震发生原因的解释、海底地下生命圈的探测和功能的阐明、将来对地幔实施挖掘等超深海底的地层挖掘的基础技术。

• 着眼于产业的应用拓展和国际拓展，对关乎国家存在基础性技术，要建设持续开发机制。

B. 实施长期观测

• 参与国际性海洋观测计划和海洋信息交换机构的策划，在进行长期、持续的海洋观测、研究调查的同时，实现观测数据的交换与共享。

● 为了使目前的观测成果有质的飞越，利用系留、漂流浮标，船舶，卫星等不同的方法获取观测数据，并实现数据统合。

C. 平台的建设和运用

● 要推进对水温、盐分、洋流、浪高、海风以及降水等基本要素的时序数据进行实时发送的观测站，以及利用海洋调查船、观测浮标等把现场观测和卫星观测结合起来的综合性观测系统的开发。

● 为充分发挥国家、独立行政法人所持有的船舶，有人、无人深海调查系统，超级计算机等设施设备的作用，要有计划地推进代替设备的配备和机器老化的对策。为进行新的观测和调查研究，推进以共同利用为前提的新型设施设备和革新解析技术的开发。

● 在促进研究机关和大学所持有船舶共同利用的同时，在有限的研究基础上就有效利用的方针政策进行探讨研究。

（4）推进有效利用宇宙的政策

● 在海水温度、洋流、海冰等海况监测领域，针对渔业者的渔场信息提供领域，包括海洋在内的全球温室气体的观测和气候变化的预测等领域，继续推进卫星信息的利用。

● 要联合相关机构，立足于国内外卫星基础设施的建设情况，继续推进研究卫星信息新式利用的可能性及相关方针政策。重视卫星在以下几个方面的运用：利用装载船舶自动识别装置接收机的卫星掌握包括远洋海域在内的船舶航行情况的实证试验；保证北冰洋航路上的船舶航行安全进行的关于制作海冰快报图的实证试验；在海洋的开发及利用、海洋安全的确保、海洋综合管理等方面。

8 海洋产业的振兴与国际竞争力的强化

（1）经营基础的强化

A. 海运业、造船业、基础系统

①承接能力的强化

● 为了强化我国的造船业、船用工业的承接订单能力，要调整新式船舶的排气管制，降低船舶排出的二氧化碳（CO_2）、其他排出气体（NO_x、SO_x）等给环境带来的负担，确保船舶安全。

● 在产学官的合作下，推进高附加值船舶的技术开发，提高我国造船业、船用工业以及海洋资源关联产业的国际竞争力。

● 促进海外有关生产基地的人才培养，以增加生产基地的投资收益。

● 为了营造能够充分发挥我国造船业和船用工业优势的企业环境，通过经济合作与发展组织（OECD）船舶中心对各国公共出口金融机关的融资条件进行改订，推进提高造船市场活力的投资融资举措。

②对新市场、新事业的拓展支援

● 在具有国际竞争力的我国沿岸航运业服务的软硬件方面，要为以下两方面研究相关政策：一是提供作为商品化的系统等，实现联合海外物流业的商业模式的可能性；二是对亚洲地区沿岸航运的成长市场，构建有效的国外卖船系统。

● 为了谋求我国造船业、船用工业的新市场、新事业的拓展，一方面有效利用政府开发援助（ODA）、国际合作银行的融资，另一方面参与从首席销售员的拓展和构想开始的课题研究，支援在新兴国家的船队建设、海洋开发等争取新市场的活动。

● 有效利用日本港湾关联技术和经营专业知识，通过官民合作推进基础设施系统在海外拓展业务，构建高质量、稳定的国际物流网络。

③推进公平竞争条件的保证

● 为了构建健全的造船市场和确保公平的竞争条件，在 OECD 的造船部会对造船主要国家（日本、韩国、欧洲）进行政策评析，并对造船市场上实施市场不当措施的清查等进行政策协调，同时对于 OECD 的非加盟国，为它们提供加入的机会。

● 为了促进我国海运、造船业擅长的节能、低碳船舶的普及，作为国际海运领域的全球变暖对策，在扎实实施 IMO 关于船舶的耗油量限制的条约的同时，主导制定关于引入经济性手法（燃料油纳税制度等）的条约。

●鉴于国际海运市场竞争的激烈化，一方面关注其他国家的远洋航行海运政策的动向，一方面继续为实现（对我国有利的）国际性竞争条件的平衡而努力。

④结构改革支援

●对我国造船业内的合并、整合动向进行必要的应对，对促进产业活力再生和产业活动革新的特别处理办法，给予有效支援。

●为了使沿岸海运更加具有活力，促进老旧船舶的更新换代，促进有效利用船舶管理公司的集约化。

●通过实行以上政策，改善对造船业、沿岸海运业投资、融资的企业环境。

B. 水产业

①受消费者欢迎的水产品供应以及通过饮食教育扩大消费

●为了阻止水产品消费减退的倾向，联合相关部门努力扩大水产品的消费。

●通过进行彻底的 HACCP（危害分析和关键控制点）等卫生管理工作，提供安全水产品和适应食物简便化等生活变化的水产品，做好适应消费者需求的水产品生产、流通体制的转换工作，同时，为实现包含水产品的营养均衡的饮食生活，进行良好饮食习惯的培养教育。

②渔业经营体制的强化和国际竞争力的强化

●对于从事水产资源管理和渔场改善工作的养殖业者，要正确实施资源管理、稳定收入的政策，保证年收入变动较大的渔业者、养殖业者的稳定收入。

●渔业成本中燃油费用所占比例较高，养殖业成本中混合饲料费用所占比例较高，鉴于此，要适当实施减轻燃油费用和混合饲料费用负担的应对价格高涨的对策。

· 为了扶植收入高的渔业，要推进"集中推进渔业改革"的课题，例如在渔业中引入重收益的操作和生产机制，节能省力型的代替船只，以及生产活动的合作化，经营的协同化等。

· 为了扶植收入高的养殖业，要促进在养殖业中引入重视鱼种多样化和收益的养殖生产机制，促进生产活动的合作化、经营的协同化等先驱性工作。

· 为了形成我国水产品在进出口水产品中具备高强国际竞争力，形成消费者信赖的水产业，要构建从水产品的生产到装卸、流通、加工一条龙的供给系统，实现对可以集中实施缩减生产成本和保鲜措施、卫生管理措施的，作为水产品流通基地的渔港进行重点建设。

③渔船渔业安全措施的强化

· 为了防止渔船的海难事故，要推进根据气象、海洋状况做出正确的出港判断，以及关于安全驾船、操作的普及活动，同时，促进救生衣的穿着。

④负责人的确保及人才培养、女性参与计划的推进

· 为了促进没有渔业经验的人能够作为将来的渔业担当者，实现再就业，要促进渔业就业信息的提供以及现场的培训。

· 为了促进水产业及其相关领域的人才培养，在能够培养水产业中起指导性作用人才的独立行政法人水产大学，以及在开设关于水产课程的高校和大学，加强实践性专业教育。

· 通过在渔业者和渔协青壮年部中开展培养骨干力量的活动，加快渔村地区领导者的培养，发挥领导力量积极开展工作。同时，利用普及指导员对先进担当者提供建议和支援。

· 促进渔获物的加工和销售，在渔村自治团体内推进女性活动，使其进一步发挥中心作用。

⑤渔业的发展及水产业、渔村的综合功能发挥

● 为了提高生态系统的整体生产力，发展并持续利用水产资源，在开发关于维持和管理渔场水质方法的同时，谋求保护海洋生态系统和生物多样性与渔业持续发展的共存。

● 为了增加渔村的活力、提高渔村的魅力，要充分利用渔村丰富的地域资源，例如水产品、景观、传统活动，以及地区特有渔业和养殖业等。

● 为了将来能够充分发挥水产业和渔村除供给水产品之外的其他多方面的功能，联合相关机构，对多方面功能发挥的促进、从陆地到海上装卸物资循环的完善、通过国境监视和海难救助等保护国民生命财产安全、保健休养教育的场所的提供等，给予支援。

⑥成为水产品稳定供应基础的渔港设施的保护和加强

● 为在东日本大地震的复兴中尽快实现受灾地区水产业的早期复兴，重建以渔业、流通、加工为主的相关领域，推进受灾地区作为新的食物供应地的重建。

● 为了适当保护可以稳定提供水产品的渔港功能，对已有渔港设施有计划地进行修复。

（2）新型海洋产业的开发

A. 支撑海洋资源开发的关联产业

①海洋资源开发关联产业的扶植

● 在深海底石油、天然气的开发工程方面，为今后引进正规化浮体式液化天然气生产储存设施，以及建设向海上生产设备运送人员物资等需要的海上后勤调配网络，一方面联合海运业、造船业，另一方面进行必要的技术开发和人才培养，制定安全评价标准，实施研究参与大型资源开发课题，从战略上扶植具有国际竞争力的海洋资源开发关联产业。

②海洋能源、矿物资源开发的产业化

● 通过战略性扶植我国海洋资源开发的关联产业，以及联合同类产业或者已有资源产业，使我国海洋矿物资源的产业化领先世界。充分利用关乎国家存在基础的技术，比如深海底探测技术、生产技术的开发成果，面向产业化展开应用。

●关于甲烷水合物（可燃冰）的开发，要立足于海洋生产试验的结果，到2018年，进行面向商业化的技术配备。为在2023年到2028年内开始展开民间企业为主导的商业化，既要关注国际形势又要推进技术开发。

●在实施包括关于海底热液矿床的实际海域试验在内的持续性技术开发的同时，立足于目前的进展情况，通过扩大具备解决新技术难题能力的民间企业范围，推进面向产业化的探讨研究。

③海洋可再生能源开发的产业化

●推进海上风力发电的实用化，逐步扩大利用；推进通过海洋能源发电要素技术的确定和实证的实用化。其次，推进相关作业船实用化，制定关于浮动式海上风力发电设施的安全方针。

B. 海洋信息关联产业的开发

●为促进海洋信息产业的开发，推进提供内容、提供形态等存在方式的研究，利用已有的提高便利性、实现多样化的提供形态等，就海洋信息产业开发推进必要的环境建设。

●利用我国技术，推进海洋资源开发所必需的设备开发的同时，推行扩大民间企业参与海洋调查的机制和面向海外拓展的研究等，振兴海洋调查产业。

C. 关于利用海洋生物的产业的开发

●为了更好利用未开发的海洋生物资源，在推进收集未利用生物资源的同时，对产业、工业利用和能源、环境问题进行研究。特别是关于海底微生物圈，对未知的生命机能进行探索，并以有效利用为目标实施研究开发。

●推进利用藻类的碳素固定技术和石油生产技术的研究开发，为全球环境问题的解决做贡献。

D. 海洋观光的振兴

①充分利用地域资源的海洋观光的振兴

- 在濑户内海和离岛地区，通过魅力岛屿的网络化促进周游、住宿观光，来扩大新型旅游需求并谋求岛屿地区经济的活力化。

- 支持在地方公共团体和当地观光事业者的合作下开展充分发挥地域特性的活动，唤起以海洋为主题的观光需求。其次，在开创繁华与交流的港口设施"港口绿洲"内，促进居民积极参与提高地区的活力，同时策划其作为灾害发生时的防灾据点的有效利用。

- 根据《生态旅游推进法》（2007 年法律第 105 号），综合实施对发展生态旅游地区的支援、整体构思的确定和宣传、技术建议、信息收集，以及普及宣传活动。其次，为了通过生态旅游提升地区魅力，要对魅力计划的开发、领军人才的培养等地域性的生态旅游活动给予支援。

- 努力发展那些利用可再生能源关联设施的观光。

②亚洲游客访日旅行的推进

- 以普及、振兴远洋观光旅游船为目的，促进能够扩大外国旅行者人数的访日宣传。随之而来的对于访日外国游客出入境审查，不仅要继续保持严格审查，也要注意协调进行和保证效率。

- 针对亚洲诸国访日游客的日渐增加，作为我国观光门户的旅行船终点站，要推进保证恶劣天气下大型旅客船的稳定入港的防波堤建设，以及保证远洋观光旅游船在日本沿岸港口顺利停靠的环境建设，实现观光立国。

9　海岸带的综合管理

（1）海岸带综合管理的推进

- 为了确保沿岸区域的安全、实现多面利用、形成良好环境以及形成具有独立魅力的地区，一方面要谋求相关部门形成共识，另一方面要发挥各地区的自主性，依靠多方参与和合作，根据地域特性，推进陆地和海域一体化综合管理，支持各地制定地区发展规划。

（2）实行与陆地一体化的海岸带管理

A. 综合性沙土管理工作的推进

• 由于陆地土沙供给量减少和沿岸建筑物使沿岸流沙发生变化，为了减轻其造成的国土减少和对自然环境的影响，要利用防沙设施进行流沙的调节，在坝上实行堆沙对策，在大坝下游进行沙土还原，与此同时，在侵蚀海岸建设沙路和离岸堤等。其次，为了推进从山区到海岸的一体化综合性沙土管理，联合相关机构，为更好地掌握沙土移动实态和预测方法进行研究。

• 为了防止冲绳地区的褐土流失，强化沉沙池的整备导致的农业用地等褐土流失发生源的对策，研究防止褐土流失技术的研究开发。

B. 对营养盐类及污染负荷的正确管理及循环的恢复、促进

• 为了减轻来自陆地的污染负担，在推进对未普及地区下水道等污水处理设施的建设和合流式下水道的改善的同时，推进农业用水排水设施建设和河川水域的水质净化。

• 从构建富含生物多样性和健全的海域的角度，掌握陆地以及海域流域整体的营养盐类的循环情况，为实现适应各海域状况的营养盐类的顺利循环，探讨研究有效的管理政策（海域健康计划）的制定。

• 在营养盐类过剩的海域，为改善其水质，在推进下水道等污水处理设施建设和引进高度处理的同时，联合相关机构，推进研究陆地和海域一体化的营养盐类的循环系统的构建。其次，在营养盐类浓度达到环境标准的海域，一面开发使营养盐类浓度水平保持在环境标准值范围内的新管理方法，一面积累负荷量管理的案例。

C. 生物以及生物生存生息场所的保护和享受生态系统服务的举措

• 从净化水质和保护生物多样性的角度出发，对渔业者和当地居民在高速经济增长期以来大幅减少的藻场、滩涂、珊瑚礁等的维持管理工作给予支援。

• 通过"里海网"和《打造富饶"里海"指导书》，进行打造里

海（即"故乡之海"）的信息发送。其次，在东日本大地震受灾较严重的地区，立足于地域发展方向，推进面向海洋再生的打造里海工作。

D. 漂流垃圾对策的推进

• 关于《为保护魅力丰富的自然，提升海岸良好景观和环境保护，推进海岸漂流物等处理的相关法律》（《海岸漂流物处理推进法》）（2009 年法律第 82 号），根据该法律的附则，对法律规定的内容加以研究，在 2013 年采取必要的措施。

• 对根据《海岸漂流物处理推进法》制定的地域规划而实施的海岸漂流物的回收、处理和抑制产生的对策，给予支援。

• 为了掌握漂流垃圾的动态和推进其对策研究，继续进行可以掌握漂流垃圾在全国的分布情况及常年变化的监测，在主要地区对主要漂浮垃圾的产生情况和流出情况进行追踪调查，并对我国流出垃圾情况进行调查掌握。根据《海岸漂流物处理推进法》的附带决议，掌握漂浮和海底垃圾的情况，调查原因，研究对策。

• 为了减少通过河川流入海洋的垃圾，防止包括所谓"随手扔"的非法抛弃行为以及进行河川美化，要联合相关机构，向国民宣传目前环境的实际情况，提高环保意识，并加强对非法行为的监视和监管。

• 对地方公共团体进行海岸漂流物处理、包含海岸漂流物在内的废弃物的处理，在废弃物处理设施建设方面给予支持，与此同时，对海岸管理者关于漂流木材的紧急处理给予支持。

• 掌握国外漂来的废弃塑料袋等海岸漂流物的情况，呼唤国内相关地方公共团体加以注意，同时，必要情况下对发生国家给予警告。

• 参与以保护日本海和黄海区域海洋环境的 NOWPOP 的同时，对以协调东海、东南亚海域海洋开发和海洋环境为目标的 PEMSEA 给予支援，强化国际合作机制。

• 为了保护海洋环境，对海面漂浮垃圾和废油进行回收。

E. 打造对自然有利的易于利用的海岸

● 将风光优美的海岸辟为自然公园进行适宜的保护。

● 除了对防灾海岸的防护，也要充分考虑到通向海边路径的便利，优美海岸景观以及生物生存、生育环境的保护等，加强海岸保护设施的建设。

● 推进有效利用海边空间的公园和绿地设施的建设。

（3）推进封闭性海域的海岸带管理

● 为了推进防止污染负担加重的对策，在推进下水道的有效处理的同时，联合相关机构，对生活排水、工业排水、畜牧排水等点状负荷采取对策之外，也要对市区、农田等面状负荷采取对策，实施除去海域中有机泥土和覆沙。

● 为了防止海水交换较差的封闭性海域的富营养化，实施关于氮和磷的排水限制的同时，掌握来自陆地的化学需氧量（COD）、氮和磷的负载量，并对水质进行调查。

● 为创造"富饶之海"，联合相关部门整体推进体制的强化、环境监测、信息共享系统的利用，个别推进有效进行污泥疏浚和沙土疏浚的滩涂、草场的保护和再生、覆沙、深掘遗迹的埋存以及生物共存型港湾结构的普及工作。推进海洋碳素固定的研究。

● 继续推进东京湾、伊势湾及濑户内海等广阔的封闭性水域的水质总量的削减，实施第 7 次水质总量削减（2014 年）并为下次总量削减达成目标而努力。

● 为了濑户内海的环境保护和再生，立足于中央环境审议会议报告《关于濑户内海今后的发展和环境保护、再生的存在状态》中的环境保护和再生的基本思路，依据《濑户内海环境保护特别措施法》改变基本计划。

● 从有明海、八代海再生的观点，为了研究关于有明海、八代海环境恶化的原因、因素调查，为改造景象和改造顺序而建设必要的信息收集机制的同时，推进关于改造有明海和八代海的特别对策法的审议工作。

（4）海岸带的利用调整

● 在沿岸区域推进兼顾地区实际情况的海面利用调整规则的制定。其次，改善地域利用调整规则等信息获取路径，并推进针对海洋娱乐业者为首的海岸带利用者进行宣传教育。

● 首先，在小型船只的安全和环境对策方面，减少由于小型船舶的海难事故造成的死亡和失踪的人数，消灭或者减少环境问题并且有效利用和振兴、激活关联产业。其次，为了营造有利于小型船舶正确利用的环境，推进"海之站"的设置。再次，为了使观光船得到适宜管理，实施拴系、保管能力和控制措施等万全的放置艇对策。

10　离岛保护

（1）离岛保护和管理

A. 成为专属经济区和领海基地的离岛的保护和管理

①离岛和低潮线的稳定保护和管理的推进

● 为确保离岛区域成为专属经济区根据的低潮线，根据《低潮线保护法》《低潮线保护基本计划》，对低潮线保护区内的海底挖掘行为进行管制，同时，为掌握低潮线基本情况，利用船舶、直升飞机等进行巡视，利用周期性的空中摄影和卫星画面进行调查。

● 维护、更新可为相关机构所共享的"低潮线数据库"，对关于低潮线的各种信息进行一元化管理。为了宣传低潮线保护区域的重要性，设置广告牌和开展启蒙活动的同时，关于海岸保护区域也要从领土保护的角度出发，推进同低潮线一体的侵蚀对策以及相关的保护和维护管理。

● 通过向地方公共团体进行确认，更新关于离岛的地名等国土信息。尤其是为了对成为划定领海根据的离岛进行恰当的保护和管理，增进国民的理解，确认离岛的命名，不明确的地方要同相关机构进行磋商，确定离岛名称，实现地图、海图等的统一命名。

• 为了在远离本土的遥远海域也能安全稳定地进行海洋资源的利用开发和海洋调查，在遥远离岛（南鸟岛、冲之鸟）上建设可提供运输和补给的活动基地。

②离岛的安全保证和观测活动的进行

• 从安全确保海上交通的角度出发，对设置在离岛上的灯塔等航路标志进行维护和管理。

• 从防止或者减轻台风、地震、海啸等自然灾害的角度出发，在加强离岛的气象、海洋状况观测设施建设和进行妥善维护管理的同时，继续实施地上、高空的气象观测，以及温室效应气体、臭氧、太阳紫外线的观测。

• 加强有助于海洋板块观测的离岛定位信息基础的建设。

③离岛及周边海域自然环境的保护

• 依托海洋远离陆地，形成了独特生态系统的离岛，因为是比较容易受到人类活动和外来物种侵入的影响的脆弱区域，所以对离岛珍贵的生态系统进行妥善保护、管理、再生的同时，也要保护其生物多样性。

• 进行海岸漂着物的处理、外来生物的防除、传染病的防疫的同时，维护或者恢复生态系统。

• 由于残留藻场、滩涂、珊瑚礁的离岛周边海域是珍贵的渔场，所以，推进渔场环境保护、再生以及渔场建设的同时，促进渔民和当地居民对草场、滩涂和珊瑚礁等的维护管理工作，改善水产动植物的生存、生育环境。

• 为了保护优美的自然风景和海域景观、自然海岸等，促进海岸的科学利用，适当采用自然公园制度，减少来自陆地的褐土和营养盐类，发动市民进行清扫活动、普及宣传禁止非法投弃，清除漂流垃圾和漂流木材，以及推进向岛外运输和废弃物处理设施的建设。

B. 关于对我国安全保障和维持海洋秩序方面非常重要的离岛保护

举措

● 从我国安全保障和海洋秩序维持的角度出发，在重要的离岛及其周边海域实施正当的监视和警备。

● 为了推进包括西南诸岛在内的岛屿群的强化防卫准备，要以西南地区为主在我国周边地区进行信息收集、警备监视、安全确保，在应对各种事态发生时以期万全。

● 离岛对我国领域、专属经济区的保护等国家安全，以及确保和利用海洋资源方面非常重要，必须围绕离岛的形势变化，对其保护、管理和振兴的特别措施进行研究，并根据研究结果采取必要措施。

（2）离岛的振兴

A. 交通通信的确保

● 对离岛地区提高流通效率的设施建设和器材的引进给予支援。

● 从确保离岛居民的便利和利用当地资源振兴海洋观光旅游业的角度出发，在确保和维护离岛航路、离岛航线的同时，推进确保安全、稳定运输的离岛港口码头的建设。

● 针对离岛燃油价格高于本土的问题，要为降低实际上的零售价格给予支援。

● 为保证信息的顺利流通以及高速信息通信网络等通信系统的完善，对可以利用超高速宽带和手机等服务的设施和传输线路的建设给予支援。

B. 医疗看护的确保、教育文化的振兴

● 为确保离岛等偏僻地区的医疗，要建设符合当地实际情况的详细支援机制，保证必要的医护人员，进行定期性的巡回诊疗，建设医疗机构合作机制。

● 对于居住在离岛上的孕妇，采取措施减轻她们离开岛屿进行孕检和分娩的经济负担。

● 对于居住在没有高校的离岛上的高中生，减轻他们岛外求学以及居住的经济负担。

C. 离岛产业的振兴

• 为增强离岛地区活力，促进定居落户，对安全安住的定居条件的整备强化措施给予支持，减轻海上运输费，通过战略性产业的育成增加就业，推进观光事业扩大交流。

• 为了增进离岛的水产业和渔村充分发挥多方面功能，通过支援渔业再生活动使离岛的基础产业——渔业实现再生。同时，为推进农林渔业的六次产业化，营造促进新商品开发和销路开拓的环境。

• 在制定离岛产业振兴计划的市镇村地区，促进用于制造业、旅游业、信息服务业的新增设备的建设。

• 从确保能源的稳定、正常供应和减少环境负担的角度出发，促进能够充分利用离岛自然特性的可再生能源的利用。

• 为了实现发挥地域特色的振兴，就离岛特区制度进行综合性的研究。

D. 基础建设

• 推进成为离岛产业振兴基础的道路、港湾、农林水产基础等，提高居住环境水平的生活基础设施的建设。

11 海洋国际合作的确保和国际协力的推进

（1）海洋秩序的形成和发展

• 为推动海洋秩序的形成和发展，积极制定关于海洋的各种国际规则。关于我国和其他国家在专属经济区重合的海域的问题，为保障我国权益、稳定周边海域的秩序，根据国际法竭尽全力加以解决。

• 为了正确实施《联合国海洋法公约》及其他国际条约，积极应对联合国关于海洋的讨论。同时，参与国际海事组织（IMO）关于海洋的国际条约的制定以及国际性合作。

• 为推动海洋秩序的形成和发展，按照国际法为首的国际规则解决海洋纠纷。不仅我国，各国都应该重视利用国际司法机关第三者机构，同时，对国际海洋法庭在海洋领域举办的国际司法机关的活动给予支持。

（2）海洋国际合作

• 积极参与关于海洋的国际性组织，努力在国际社会合作下的活动中起主要作用。尤其是为了确保在作为我国安全保障基础的海上航路的航行自由和安全，积极利用东南亚国家联盟（ASEAN）地区峰会等场合，加强同相关国家在海洋安全方面的合作关系，推进具体的合作。

• 通过北太平洋海上保安峰会、亚洲海上保安机构长官级会晤等多国间会晤，以及同印度、韩国、俄罗斯等国家的会晤，加强同相关国家海上安保机关的合作。通过参与制定西北太平洋行动计划（NOWPAP）东亚海海洋环境管理伙伴关系计划（PEMSEA），加强同相关国家就海洋环境问题的国际联合、合作机制。

• 为推进以金枪鱼为代表的国际性水产资源的切实保护管理，各地区渔业管理机构，利用我国的主导力有科学依据地主导相关议题的讨论。

• 在船舶报废和循环利用的安全保障和环境保护方面，推进各国为实现新条约早日生效的环境建设。

• 对由东日本大地震引起的漂至美国海岸、甚至可能继续漂流的海上漂流物进行漂流预测，向相关国家提供正确信息。同时也要对致力于解决该问题的民间团体给予支援。到 2013 年进行漂流预测并向相关国家发送信息，2014 年以后，也要立足于漂流情况和专家意见进行继续应对。

• 联合国际社会继续推进索马里海域、亚丁湾海盗对策的研究。强化防止海上恐怖主义行为和防止海上运输大规模杀伤性武器的扩散机制。并根据 PSI，积极参与海上阻止训练。

• 关于防止海上恐怖主义行为和防止海上运输大规模杀伤性武器，早日缔结《防止海上航行非法行为条约 2005 年改正议定书》。

● 一方面尊重沿岸国家的主权，一方面在缔约国之间共享海盗的相关信息，支持加强海盗对策合作的亚洲应对海盗及持械抢劫船只区域合作协议组织（ReCAAP）开展的活动，同时促进相关国家的参与。

● 政府要同心合力实现我国在北极理事会上的观察员资格。

● 关于围绕日本海名称的问题，就"日本海"的名称是该海域在国际上确立的唯一名称这一立场，扩大国际社会和国民的正确理解。

（3）关于海洋的国际协力

A. 海洋调查、海洋科学技术

● 为了应对全球变暖和海洋酸性化等全球性问题，继续参与世界气象组织（WMO）、联合国教科文组织政府间海洋学委员会（UNESCO／IOC）实施的国际性海洋观测计划的制定，为数据交换模式做贡献。

● 近年来世界日渐关心的北冰洋、太平洋、印度洋等海洋和大气的变化给环境带来了很大影响，为了推进海洋观测研究，加强同包括根据科学技术合作协定的两国间协定在内的国内外相关机关的合作，推进关于海洋观测的国际合作。

● 关于共同利用我国的地球深层探测船"地球号"和欧美挖掘船的综合大洋钻探计划（IODP），继续积极参与制定。同时，构建不仅只有日欧美国家的也包括亚洲、大洋洲诸国的合作机制。

B. 海洋环境

● 从保护生物多样性的角度出发，关于珊瑚礁和大范围移动的动物的保护问题，在国际合作下，进行海洋环境生物圈的调查研究。

● 在世界封闭性海域环境保护会议（EMECS）等国际会议上，对我国水质总量削减制度和"打造里海"等环境保护政策进行信息传达。为了改善亚洲诸国的水质污染问题，进行有效利用水质总量削减制度引入方针的信息传达，并帮助其引进。

● 推进同太平洋岛屿国家之间关于岛屿的保护管理、周边海域的管理、渔业资源的管理方面的解决共同问题的合作互助。

C. 海洋的治安对策、航行安全确保

● 在"马六甲、新加坡海峡合作机制"下进行的项目中，推进关于航行援助设施建设的合作，以及关于航行援助设施的维护管理的人才培养。同时，为完善马六甲、新加坡海峡的航行安全和环境保护对策，有效发挥该机制的机能，推动利用国和利用者的广泛参与。

● 对相关国家提高海盗应对能力提供援助。推进同亚洲各国的海上保安机构在走私、偷渡管制和恐怖主义对策等领域的合作。

● 为加强港湾保安方面的国际合作，推进能力支援和共同训练的实施。

● 通过《亚洲船员国际共同培养计划》，以提高各国船员素质。通过世界海事大学，以提高各国海事从业者的素质。

D. 防灾、海难救助支援

● 针对以亚洲为主的防灾弱国，开展普及我国高超防灾技术的活动。特别是为防止伴随全球变暖而加重的海啸、风暴潮灾害，向亚洲太平洋地区提供海啸和风暴潮预测的信息、技术建议以及信息网络建设的支援。

● 对于亚洲环太平洋地区的防灾、减灾，实行地震、海啸的模式化和预测、验证，同时也要向担心海啸灾害的其他国家即时提供相关海啸信息。

● 为快速有效进行海难救助，加强同各国在信息交换、合同训练方面的互助合作。

12　增进国民对海洋的理解和人才培养

（1）海洋教育的推进

● 在小学、中学以及高等院校，要立足于学习指导要领，完善关于海洋的教育。在现有基础上，为了有系统地利用与海洋教育相关的其他学科以及综合性学习时间，研究包括必要的学习指导要领在内的有效对策。

● 促进有关海洋的课外教材的编订。通过制作有关海洋的教育实践事例集和介绍材料等指导资料，以及加强教员的培训，为实现教育现场的主体性和持续性进行环境整备。

• 从建设海洋的教育的综合性支援机制的角度出发，促进同提供学校教育设施和水族馆、博物馆等社会教育设施、水产业和海事产业的产业设施、与海洋相关的学习场所的各类团体之间的合作。

• 为了感受到关于海洋的梦想、感动等海洋魅力，在学会协会等的协助下，重视外延活动，推进相关举措。

（2）支撑海洋立国的人才的培养和确保

A. 特定领域专业人才的培养和确保

• 在进行海洋和水产教育的高等学校，促进现场实习的教育的同时，继续推进实习船只的配备。

• 首先，在高等专科学校和海洋系、商船系、水产系的大学、大学校，培养海洋、海事、水产领域的专门人才。其次，为了确保水产业及其关联产业的人才，要促进人才进入渔业领域，将来能够成为中坚力量，要充实实践性专科教育，促进女性参与相关工作。再次，为了有计划地确保日本船员规模，继续为退休的海上自卫官作为船员的再就业营造有利环境。

• 从中长期的观点出发，为了培养和确保今后有待发展的海洋产业领域中的人才和专家，推进产业界和国家相关机构的技术开发，并促进同大学的教育和研究的联动。

• 为了培养在国际性研究项目中能够发挥领导才能的研究者，确保并增加不同领域的研究者在国际环境中进行研究的机会。

B. 掌握广泛海洋知识的人才的培养和确保

• 培养大学生和研究生涉及海洋力学、工学、农学基础的能力，与此同时，为了发挥年轻学者的自发性和独创性，推进大学和研究机构关于海洋领域的基础的、高端的研究。

• 在大学，为推进跨学科教育和研究，要完善学校课程计划，也要联合产业界推进实习生实习，推进社会人再教育等工作。

• 在国际海事组织（IMO）、联合国教科文组织海洋学委员会（UNESCO/IOC）、大陆架界限委员会、国际海洋法法庭等海洋领域的国际机关中，继续推进我国人员的参与和贡献。

C. 发挥地域特色的人才的培养

• 从发挥地域特色的多样化智慧海洋聚集终端的开发、地区特有的海洋产业的开发等角度出发，通过各项制度，推进地方"产学官"合作网络的形成。

• 设有海洋类学科院系的大学，要基于各自的教育理念，在各地区进行有特色的教育研究，推进练习船、水产实验所、临海实验所的共同利用。

（3）增进国民对海洋的理解

• 为激发国民对海洋的理解和关心，弘扬"海洋日"这一国民节日的意义，通过"海洋日""海洋月"等方式，在产学官的合作和支持下，实现练习船向公众的公开，开展参观各种海洋产业设施和职场体验活动，以及进行海岸清扫活动、海洋环境保护、海洋安全、关于沿岸区域的普及和教育活动，推进海洋娱乐的普及。

• 对在海洋领域的普及教育、学术研究、产业振兴等方面有卓越贡献的个人和团体，继续给予海洋立国推进功劳表彰。

• 从增加国民接触海洋的机会的角度出发，充分利用形成丰富的鱼贝类、优美的海岸景观和浓厚历史文化的地方风土，以及适合海洋娱乐的海洋空间等地域特有资源，推进海洋观光业的发展和地域振兴。

• 关于蕴藏着我国海洋国家历史文化的文化遗产——水下遗址，一方面将其作为观光资源充分利用，一方面做好关于遗迹保护和利用的调查研究。

• 通过媒体和网络发送关于海洋的各种信息。

第三部　综合而有计划地推进海洋政策的必要事项

1　为有效实施政策对综合海洋政策本部进行调整

今后，关于重点推进海洋产业的振兴和开发以及推进海洋调查等课题，不仅要进一步与相关行政机构、产业界、大学等相关单位加强合作，还要在全国范围内进行综合性战略性的推进。为了应对近年来围绕海洋的社会形势的急剧变化所带来的挑战，有必要进一步进行关于海洋的重要对策的谋划。

为了实施《海洋基本计划》中的各项政策，实现日本海洋立国的目标，本计划制定后，还要制定各政策的具体进度表并有计划地组织实施；制定综合战略并综合性地实施；推进完善必要的制度等具体性工作。与此同时，根据实施情况的评价，一边有选择的抓住重点，一边排除重复性工作，实现有效推进。

从以上角度出发，为了充分发挥综合海洋政策本部的综合调整功能和计划制订功能，由各相关领域人士组成的参与会议和事务局，要采取以下举措。

（1）参与会议研究体制的充实

•定期对《海洋基本计划》中各项政策的实施进行追踪调查，并对其实施情况进行评价。对于重要的政策，根据形势的变化有重点地加以研究。在评价和研究的基础上，向综合海洋政策本部长提供必要措施的建议。

此外，为了使评价和研究得以顺利进行，必要时设置计划小组，吸收广大非参与者的建议，形成针对每个项目的集中性评价研究机制。

（2）事务局功能的充实

•为了进行今后应该重点推进的海洋产业的振兴和开发等课题，综合海洋政策本部事务局要加强同相关行政机构（包括海洋政策以外领域的相关机构）和产业界的合作。例如实现以重新调往民间、相关行政机关的职员为中心的特定重要课题的综合调整等，把这些功能作为充分发挥的机制。

2　相关方面的责任与相互合作

•为了综合而有计划地推进海洋政策，需要加强与措施相关的国家、地方公共团体、海洋产业从业者、大学和研究机构等的合作，同时也要积极发挥各部门自身的作用。

● 作为地方公共团体，要在国家和地方的协助下，根据地方具体情况和特点，开展处理海岸的漂流垃圾等实现良好海洋环境的保护工作；充分利用作为地方重要产业的水产业和地域资源，以实现海洋产业的振兴；要完成陆地和海洋一体化综合管理的地域计划的制定；培养能够充分发挥地域特色的人才。与此同时，跨地区公共团体要加强地方公共团体之间的相互合作以及各部门之间的紧密联系，以此有效推进相关政策的实施。

● 海洋产业从业者，要致力于通过开发降低环境负担的技术保护海洋环境、水产资源的自主化管理，确保有效稳定的海上运输。今后尤其是要重点推进海洋能源、矿物资源的开发，以及海洋可再生能源利用为代表的海洋产业的振兴和开发工作。在这个过程中，结合国情进行基础设施建设和支援，在充分发挥民间活力和创意的同时，积极开拓新投资和新市场。

● 大学和研究机构，要为实现海洋国家的目标而推进关于海洋科学技术的研究开发。通过构建和利用"产学官（产业学校政府）"合作的机制，努力进行海洋产业的开发和振兴以及人才培养。

● 国民和非营利组织（NPO），要通过参加关于海洋的会议和活动，与海洋产业的事业者加强交流，开展海边清扫等保护身边海洋环境的活动，加深对海洋的理解。

● 在制定和实施海洋的政策之际，为使工作顺利展开，要及时反馈国民和其他相关人员的意见和建议。

3　政策信息的积极公开

关于《海洋基本计划》，要通过印刷物和互联网等各种媒体手段进行信息提供，让国民广泛知晓，并制作面向海外的英译版本和面向青少年的资料加以宣传。为了加强海洋政策相关人员之间的合作并推进政策实施，要构建相关人员之间的信息共享平台。因此，要采取措施便于民众更加容易地获取基于《海洋基本计划》的政策展开内容，以及通过在互联网上建立关于《海洋基本计划》政策的网址链接等，使民众便于了解本计划及相关政策措施。

另外，关于每年依据《海洋基本计划》制定的个别对策的实施情况，要在参与会议评价的基础上进行追踪调查，并通过适当的途径进行公开。

（臧蕾译，修斌校）

日本《海洋白皮书2014》（节译）

第1部　面向"海洋立国"新海洋政策的推进

1. 序章　面向新《海洋基本计划》的有效实施

1.1　前言

从 2007 年《海洋基本法》制定以来已过去了 7 个年头，但若要问起这期间有什么变化，估计有很多人并没有什么实感。因此，我想先对《海洋基本法》制定之前及该法制定之初到目前为止的经过做一简单回顾。

基于"海洋管理"原则，1994 年《联合国海洋法条约》开始生效，其中对专属经济区（EEZ）制度、深海底制度、海洋环境保护和保全义务等，几乎所有方面都做出了规定。但相对其他国家，我国对此的反应较为迟缓。担忧于此，日本财团于 2002 年提出了《海洋与日本——21 世纪海洋政策建议》。即便这样，当时大部分人的反应仍停留在"海洋政策？这到底是什么？"的阶段。但海洋政策研究财团将日本财团的建议做了进一步的延伸，直到提出《21 世纪海洋政策建议》的 2005 年，随着中国在东海进行石油、天然气开发等，国人终于开始将目光投向了海洋，超党派政治家和有识之士接受该建议，于 2006 年发起成立了海洋基本法研究会。之后总结了海洋政策大纲及海洋基本法草案的概要，在此基础上，以自民党、公明党、民主党各党议员为中心、以议员立法方式于 2007 年制定了《海洋基本法》，并于 7 月 20 日开始实施。

根据《海洋基本法》的规定，在内阁设置以总理为本部长的综合海洋政策总部，成为我国海洋政策的中枢，2008 年 3 月内阁决议通过了我国最初的《海洋基本计划》。在此基础上，向大陆架界限委员会提交了我国大陆架的延长申请，制定了《海盗惩罚和处置法》①《低潮线保护法》②等海洋方面的法律，并正式开始着手处理我国的海洋问题。若没有《海洋基本法》，这些都将成为无法顺利解决的棘手问题，可以说通过《海洋基本法》的制定，我国海洋方面的工作才有了着实的进展。

另外，因《海洋基本法》的制定，涉海的省厅将施行的各种海洋方面的政策，在海洋基本计划及综合海洋政策总部的框架下，能够从内容、程序两方面综合而有计划地推进海洋政策的实施，首次针对相互密切关联的海洋诸问题，开辟出一条我国能够妥善处理的道路。

对其达成效果可列举以下例子。为了对索马里海域等极其猖狂的海盗进行处罚，2009 年制定了日本《海盗处罚和处置法》。海盗问题关系到《海洋基本法》所规定的海上安全的确保、海上运输的确保、国际联络的确保及国际合作的推进等基本性政策，也与国土交通省、海上保安厅、外务省、防卫省、法务省等诸多省厅相关。《海洋基本法》规定在内阁设置综合海洋政策总部，若没有对海盗问题系统地发挥有力的指导作用的话，该法案的成立可谓相当艰难。

不仅限于海盗问题，若不灵活运用《海洋基本法》，无从应对的问题将会堆积如山，尤其是关于海洋资源的开发利用，海洋环境的保护，EEZ 和大陆架开发、利用、保全、管理，海洋科技相关的研究开发，海

---

① 指《关于海盗行为的惩罚以及海盗行为的处置法律》。
② 指《为了促进专属经济区及大陆架的保护和利用，关于低潮线保护及据点设施整顿的法律》。

洋产业的振兴和创新，沿岸区域的综合化管理，离岛保护，推进海洋教育和人才培养等方面，都必须要彻底转变观念进行应对。

《海洋基本法》对于如何处理这些相互密切关联、须整体加以探讨的海洋相关问题，是至关重要的。所以，制定出这样一部具有统领性、综合性的法律的重要意义不言而喻。

1.2　新《海洋基本计划》的内阁会议决定

新《海洋基本计划》于 2013 年 4 月 26 日通过了内阁会议，这对推进我国海洋政策而言也迎来了重要转折。《海洋基本法》虽然规定要大致间隔 5 年进行海洋基本计划的修改①，但此次的修改意义尤为重要：（1）2008 年我国首次制定了《海洋基本计划》，因对计划中的实施政策进行讨论的时间较短，所列出的施行政策存在过多抽象叙述等问题，所以并非十分的完善。（2）在计划制定后，围绕资源、经济、环境、海域管理等国际形势出现变化，发生了 2011 年东日本大地震、福岛核电事故等新状况。

因此，在《海洋白皮书 2014》第 1 部中，将新《海洋基本计划》视为主要论题，面向我国"新的海洋立国"战略，与大家一同思考今后应如何推进海洋政策的实施。具体而言，对 2013 年 4 月通过内阁会议的新《海洋基本计划》的概要进行介绍、考察的同时，专门列举在修改时产生很大争议的海洋实施政策方面的几个问题，对各种情况的现状、应着手处理的课题、我国海洋政策的方向性，及政府应进行综合性、有计划性推动的海洋诸政策进行考察。

在第 1 章全文收录新《海洋基本计划》，简单回顾《海洋基本法》的制定与最初《海洋基本计划》制定后海洋政策的施行情况，在对新《海洋基本计划》的制定经过做一概观的基础上，对新《海洋基本计划》的构成、内容、特征进行考察。在第 2 章基于新《海洋基本计划》

---

① 《海洋基本法》第十六条第五项。

的内容，主要对此次修改中主要论及的事项进行重点考察。若能有助于诸位对今后 5 年我国海洋政策的全貌及其内容、特征的把握，甚感欣慰。

1.3　海洋综合管理

《海洋基本法》将海洋综合管理作为基本理念之一，规定"海洋管理与海洋资源、海洋环境、海洋安全等海洋诸问题紧密关联，有必要整体进行探讨，鉴于此必须要综合性一体化进行海洋开发、利用、保护等"①。这也是国际共通的基本理念，因在《联合国海洋法公约》的前言中也有所记载，估计很多人都知晓。在《海洋基本法》中采纳了很多以"海洋开发、利用与环境保护的调和""陆域海域一体化的综合性管理"为代表的与此紧密相关的理念和实施政策。

但在海洋综合管理的具体实施阶段，对存在很多机能性、个别性制度的我国现行社会体系而言，这并非易事。所以 2008 年我国首个《海洋基本计划》下的海域综合管理未能得到太大的进展。在新《海洋基本计划》的修改过程中，这被视为论点之一得到了列举和讨论。其结果在新《海洋基本计划》"第 1 部：关于海洋政策的基本方针（以下略称'第 1 部：基本方针'）"所规定的"本计划的重点推进工作（以下略称'重点推进工作'）"中，列举了"海域的综合管理和计划制定"，同时在"本计划的政策实施的方向性（以下略称'政策实施的方向性'）"中明示了"海洋综合管理"的政策方向性。另外，在"第 2 部：政策政府应综合而有计划推进的海洋政策和措施（以下略称'第 2 部：应推进的政策'）"中，对"推进专属经济区的开发""海岸带的综合管理""离岛保护"诸多方案中的海洋综合管理方面制定实施政策。

在第 2 章中，针对"海洋综合管理"及其推进方案进行考察。

---

① 《海洋基本法》第六条。

在其中第 1 节，考察海洋综合管理的重要性。首先在新《海洋基本计划》中，探讨了如何强化海洋综合管理的作用，以 EEZ、大陆架（以下略称"EEZ 等"）为例，对我国现行法律中存在的不完善之处进行考察。在此基础上，对海洋管理和陆地管理进行比较，随着海洋利用的多样化与各种利用量的增加，有必要对海洋各种利益冲突进行调整，在陆地上或许不存在太大差别的状况下，但对海洋而言究竟应采取哪种管理制度进行考察，并明确超越个别管理的综合管理的重要性。

在第 2 节以 EEZ 等为中心，对与此相关的现行法律进行详细探讨，并指出现行法律所存在的管理方面的问题，并对 EEZ 等新法律制度应具备的基本方向性做一考察和提案。

在第 3 节中，集中对包括离岛在内的沿岸区域现状及新《海洋基本计划》的沿岸区域的综合管理方式进行概观和考察。与此同时，由于自治体市町村是沿岸区域综合管理的基础，这些自治体正致力于进行各自地区建设，如何理顺行政区域与海域的关系，包括对东日本大地震后作为重要政策课题的海上风力发电等可再生资源的利用与沿岸区域管理的关系，以及今后推进沿岸区域综合管理方案中解决这些悬而未决的事项的基本性方向等，在本节也做了考察。

1.4　海洋产业的振兴和创新

《海洋基本法》为确保适度而持续地进行海洋开发、利用、保护等，确立在承担海洋产业发展中所不可欠缺的"海洋产业的健全发展"基本理念，并制定"海洋产业的振兴及国际竞争力的强化"的基本政策[①]。但另一方面，放眼世界，随着经济全球化的发展，海运、造船等产业随之发展，海底石油、天然气等的开发也在大力进行，另外，在相关海域积极推进海上风力和波力等再生资源的开发过程中，不能说我国

---

① 《海洋基本法》第五条及第二十四条。

在海洋产业的振兴方面已取得显著成果。因此，在此次的《海洋基本计划》的修改之际，囊括了现有产业振兴和新海洋产业创新的两方面，在各部门出现为了发展海洋产业提出实行具体有效方案的呼声，并广泛引起了讨论。其结果在新《海洋基本计划》"第1部：基本方针""重点推进的工作"的开头部分提出了"海洋产业的振兴和创新"，对"政策实施的方向性"中"海洋产业健全发展"的实施政策，尤其对新海洋产业创新的相关政策方向性做出了具体明示。另外，在"第2部：应推进的政策""海洋产业的振兴与国际竞争力的强化"的条目中，制定了与此相关的各种政策。

在第3章中，对此次修改中堪称焦点的"海洋产业的振兴和创新"做一考察。

在第1节，列举海运、造船业的现状和振兴情况，对我国外航海运、内航海运及造船业、船员政策的现状和课题进行概观，并对此相关的举措做一考察。

在第2节，列举我国水产业的现状和振兴情况，对近海、沿岸渔业的可持续、渔业生产阶段的收益改善、变革期的加工与流通、消费者需求的应对、作为发展中国家标准的日本水产业的现状等做了考察。

在第3节中，对我国能源政策的再认识，以及对能源、矿物资源的安定供给的迫切需要而受到关注的海洋能源、矿物资源开发的现状进行概观，包括石油、天然气、甲烷水合物（可燃冰）、海底热液矿床、含钴多金属结核和锰结核、稀土元素等，对作为开发这些能源资源的中坚力量的新兴海洋产业，为实现产业化、商业化的方案、步骤、为期5年的中期重点课题等进行考察。

在第4节，列举被期待作为地球温暖化对策、因核电事故带来能源政策调整契机的海上风力发电等海洋再生资源，对其开发情况的世界动向进行概观，并对今后的课题进行考察。

在第5节，列举海洋调查、情报产业、海洋生物产业、海洋观光产业，对海洋产业的振兴和创新做了考察。

1.5　海洋安全的确保

《海洋基本法》鉴于我国被海洋环绕、海洋安全的确保至关重要的情况，高举"确保海洋安全"的基本理念，同时作为基本政策的领域也做了阐述①。在新《海洋基本计划》的修改之际，围绕相邻国家的海洋安全保障、海洋权益的主张和活动日渐活跃，围绕海洋权益等的国际形势发生了很大变动。另外，索马里海域、亚丁湾等持续出现海盗事件，东日本大地震以来社会开始关注地震、海啸等海洋自然灾害的对策，海洋安全的确保作为重要课题被人们所关注和讨论。其结果在新《海洋基本计划》"第1部：基本方针""重点推进的工作"部分列举了"海洋安全的确保"的同时，在"政策实施的方向性"中明示了此相关政策的方向性。另外，在"第2部：应推进的政策"中，制定了有关海洋安全保障和治安的确保、海上交通的安全对策及海洋自然灾害对策的各种政策。

在第4章主要集中围绕"海洋自然灾害对策"，概观了海岸保护的变迁及多样化的海岸保护对策，并对海岸侵蚀的严重化、海面上升和满潮风险的增加、巨大海啸的应对等的海岸保全现状做了考察。

1.6　海洋教育与人才培养的推进

在《海洋基本法》中，为了增进国民对海洋的了解和关心，培养能准确应对海洋相关政策课题、具备所必要的知识和能力的人才，将"增进国民对海洋的理解等"作为一项基本政策做了规定，并要求在学校教育和社会教育中推进海洋教育，在大学等推进跨学科教育和研究等②。

在此次《海洋基本计划》的修改中，为了回应对海洋能源、矿物

---

① 《海洋基本法》第三条及第二十一条。
② 《海洋基本法》第二十八条。

资源的开发及海洋再生资源的利用方面的社会期待，一并对海洋产业的振兴、创新与海洋相关的人才培养进行了深入讨论。为实现海洋立国，强化海洋方面的人才培养至关重要。充实从小学到高中的海洋教育，在大学等推进跨学科教育及专业教育，强化基础的、尖端的研究与开发，推进"产学官"合作的重要性也受到重视。作为其结果的体现，在新《海洋基本计划》的"第1部：基本方针"，作为"重点推进的工作"中，提出"人才培养和技术力量的强化"；在"政策实施的方向性"中，提出"充实海洋教育与增进海洋理解"，并指出与此相关政策的方向性。另外，把海洋教育纳入基本方针的第一部中还是初次。在"第2部：应推进的政策"中，制定了有关"增进国民对海洋的理解和人才培养"的各种政策。

第5章对"推进海洋教育和人才培养"做了考察。

在第1节，针对海洋教育的推进，概观我国初、中等教育的现状，对学习指导大纲的修订等充实海洋教育的课题等做了考察，同时介绍学校对先进的海洋教育所进行的尝试，并对社会教育中海洋教育的必要性做了考察。

在第2节，列举了推进人才培养的情况。首先概观关于海洋产业的人才培养现状，指出海洋产业方面人才的培养为紧迫课题，并对人才培养的注意事项做了考察。

1.7　推进海洋调查与海洋信息的一元化管理和公开

为了妥善开展海洋开发和利用、海洋环境保护等，不能缺少海洋方面的科学见解。《海洋基本法》没有忽略这方面。在基本理念中提出"增进对海洋的科学认知"[1]，同时，为了使海洋相关政策得到有效落实，有必要进行相关调查，规定"推进海洋调查"为基本实施政策[2]。

---

① 《海洋基本法》第四条。
② 《海洋基本法》第二十二条。

实际上，为了稳妥顺利地进行海洋资源的开发和利用、海洋环境保护、海洋综合化管理、海洋权益保护等海洋政策，需要取得必要的海洋信息，并建构信息共享的平台。但这些方面仍不够十分完善。在此次《海洋基本计划》的修改过程中，围绕推进海洋调查与将获取的海洋信息实现一元化与公开化，展开了激烈的讨论，作为其结果，在"第1部：基本方针""重点推进的工作"中，提出"海洋调查的推进，海洋信息的一元化和公开化"，同时在"政策实施的方向性"中明确指出"充实科学认知"的政策方向性。另外，在"第2部：应推进的政策"中，规定了关于"海洋调查的推进"方面的各种政策，同时在"推进关于海洋科学技术的研究开发等"方面，规定了进行研究开发的调查、观测等方面的政策。

第6章对"海洋调查的推进与海洋信息一元化和公开"做了考察。

在第1节，考察海洋调查的战略性实施。按照调查目的，对我国海洋调查的现状进行区分、整理并做一概观，介绍以地球观测视点下的国际动向与受此影响的国内海洋调查的进展情况，并对海洋调查战略性进展的相关课题及今后的展望进行考察。

在第2节，探讨海洋信息的一元化和公开。对自然科学信息与社会基础信息所构成的海洋信息做一概观，针对与此相关的情报共享及促进其利用所建构的"海洋信息处理中心""海洋台账"等进行解说，对新《海洋基本计划》所要求的海洋信息的一元化管理及今后的课题加以考察。

在第3节，列举并考察了在广阔的海洋管理备受瞩目的海洋和宇宙的合作情况，指出在广阔海洋空间利用卫星进行观测、监视、通信的重要性，为促进海洋开发、利用、保护和管理过程中实现海洋与宇宙的协同，基于新《海洋基本计划》的内容进行考察。

1.8　北冰洋各种问题的应对

近年来，随着全球变暖的日益严峻，观测到的北冰洋的海冰面积急速减少，对此现状全世界都很关注全球气候系统受到的影响及北冰洋航路利用的可能性等。因此，在《海洋基本计划》的修改之际，我们全方位讨论了北冰洋海上运输的确保与海上交通安全的确保、研究和调查活动的进行、环境保护、国际合作的促进等，其结果在"第1部：基本方针""重点推进的工作"中，提出了"针对气候变化引起的北冰洋变化的应对"，同时在"政策的方向性"的"科学见解的充实"中，明确指出"北极地区"所采取政策的方向性。另外，在"第2部：应施行政策""海洋调查的推进""推进关于海洋科学技术的研究开发"及"国际性合作的确保及国际合作的推进"的条目中，规定了"北极地区""北冰洋""北冰洋航线""北极评议会"等方面的政策。

第7章对"北冰洋各种问题的应对"做了考察。

在第1节，针对受全球变暖影响显著的北冰洋现状与科学调查进行考察。对全球规模的地球温暖化与北极地区所出现的变化、海冰减少的情况做了概观，对为了掌握其状况进行的调查、观测与影响评价体系做了考察，并总结今后研究活动的方向性。

在第2节，列举并考察对北冰洋航线的活用。对北冰洋调查活动、北冰洋的航运经纬、北冰洋航线的现状进行概观，针对北冰洋航行的问题点进行考察。

在第3节，对北冰洋的国际合作情况的进展进行考察。对北冰洋的科学调查活动、船舶运行、海洋资源的开发和生产、环境及生态体系的保护、管辖权等的相关条约、国际组织进行概观，针对其框架内的合作进行考察。另外，对北极评议会等地域合作组织进行概观，对北极圈地域合作的课题进行考察。

1.9 对新《海洋基本计划》的期待

《海洋白皮书2014》第1部集中对新《海洋基本计划》的内容进行介绍，并以思考如何解决今后各种海洋问题、我国能否实现"新的海洋立国"等问题为目标。

为实现"新的海洋立国"战略目标，新《海洋基本计划》针对2007 年以后《海洋基本法》的施行中未能顺利进展的悬而未决事项，在人们的热切期望中进行探讨和制订。如上所述，迄今为止 5 年的实施业绩要比第一部《海洋基本计划》制定前内容更为充实。计划虽然充实，但若不能得到彻底施行则毫无意义。新《海洋基本计划》制定过程中也意识到此点。在"第 3 部：综合而有计划地推进海洋政策的必要事项"，其开头提出"为有效实施政策对综合海洋政策本部进行调整"，具体而言这是对综合海洋政策总部的综合调整机能及规划立案机能的强化。对能充分发挥机能的体制进行整顿，新《海洋基本计划》所规定的各种政策只有得到妥善实施后，我国"新的海洋立国"的实现才会成为可能。与诸位一同祈愿今后新《海洋基本计划》能够得到有效实施，我国海洋战略能够得到更大发展。

2. 第 1 章　关于新《海洋基本计划》

2.1　前言

我国 2007 年制定了综合而有计划地处理海洋各种问题的《海洋基本法》，其目的，一是基于承认对沿海国家广阔沿岸海域资源有权利、有义务进行海洋环境保护的《联合国海洋法公约》的施行（1994）、在地球峰会对海洋综合管理与可持续开发行动计划的采纳（1992）等的20 世纪 90 年代围绕海洋国际形势进展，及受此影响有必要对周边海域积极采取行动的邻国采取应对的国际因素；二是基于我国在推进《公约》所认可的周边广阔海域的开发、利用、保护等，以实现"新的海洋立国"的国内各方面的要求。

在此基础上，我国最初的《海洋基本计划》，即《海洋基本计划》（2008—2012）于 2008 年 3 月通过了内阁会议，从此我国开始对海洋问题采取综合而有计划的举措。此《计划》因对该纳入计划的政策进行讨论的时间较短，所以存在很多不完善之处。但正由于基本计划的制定，我国在围绕海洋新的内外形势下能够对海洋实施综合性计划性的政策，可谓迈出了划时代的一步。

2008 年 3 月，在第一个《海洋基本计划》制定后，基于同计划为了在各府省能够顺利施行海洋政策，针对政府总体举措中所必要的政策，通过综合海洋政策本部的综合调整得以推进。关于后者，主要推进内容如下。

2008 年：向大陆架界限委员会提交了我国大陆架延长申请（11 月）。

2009 年：《海洋能源、矿物资源开发计划》得到了综合海洋政策本部的认可（3 月）、《关于海盗行为处罚及海盗行为处置的法律》（《海盗处罚处置法》）的制定（6 月）、《关于海域管理的离岛安全及管理办法的基本方针》的制定（12 月）。

2010 年："海洋信息处理中心"开始运行（3 月）、《关于促进专属经济区与大陆架的保护和利用，对低潮线保护及据点设施整顿的法律》（《低潮线保护法》）① 的制定（5 月）、基于同法《低潮线保护基本计划》的制定（7 月）。

2011 年：《关于今后在专属经济区进行矿物探查及科学调查的方针》通过了综合海洋政策本部的决定（3 月）、《我国海洋保护区设定办法》得到了综合海洋政策本部的认可（5 月）、关于矿物探查许可制等的《修改部分矿业法等的法律》的制定（7 月、2012 年 1 月实施）。

2012 年：大陆架界限委员会通知，接受日本提出的 7 个海域中 6 个海域申请（4 月）、《关于促进海洋可再生能源利用的今后应对方针》通过了综合海洋政策本部的决定（5 月）。

2.2　新《海洋基本计划》的制定经过

《海洋基本法》规定，"政府考虑到海洋形势的变化及对海洋政策

---

① 　一般称为《低潮线保全和基地设施整备法》。

效果的评价，一般每隔 5 年对海洋基本计划进行修改，增加必要的更改事项"①。基于此规定，我国首次对《海洋基本计划》进行了修改，2013 年 4 月新《海洋基本计划》经内阁通过。以下对其过程做一梳理。

在 2008 年制定的我国最初的《海洋基本计划》中，因对列入该计划的政策未能进行充分的讨论，所提出的政策存在过多的抽象叙述，人们期待在《海洋基本计划》中能够体现更具体的内容，如对政策目标、实现目标年次、手续等的具体明示之处较少，在《海洋基本法》中虽然有所规定却未被提及的政策也随处可见。另外，计划制定后，随着资源、经济、环境等国际形势的日益严峻，以及我国周边海洋形势的变化，再加上 2011 年东日本大地震、福岛核电事故的发生等，需要对海洋政策措施进行重新拟定和强化，以应对新情况。2012 年后，《海洋基本计划》迎来了每隔 5 年要进行修改、加入必要变更事项的修改时期，相关人员对应该加入新《海洋基本计划》的政策措施十分关注，并展开了激烈的讨论。

关于对制定新《海洋基本计划》的相关方面动向的把握，已在《海洋白皮书 2013》中有所提及②，详细情况可参照该书，在本章仅对其做一简略介绍。

换言之，在实施涉海政策的各省厅，国土交通省很早成立了海洋政策恳谈会（2011 年 12 月），针对各省所管辖范围的海洋政策提交了报告书（2012 年 3 月）。另外，文部科学省的科学技术、学术审议会、海洋开发分科会，瞄准下一期《海洋基本计划》的制定，针对科学技术应做出贡献的课题及相关政策发表了中期报告（2012 年 8 月）。在这一时期还制定了《生物多样性保护战略》（环境省、2011 年 3 月）、《第 4 期科学技术基本计划》（文部科学省、2012 年 8 月）、《水产基本计划》

---

① 《海洋基本法》第十六条第五项。
② 《海洋白皮书 2013》第 1 章。

（农林水产省、2013 年 3 月）、《日本复兴战略》（国家战略会议、2012 年 7 月）等与海洋相关的政府计划等。

民间方面，日本经济团体联合会总结了《对新〈海洋基本计划〉的建议》（2012 年 7 月），东京大学海洋联盟总结了《对〈海洋基本计划〉修改的建议》（2012 年 9 月），并各自做了公示。

另外，曾致力于《海洋基本法》制定的国会议员与海洋各领域的有识之士结成的"海洋基本法战略研究会"，经过为期半年的讨论，总结出《有关下期〈海洋基本计划〉应加入政策重要事项的建议》，并提交至内阁总理大臣兼综合海洋政策本部长（2012 年 8 月）。

关于政府方面的措施，于 2012 年 5 月召开综合海洋政策本部第 9 次会议的参与会议，针对新《海洋基本计划》的制定进行了研讨，之后正式启动。参与会议审议海洋政策的重要事项，为了对综合海洋政策本部长陈述意见，在总部设置了有识之士会议。虽然此前暂处于休止状态，以此为契机重新启动，新任命的参与者积极讨论了新计划的政策措施，于 11 月总结参与会议意见书的《新〈海洋基本计划〉制定意见》，并提交至综合海洋政策本部长。采取了自发设置 5 个项目组等举措，积极应对新《海洋基本计划》方案制订的参与会议，这也是此期新《海洋基本计划》修改工作的特征之一。

2.3　新《海洋基本计划》的内容

经过讨论，2013 年 4 月 26 日的内阁会议通过了新《海洋基本计划》。新《海洋基本计划》由以下部分构成："总论""第 1 部：关于海洋政策的基本方针""第 2 部：政府应综合而有计划推进的海洋政策措施""第 3 部：综合而有计划地推进海洋政策的必要事项"。在框架上与原来的计划相同，但其内容相比原来的基本计划更为充实，以下对其内容做一概观。

《总论》

在原来的《海洋基本计划》总论中，开篇的"海洋与我们的联系"

中，详细说明了《海洋基本法》的制定主旨，并提出以下三个政策目标，"①对面向海洋全人类课题的领先性挑战""②为可持续利用丰富海洋资源和海洋空间奠定基础""③实现安全、安心的国民生活，在海洋领域做出贡献"。

对此，新《海洋基本计划》总论中，针对"海洋立国目标"，提出了以下四点："对国际合作和国际社会的贡献""依靠海洋开发利用创造财富和繁荣""从'被海洋守护之国'走向'守护海洋之国'""向未知领域的挑战"，同时也简要记述了基本计划的制订意义和计划构成，便于阅读。

《第 1 部：关于海洋政策的基本方针》

在原来的《海洋基本计划》第 1 部中，"海洋的开发、利用与海洋环境的调和"出现得比较突兀，基于《海洋基本法》的 6 条基本理念，对其方针做了表述。

而在新《海洋基本计划》的第 1 部，首先出现"海洋政策的现状和课题"，列举了从《海洋基本法》施行以来迄今为止所施行的主要政策，并对东日本大地震之后的能源战略修改、防灾对策强化的动向、对海洋开发利用日益高涨的期待、海洋权益保护等国际形势的变化及围绕其他海洋的社会形势等变化进行了概观，特别列出"本计划的重点推进工作"，并将以下 6 个项目作为今后 5 年的重点推进举措。

①海洋产业的振兴和创新

②海洋安全的确保

③海洋调查的推进，海洋信息的一元化与公开化

④人才培养和技术力量的强化

⑤海域的综合管理和计划制订

⑥其他应重点推进的工作（考虑到东日本大地震的防灾及环境对策、因气候变动带来北冰洋变化的举措）

以上是在新计划制订过程中激烈讨论的论题。今后在对《海洋基

本计划》进行修改时，①海洋具有包括资源在内的无限潜在力，海洋资源开发日渐成为现实，要谋求海洋产业的振兴和创新。②海洋权益等国际形势有很大的变动，要进一步强化确保海洋安全方面的举措。③为了妥善顺利地实施海洋政策，要切实施行必不可少的海洋调查，实行信息一元化与公开化。④为了实现海洋立国，要充实海洋教育，并采取培养多样化的人才、强化基础技术力的举措。⑤基于沿岸区域的复兴、海洋环境的保护与再生、自然灾害的对策、提高地区居民便利性等考虑，在对陆域和海域推进一体化综合化管理的同时，为了推进 EEZ、大陆架的开发、利用、保护等的进行，对包括利用调整在内的海域推进综合化管理措施。⑥考虑到东日本大地震的防灾与强化环境对策的举措，同时对因气候变动引起的北冰洋变化等各种课题采取综合性、战略性的举措，等等，针对以上各点展开了激烈的讨论。作为总结，在第 1 部列出了"本计划的重点推进工作"。

在此基础上，新《海洋基本计划》中的"本计划政策实施的方向性"，考虑具体政策领域，对以下 7 个项目的实施政策方向做了记述。①海洋开发利用和海洋环境保护的协调，②海洋安全的确保，③科学知识的充实，④海洋产业的健全发展，⑤海洋综合管理，⑥海洋国际合作，以及⑦充实海洋教育与增进海洋理解。

不言而喻，①—⑥是《海洋基本法》的 6 个基本理念，对此进行列举并在政策方向性中加以记述，在这一点上，新计划与原计划存在连续性，但这里加入基本理念中并未出现的"充实海洋教育与增强海洋理解"，可谓新计划的特色。这是因为在此次讨论的过程中，围绕有必要在学校推进海洋教育及人才培养的重要性，展开了激烈的讨论。的确，作为基本理念，提出"充实海洋教育与增进海洋理解"并不稀奇，这是非常重要的观点，此提议非常富有说服力。从中我们也能看出新《海洋基本计划》是经过充分、深入的讨论后进行制定的。

《第 2 部：政府应综合而有计划地推进的海洋政策措施》

　　第 2 部基于第 1 部的基本方针，对《海洋基本法》制定的 12 条基本政策①的各个条目，具体规定了今后 5 年内应集中实施的政策，及应在相关机构的紧密配合下的实施的政策，而这些都是推进综合而有计划的必要政策，这都是落实我国海洋政策的具体措施。

　　如上所述，原来的《海洋基本计划》，因讨论不够充分，表述不够具体，抽象的部分较多，另外其中一部分还发生记述遗漏、整理不充分等问题。

　　新基本计划灵活运用此 5 年间的举措积累，克服了很多不足之处，具体记述了政策的实施，其内容也较为充实。也就是说，针对应重点推进举措的达成目标，在积极加入必要政策的同时，在其他方面也较为广泛且详尽地列举了各种具体的实施政策。

　　相对于以文章表述为中心的原基本计划，新基本计划按照所需设立了明细，列举了实施政策，并对其内容进行了简要记述。即便如此，新计划第 2 部的页数仍是原计划的 1.4 倍，可见其内容的充实及相关人员付出的艰辛努力。

　　在分别对新旧计划的基本政策作比较后，发现页数显著增加的部分依次如下："推进海洋资源开发和利用""海洋产业的振兴与国际竞争力的强化""海洋安全的确保"、下面还有"推进海洋科学技术的研究和开发""保护海洋环境""离岛保护""海岸带的综合管理""推进海洋调查""增进国民对海洋的理解和人才培养"等。

　　关于新基本计划第 2 部，因篇幅所限仅介绍了计划制订过程中作为论题的几个事项，其详细内容建议浏览综合海洋政策本部网页②。正如序章的介绍，在第 2 章是基于新海洋基本计划的内容对必要的海洋政策

---

　　①　①海洋资源的开发及利用的推进；②海洋环境的保护等；③专属经济区等的开发等；④海上运输的确保；⑤海洋安全的确保；⑥海洋调查的推进；⑦针对海洋科学技术推进研究开发等；⑧海洋产业的振兴及国际竞争力的强化；⑨沿岸区域的综合性管理；⑩离岛的保护等；⑪国际协作的确保及国际合作的推进；⑫增进国民对海洋的理解等。

　　②　http：//www.kantei.go.jp/singi/kaiyou/kihonkeikaku/130426kihonkeikaku.pdf.

进行的考察，因此也建议浏览网页。

那么，在新基本计划的制订过程中，针对引起争议的论题如何在第2部中得到的体现，以下将对此做一简单介绍。

首先，针对海洋能源、矿物资源，制定关于加速资源调查、整顿共通设备方面的政策，还对石油和天然气、甲烷水合物、海底热液矿床以及含钴多金属结核和锰结核、稀土元素的政策做了详细记述。关于海洋可再生能源，加速实证领域的整顿等实用化技术开发的进行，为了促进并普及实用化和实业化的进行，对基础设备和环境进行整顿，同时也对海上风力发电、波力等海洋能源的具体政策进行具体的记述。

关于海洋产业的振兴和创新，针对强化海运业、造船业、基础设施体系及水产业经营基础，列出了具体的实施政策，同时，针对实现新海洋产业的创新、培养石油和天然气等海洋资源开发产业、实现海洋能源和资源开发的产业化及海洋可再生能源开发的产业化、海洋信息方面的产业创新、活用海洋生物产业的创新及海洋观光的振兴方面的政策做了具体的记述。

针对与海洋产业的振兴和创新同时进行讨论的强化人才培养和技术力方面，通过在中小学和高中充实海洋方面的教育，在大学等机构推进跨学科教育和专业教育，强化基础的尖端的研究开发，推进"产学官"的合作等，主要以强化实现海洋立国的多样人才的培养与强化基础性技术力的举措为中心，非常深入地对政策进行了记述。

关于最近几年备受关注的海洋安全的确保，在围绕海洋权益等国际形势的变化下，对维持周围海域秩序、治理海上犯罪、海盗对策等的海洋安全保障与治安确保方面的施行政策，以及船舶航行安全确保、强化海难救助体制等的海洋交通安全对策、源自海洋自然灾害的对策等做一详细列举。

关于应重点推进的举措之一的海域综合化管理，通过对我国经济和国民生活发挥重要作用的沿岸区域，以及实现其再次复苏、海洋环境的保护和再生、自然灾害对策、提高地域居民生活便利性等的观点而言，推进陆域和海域实施一体式综合化管理，并推进 EEZ、大陆架的开发和利用，对海域施行妥善管理，并对包括法律整顿的检讨在内的必要相关政策做了记述。

根据《联合国海洋法条约》，针对新海洋秩序上的日渐重要的离岛，推进作为 EEZ、领海等据点的离岛安全和管理，并振兴离岛的发展等的必要政策做了记述。

针对海洋资源的开发和利用、海洋综合化管理、海洋权益保护等妥善顺利地实施海洋政策的必要海洋信息，战略性推动海洋调查与海洋监测，充实包括利用卫星情报的内容，采取海洋信息一元化和公开，并列举了必要的政策。

《第 3 部：推进海洋政策综合性计划性实施的必要事项》

在新基本计划的制订过程中，整顿并强化《海洋基本法》的推进体系成为最大的论点。因此，在新基本计划第 3 部，与较为抽象的原基本计划相比在内容上更为具体。

在开头"为有效推进政策的施行，重新综合海洋政策总部进行调整"中，明确了以下重点事项，①海洋产业的振兴和创新、海洋调查的推动等各种课题，加强官产学间的合作以及全国综合化战略性措施。②此计划制订后，对各项实施政策制作工程表，并有计划地实施事业等，综合化战略的制定与在此基础上综合性实施事业等、推进必要法律制度的整顿等具体措施，在对实施状况进行评价的基础上，根据选择集中有效地推进事业的进行。基于此观点，为了有效推进政策的实施，提出对综合海洋政策总部的修改。具体而言，为了充分发挥综合海洋政策总部的综合调整功能及企划立项功能，针对充实参与会议的讨论体制与充实事务局功能方面做了规定。

另外，在第 3 部，规定了如下的事项：海洋政策的关联国家、地方公共团体、海洋产业的业主、大学和研究机关、国民、NPO 等相关人员要相互进行协助，对各自应发挥的作用、政策方面情报的积极宣传等海洋方面政策，要有综合性计划性地进行推进。

2.4 新《海洋基本法》的实施与今后的课题

新《海洋基本计划》于 2013 年 4 月 26 日通过了内阁决议，并开始步入实施阶段。

4 月 26 日，基于国境离岛重要性的日渐高涨，为了探讨国境离岛保护和管理、推进振兴方案的进行，在负责海洋政策的山本一太大臣的下面设置了"有关国境离岛安全、管理与振兴的有识人士恳谈会"。此恳谈会于 6 月 26 日提交了"关于今后国境离岛的安全、管理和振兴"的中期建议，对有标识领海外缘的低潮线的离岛进行基本情报的搜集，把握土地所有者等，及时对该实施事项及需更深入探讨的事项提出了建议。

7 月 3 日召开第 13 届参与会议，会议上对海洋基本计划中所记载的各种实施政策的事实状况等进行跟踪调查和评价的方法，尤其对重点个别实施政策的具体化内容，及新的必要措施集中进行了评价和讨论，设置了以下 4 个项目组（以下略称"PT"）。"跟踪调查的现状"PT、"新海洋产业振兴和创新"PT、"海洋调查与海洋信息的一元化和公开"PT 以及"EEZ 等海域管理的现状"PT。这 4 个 PT 于 7 月至 9 月依次开始实行。另外，文部科学省、经济产业省、国土交通省在今年 7 月召开的参与会议上共同总结并提交了"海洋国家基础技术的推进"。

在 8 月末迎来了平成 26 年度预算概要规定的提交期限，各府省分别向财务省提交了加入包括新海洋基本计划的政策相关预算在内的估算要求书。

但原本这些预算要求如同在新基本计划第 3 部的规定，由综合海洋政策总部参与制作各政策的工程表，在此基础上各府省做出平成 26 年度的预算要求。但遗憾的是工程表制作未能赶上预算的估算要求期，因此各府省和财务当局应及时做出预算，以 9 月末为限在参与会议和总部事务局制作工程表。

另外，为了推进 EEZ 等开发，综合海洋政策总部在新基本计划中对以下内容做了规定，"海洋权益保护、开发等，与环境保护的调和和利用，如有重复的场合采取灵活的调整手法，综合酌量海洋调查的推进及海洋信息一元化、公开等观点，推进海洋管理方面包括性法律体系的整顿"。为了对此进行探讨，"EEZ 等海域管理的现状" PT，略迟于其他的 PT 于 9 月开始启动。

以上所示的计划内容中，能够看出这是取得了很大进展的新海洋基本计划，但也存在无法顺利进行实施的地方，如何对此进行强化并加以推进，可以作为今后的课题。因此，正如新基本计划第 3 部的内容所示，通过官产学间的合作，制定综合化战略，并综合性实施事业等，另外不能缺少对必要法律制度进行整顿的措施。

（寺岛紘士撰，徐晓红译，修斌校）

日本涉海法律法令一览

1. 海难审判法（1947 年 11 月 19 日第 135 号法律）

2. 海上保安厅法（1948 年 4 月 27 日第 28 号法律）

3. 海上保安厅法施行令（1948 年 4 月 30 日第 96 号政令）

4. 海上运送法（1949 年 6 月 1 日第 187 号法律）

5. 关于海区渔业调整委员会委员选举等省令（1950 年 5 月 8 日第 50 号农林省令）

6. 海事代理士法（1951 年 3 月 23 日第 32 号法律）

7. 关于海上保安学校名称、位置以及内部组织的厅令（1951 年 4 月 13 日第 2 号海上保安厅令）

8. 施行关于海岸、林地荒废防止设施、滑坡防止设施以及渔港公共土木设施灾害复兴事业费国库负担法的省令（1951 年 7 月 27 日第 53 号农林省令）

9. 海外日本国民集团性撤回的输送航海命令的法律（1952 年 3 月 31 日第 35 号法律）

10. 内航海运业法（1952 年 5 月 27 日第 151 号法律）

11. 离岛航路整备法（1952 年 7 月 4 日第 226 号法律）

12. 关于给予协力援助海上保安官者灾害补偿的法律（1953 年 4 月 1 日第 33 号法律）

13. 关于给予协力援助海上保安官者灾害补偿的法律施行令（1953

年 4 月 1 日第 62 号政令）

　　14. 离岛振兴法（1953 年 7 月 22 日第 72 号法律）

　　15. 港湾整备促进法（1953 年 8 月 5 日第 170 号法律）

　　16. 久六岛周边渔业的渔业法之特例法律（1953 年 8 月 27 日第 253 号法律）

　　17. 奄美群岛振兴开发特别措施法（1954 年 6 月 21 日第 189 号法律）

　　18. 海上自卫队船舶上之火药贮藏等省令（1954 年 10 月 6 日第 74 号总理府令）

　　19. 海外交流审议会令（1955 年 7 月 11 日第 111 号政令）

　　20. 海上运送法施行令（1955 年 10 月 7 日第 276 号政令）

　　21. 海岸法（1956 年 5 月 12 日第 101 号法律）

　　22. 海岸法施行令（1956 年 11 月 7 日第 332 号政令）

　　23. 内航海运组合法（1957 年 6 月 1 日第 162 号法律）

　　24. 国际海上物品运送法（1957 年 6 月 13 日第 172 号法律）

　　25. 关于海上保安大学校的名称、位置以及内部组织的厅令（1961 年 10 月 16 日第 2 号海上保安厅）

　　26. 关于特殊海事损害赔偿请求的特别措施法（1961 年 11 月 9 日第 199 号法律）

　　27. 管区海上保安本部所管事务之特例（1961 年 12 月 21 日第 63 号运输省令）

　　28. 海上保安厅职员服制（1962 年 6 月 8 日第 31 号运输省令）

　　29. 关于依据海上人命安全的国际条约等证书的省令（1965 年 5 月 19 日第 39 号运输省令）

　　30. 关于外国人渔业限制的法律（1967 年 7 月 14 日第 60 号法律）

　　31. 关于伴随公海公约实施海底电线的损坏行为的处罚法律（1968 年 6 月 19 日第 102 号法律）

32. 关于同乘指定渔船的海员的劳动时间以及休假的省令（1968 年 10 月 1 日第 49 号运输省令）

33. 小笠原群岛振兴开发特别措施法（1969 年 12 月 8 日第 79 号法律）

34. 防止海洋污染及海上灾害的法律（1970 年 12 月 25 日第 136 号法律）

35. 海洋水产资源开发促进法（1971 年 5 月 17 日第 60 号法律）

36. 关于防止海洋污染及海上灾害法律的施行令（1971 年 6 月 22 日第 201 号政令）

37. 海洋水产资源开发促进法施行令（1971 年 6 月 24 日第 205 号政令）

38. 关于伴随冲绳回归外务省相关法令适用的经过措施的政令（1972 年 4 月 28 日第 104 号政令）

39. 冲绳国际海洋博览会准备及运营所必需的特别措施法律（1972 年 5 月 1 日第 24 号法律）

40. 海上交通安全法（1972 年 7 月 3 日第 115 号法律）

41. 制定伴随船舶的通常活动产生的污水可在海洋中能够处理的水质标准的省令（1972 年 8 月 5 日第 50 号运输省令）

42. 海上交通安全法施行令（1973 年 1 月 26 日第 5 号政令）

43. 规定欲向海洋污染等以及海上灾害的防止有关的法律施行令第五条第一项规定的填埋场所等欲排出的含有金属等是废弃物相关的判定基准的省令（1973 年 2 月 17 日第 6 号总理府令）

44. 濑户内海环境保护特别措施法（1973 年 10 月 2 日第 110 号法律）

45. 沿岸渔场整备开发法（1974 年 5 月 17 日第 49 号法律）

46. 关于渔业操作有关的日本政府与苏联政府之间的协定第一条 1 中的日本沿岸的近海的公海水域的渔业操作的调整的省令（1975 年 10

月 23 日第 48 号农林省令）

47. 领海以及连接水域法律（1977 年 5 月 2 日第 30 号法律）

48. 海上冲突预防法（1977 年 6 月 1 日第 62 号法律）

49. 规定溢水口流出的海水水质基准的省令（1977 年 8 月 26 日第 38 号总理府令）

50. 广域临海环境整备中心法（1981 年 6 月 10 日第 76 号法律）

51. 深海底矿业暂定措施法（1982 年 7 月 16 日第 64 号法律）

52. 关于海洋污染防止设备等、海洋污染防止紧急措置指导书等、大气污染防止检查对象设备以及挥发性物质放出防止措施指导书有关的技术上的基准等的省令（1983 年 8 月 24 日第 38 号运输省令）

53. 海事代理土法相关手续费令（1984 年 5 月 15 日第 147 号政令）

54. 半岛振兴法（1985 年 6 月 14 日第 63 号法律）

55. 大阪湾临海地域开发整备法（1992 年 12 月 24 日第 110 号法律）

56. 关于为民间海外援助事业的推进的物品转让的法律（1993 年 11 月 10 日第 80 号法律）

57. 关于排他经济水域以及大陆架的法律（1996 年 6 月 14 日第 74 号法律）

58. 关于排他经济水域内渔业等有关的主权的权利行使等的法律（1996 年 6 月 14 日第 76 号法律）

59. 海洋生物资源保存以及管理的法律（1996 年 6 月 14 日第 77 号法律）

60. 排他经济水域内海洋污染等以及海上灾害防止有关的法律等的适用关系整理的政令（1996 年 6 月 26 日第 200 号政令）

61. 关于周边局势变化时为确保我国的和平以及安全的措施的法律（1999 年 5 月 28 日第 60 号法律）

62. 指定海岸法第三十七条二第一项的海岸的政令（1999 年 6 月

23 日第 193 号政令）

63. 独立行政法人海上技术安全研究所法（1999 年 12 月 22 日第208 号法律）

64. 独立行政法人航海训练所法（1999 年 12 月 22 日第 213 号法律）

65. 独立行政法人海技教育机构法（1999 年 12 月 22 日第 214 号法律）

66. 关于周边局势变化时实施的船舶检查活动的法律（2000 年 12月 6 日第 145 号法律）

67. 规定为防止因油或有害液体物质造成的海洋污染而使用的药剂技术上的基准的省令（2000 年 12 月 22 日第 43 号运输省令）

68. 海上保安厅组织规则（2001 年 1 月 6 日第 4 号国土交通省令）

69. 冲绳振兴特别措施法（2002 年 3 月 31 日第 14 号法律）

70. 关于东南海、南海地震有关的地震防灾对策的推进的特别措施法（2002 年 7 月 26 日第 92 号法律）

71. 关于为改造有明海以及八代海的特别措施的法律（2002 年 11月 29 日第 120 号法律）

72. 独立行政法人海洋研究开发机构法（2003 年 6 月 18 日第 95 号法律）

73. 关于伴随独立行政法人海上灾害防止中心的设立关联政令的整备以及过渡措施的政令抄（2003 年 6 月 27 日第 297 号政令）

74. 关于独立行政法人海上灾害防止中心的省令（2003 年 10 月 1日第 108 号国土交通省令）

75. 独立行政法人海洋研究开发机构法施行令（2004 年 3 月 5 日第32 号政令）

76. 规定海岸保全设施技术上的基准的省令（2004 年 3 月 23 日第 1号农林水产省・国土交通省令）

77. 关于独立行政法人海洋研究开发机构的省令（2004 年 3 月 24 日第 9 号文部科学省令）

78. 关于日本海沟、千岛海沟周边海沟型地震相关的地震防灾对策推进的特别措施法（2004 年 4 月 2 日第 27 号法律）

79. 关于国际航海船舶以及国际港湾设施的安全的确保等的法律（2004 年 4 月 14 日第 31 号法律）

80. 关于武力攻击局势下伴随美国军队的行动我国实施措施的法律（2004 年 6 月 18 日第 113 号法律）

81. 关于武力攻击局势下外国军用品等海上运输规制的法律（2004 年 6 月 18 日第 116 号法律）

82. 规定管辖特定事业所所在地的管区海上保安本部事务所的省令（2004 年 8 月 2 日第 113 号总务省令）

83. 规定武力攻击局势下为保护国民的措施有关的法律施行令第七条国土交通法里规定的管区海上保安本部事务所的省令（2004 年 9 月 15 日第 86 号国土交通省令）

84. 废弃物海洋倾倒许可法（2005 年 9 月 22 日第 28 号环境省令）

85. 海洋基本法（2007 年 4 月 27 日第 33 号法律）

86. 海洋构筑物及安全水域设定法（2007 年 4 月 27 日第 34 号法律）

87. 综合海洋政策本部令（2007 年 7 月 6 日第 202 号政令）

88. 关于特定二氧化碳气体封存海底的许可的省令（2007 年 9 月 19 日第 23 号环境省令）

89. 领海外国船舶航行法（2008 年 6 月 11 日第 64 号法律）

90. 关于基于海上运送法第三十五条规定的日本船舶、船员确保计划的认定等的省令（2008 年 7 月 31 日第 67 号国土交通省令）

91. 规定据 2008 年海上运送法第三十五条第一项或第四项规定的日本船舶、船员确保计划的认定申请情况下的同条第三项第五号的日本

船舶艘数增加的比例的省令

92．关于海贼行为处罚及海贼行为对策的法律（2009 年 6 月 24 日第 55 号法律）

93．关于推进保护美丽大自然的海岸上的良好景观及环境保护有关的海岸漂着物等的处理的法律（2009 年 7 月 15 日第 82 号法律）

94．关于为促进排他经济水域、大陆架的保护及利用的低潮线的保护及据点设施的整备等法律（2010 年 6 月 2 日第 41 号法律）

95．关于伴随东日本大震灾海区渔业调整委员会及农业委员会委员选举的临时特例的法律（2011 年 5 月 2 日第 44 号法律）

96．关于海盗频发海域日本籍船舶警备特别措施法（2013 年 11 月 20 日第 75 号法律）

（姜春洁　整理翻译）

参考文献

中文

［1］［美］马汉：《海权论》，萧伟中、梅然译，中国言实出版社 1997
　　年版。

［2］张炜、郑宏：《影响历史的海权论——马汉〈海权对历史的影响
　　（1660—1783）〉浅说》，军事科学出版社 2000 年版。

［3］钮先钟：《西方战略思想史》，广西师范大学出版社 2003 年版。

［4］赵翙达：《日本海上自卫队：国家战略下之角色》，台北秀威资讯
　　科技股份有限公司 2008 年版。

［5］王生荣：《蓝色争锋：海洋大国与海权争夺》，海潮出版社 2001
　　年版。

［6］赵振愚：《太平洋战争海战史 1941—1945》，海潮出版社 1997
　　年版。

［7］施建宇、温金蓉：《亚太地区战略形势与和谐海洋建设》，世界知
　　识出版社 2012 年版。

［8］张蕴岭：《合作还是对抗：冷战后的中国、美国与日本》，中国社
　　会科学出版社 1997 年版。

［9］刘中民、修斌、郭培清：《国际海洋政治专题研究》，中国海洋大
　　学出版社 2007 年版。

［10］鞠海龙：《亚洲海权地缘格局论》，社会科学文献出版社 2007 年版。

［11］中国科学技术情报研究所编辑：《出国参观考察报告》（76）002 日本海洋研究和海洋开发情况，科学技术文献出版社 1976 年版。

［12］杨毅：《国际战略形势分析 2001—2002》，国防大学出版社 2002 年版。

［13］高之国、张海文：《海洋国策研究文集》，海洋出版社 2007 年版。

［14］王少普、吴寄南：《战后日本防卫研究》，上海人民出版社 2003 年版。

［15］肖伟：《战后日本国家安全战略》，新华出版社 2000 年版。

［16］李薇、高洪、林昶：《日本发展报告（2012）》，社会科学文献出版社 2012 年版。

［17］吕耀东：《冷战后日本的总体保守化》，中国社会科学出版社 2004 年版。

［18］郑海麟：《钓鱼台列屿——历史与法理研究（增订本）》，香港明报出版社 2011 年版。

［19］鞠德源：《钓鱼岛正名——钓鱼岛列屿的历史主权及国际法渊源》，昆仑出版社 2006 年版。

［20］冯昭奎：《中日关系报告》，时事出版社 2007 年版；刘江永：《中国与日本：变化中的“政冷经热”关系》，人民出版社 2007 年版。

［21］金熙德、冯昭奎、崔世广：《再生还是衰落——21 世纪日本的抉择》，社会科学文献出版社 2001 年版。

［22］丁一平：《世界海军史》，海潮出版社 2000 年版。

［23］张广宇：《冷战后日本新保守主义与政治右倾化》，北京大学出版社 2005 年版。

［24］蔡建国：《东亚区域合作能源、环境与安全》，同济大学出版社

2007 年版。

［25］林庆元、杨齐福：《"大东亚共荣圈"源流》，社会科学文献出版社 2006 年版。

［26］修斌：《日本海洋战略研究的动向》，《日本学刊》2005 年第 2 期。

［27］陈光琪：《日本海军发展战略的演变及调整》，《外国军事学术》2000 年第 3 期。

［28］张伯玉：《从维护海洋权益到确立国家海洋战略——日本通过第一部海洋大法》，《世界知识》2007 年第 9 期。

［29］朱凤岚：《亚太国家的海洋政策及其影响》，《当代亚太》2006 年第 5 期。

［30］高之国、张海文：《对日本通过〈海洋基本法〉等法律的评价与对策建议》，国际海洋法发展趋势研究，2007 年。

［31］周怡圃、李宜良：《〈日本海洋基本法〉系列研究立法背景分析》，《海洋开发与管理》2008 年第 1 期。

［32］张景全：《日本的海权观及海洋战略初探》，《当代亚太》2005 年第 5 期。

［33］范晓婷：《日本海洋新政策及其对中国的借鉴意义》，《石家庄经济学院学报》2008 年第 4 期。

［34］初晓波：《身份与权力：冷战后日本的海洋战略》，《国际政治研究》2007 年第 4 期。

［35］龚迎春：《日本与多边海上机制的构建》，《当代亚太》2006 年第 7 期。

［36］郭锐：《日本海权观及其海洋领土争端》，《日本学论坛》2006 年第 2 期。

［37］张绅：《日本海上自卫队发展概况》，《现代舰船》2004 年第 1 期。

［38］刘中民：《中日海洋权益争端的态势及其对策思考》，《太平洋学报》2006 年第 2 期。

［39］江新凤：《日本的海洋国家战略》，《外国军事学术》2008 年第 5 期。

［40］金永明：《日本海洋立法新动向》，《现代国际关系》2010 年第 3 期。

［41］关希：《排他性的"海权论"可以休矣——析日本流行的"海洋国家战略"》，《日本学刊》2006 年第 4 期。

［42］冯昭奎：《日本国家战略刍议》，《日本学刊》1988 年第 6 期。

［43］杨金森：《钓鱼岛争端和日本的海上扩张》，《中国海洋报》1996 年 9 月 3 日。

［44］曾光强、冯江源：《略论日本海洋战略及其对中国的影响》，《日本问题研究》2006 年第 2 期。

［45］徐建华：《日本国家战略与中日能源竞争》，《深圳大学学报》（人文社会科学版）2006 年第 2 期。

日文

［1］海洋政策研究財団：《海洋白書 2013》，東京：成山堂書店 2013 年版。

［2］海洋政策研究財団：《海洋白書 2014》，東京：成山堂書店 2014 年版。

［3］防衛省：《防衛白書 2014》，東京：日経印刷株式会社 2014 年版。

［4］海洋保安庁：《海上保安レポート（2007—2014 各年度)》，日経印刷株式会社 2007—2014。

［5］外務省：《外交青書（各号)》，日経印刷株式会社 1997—2014。

［6］朝雲新聞社出版業務部：《防衛ハンドブック2014》，東京：朝雲新聞社 2014 年版。

［7］勝海舟：《氷川清話》，東京：角川文庫 1972 年版。

［8］稲垣満次郎著：《東方策》，東京：活世界社 1891 年版。

［9］上白石実：《幕末の海防戦略　異国船を隔離せよ》，東京：吉川弘文館 2011 年版。

［10］佐藤鉄太郎：《帝国国防史論（上下）》，東京：原書房 1979 年版。

［11］外山三郎：《日本海軍史》，東京：吉川弘文館 2013 年版。

［12］佐藤市郎：《海軍五十年史》，東京：鱒書房 1943 年版。

［13］防衛研修所戦史室：《戦史叢書》，東京：朝雲新聞社 1966—1980 年版。

［14］千早正隆：《日本海軍の戦略発想》，東京：中央公論社 1995 年版。

［15］船橋洋一：《日本戦略宣言——シビリアン大国をめざして》，東京：講談社 1991 年版。

［16］船桥洋一：《日本の対外構想》，岩波書店 1993 年版。

［17］伊藤憲一：《21 世紀日本の大戦略——島国から海洋国家へ》，東京：フォレスト出版 2000 年版。

［18］伊藤憲一：《海洋国家日本の構想——世界秩序と地域秩序》，東京：フォレスト出版 2001 年版。

［19］ジョン・ベイリス、ジェームズ・ウイルツ、コリン・グレイ，《戦略論・現代世界の軍事と戦争》，東京：勁草書房 2012 年版。

［20］田中明彦：《安全保障 — 戦後 50 年の模索》，横浜：読売新聞社 1997 年版。

［21］三和良一：《占領期の日本海運——再建への道》，東京：日本経済評論社 1992 年版。

［22］米田博：《私の戦後海運造船史》，東京：白桃書房 1990 年版。

［23］坂上信夫：《日本海防史》，上越：泰光堂 1942 年版。

[24] 高坂正尭：《高坂正尭著作集第一卷　海洋国家日本の構想》，東京：都市出版株式会社 1998 年版。

[25] 住田正一：《日本海防史料叢書》，東京：クレス出版 1989 年版。

[26] 栗林忠男：《海の国際秩序と海洋政策》，東京：東信堂 2008 年版。

[27] 浦野起央：《日本の国境　分析・資料・文献》，三和書籍 2013 年版。

[28] 松村劭：《海から見た日本の防衛》，京都：PHP 研究所 2003 年版。

[29] 宮城大蔵：《〈海洋国家〉日本の戦後史》，東京：筑摩書房 2008 年版。

[30] 村田良平：《海が日本の将来を決める》，東京：成山堂書店 2006 年版。

[31] 山田吉彦：《日本は世界 4 位の海洋大国》，京都：講談社 2010 年版。

[32] 星山隆：《海洋国家日本の安全保障》，東京：世界平和研究所 2006 年版。

[33] 平松茂雄：《中国の海洋戦略》，東京：勁草書房 1993 年版。

[34] 平松茂雄：《続中国の海洋戦略》，東京：勁草書房 1997 年版。

[35] 平松茂雄：《中国の戦略的海洋進出》，東京：勁草書房 2002 年版。

[36] 高橋典幸：《日本軍事史》，東京：吉川弘文館 2006 年版。

[37] 太田文雄、吉田真：《中国の海洋戦略にどう対処すべきか》，東京：芙蓉書房出版 2011 年版。

[38] 梅棹忠夫：《海と日本文明》，東京：中央公論新社 2000 年版。

[39] 日本海洋政策研究財団：《海洋与日本：面向 21 世纪海洋政策提案》，東京：日本財団 2006 年版。

［40］ 東京大学東洋文化研究所：《日米防衛協力のための指針》，東京：東京大学東洋文化研究所，1978 – 11。

［41］ 日本防卫厅防卫研究所编：《东亚战略概览》，東京：防卫厅防卫研究所，2006。

［42］ 小林丑三郎、北崎進：《明治大政財政史》，東京：巖松堂書店1927 年版。

［43］ 海上自衛隊 50 年史編纂委員会：《海上自衛隊 50 年史—本編》，東京：防衛庁海上幕僚監部，2003。

［44］ 海上自衛隊 50 年史編纂委員会：《海上自衛隊 50 年史—資料編》，東京：防衛庁海上幕僚監部，2003。

［45］ 海上保安庁 50 年史編纂委員会事務局編：《海上保安庁 50 年史》，東京：海上保安庁，1998 – 12。

［46］ 丸谷元人：《日本の南洋戦略》，東京：ハート出版、2013 年版。

［47］ 川勝平太：《文明の海洋史観》，中央公論新社 2000 年版。

［48］ 川勝平太：《海洋連邦論——地球をガーデンアイランズに》，PHP 研究所，2001。

［49］ 小泽一郎：《日本改造计划》，远东出版社 1995 年版。

［50］ 鈴木美勝：《新戦略宣言「自由と繁栄の弧」》，《世界週報》2006 – 12 – 26。

［51］ 中曽根康弘、櫻井よしこ：《海洋国家——日本の大戦略》，Voice，2003 –6。

［52］ 石川亨：《海洋国家日本の未来》，《財界人》，2001 –9。

［53］ 武見る敬三：《海用基本法の制定に向けて》，海洋政策研究財団（現海洋政策研究所），Ocean Newsletter 第 143 号，2006 – 07 –20。

［54］ 日本総合海洋政策本部：《海洋基本法》，2007。

［55］ 国土交通省：《海洋構築物等に係る安全水域の設定等に関する

法令》，国土交通省，2007。

［56］国土交通省：《海洋管理のための離島の保全・管理・利活用の
あり方に関する検討委員会 報告書》，2009。

［57］中内康夫、藤生将治、高藤奈央子、加地良太：《日本の領土問
題と海洋戦略　尖閣諸島、竹島、北方領土、沖ノ鳥島》，埼玉：
朝陽会，2013。

［58］新崎盛輝、岡田充、高原明生、東郷和彦、最上敏樹：《「領土問
題」の論じ方》，東京：岩波書店 2013 年版。

后　记

　　本书是我主持的国家教育部人文社会科学研究规划基金项目关于日本海洋战略的基础性研究（项目批准号：10YJAGJW021）的研究成果。

　　2003年我从日本回国到中国海洋大学工作以后，承担的科研启动项目是关于日本"海洋史观"的研究，在研究过程中，日本海洋战略问题渐渐引起我的关注。此后的几年中，我先后主持或参与了关于日本海洋战略和中国海洋战略问题的研究课题，有了一些研究心得。刊载于《日本学刊》2005年第2期的《日本海洋战略研究的动向》（人大复印报刊资料《国际政治》2005年第7期全文转载）是我这方面研究的第一篇学术论文，也是国内较早关注日本海洋战略问题的论文，后来又陆续发表或提交过若干研究论文或报告。

　　2010年以来，围绕钓鱼岛的"撞船事件"和"购岛事件"，中日两国的政治关系陷入邦交正常化以来的最低谷，国民之间的感情也出现严重对立。这期间，中日两国的国家战略、海洋战略、内外政策也都随着国际形势和各自国内形势的变化进行着调整，两国以在世界上的GDP排名为象征的国力对比也开始发生变化，原有的"战略互惠关系"走向既合作、竞争，又疑虑、对立的复杂关系。其中，海洋成为中日关系中越来越重要的领域，学界对中日海洋关系、海洋日本问题的关注度也越来越高。急剧变化的形势，不断出现的新情况，也给本课题的研究带来不小的挑战，研究工作的进展也因我出国讲学和兼做行政工作而不得不申请延期。在各方面的支持和鞭策下，现在总算用这部书稿暂时做一个交代。

课题组的主要成员是中国海洋大学赵成国副教授、管颖副教授、姜春洁副教授，以及校外的陈光琪研究员、张恭轶同志，他们在课题研究中付出了巨大的辛劳，本书得益于他们的贡献。在本课题以及其他相关课题的研究过程中，中国海洋发展研究中心、中国社科院日本研究所、海军学术研究所、中国中日关系史学会，以及中国海洋大学的文科处、海洋发展研究院、文学与新闻传播学院、海洋文化研究所、日本研究中心等单位和部门的领导、专家学者，都给予课题组和我本人诸多的指导、支持。本书参考了许多国内外学者的著述和观点，包括日本学者五百旗头真、小谷哲男等先生的论述以及日本海洋政策研究财团的报告书等。另外，徐晓红、臧蕾等承担了附录中日文文献的翻译；我的多位研究生参与了资料收集、整理、校对等工作。在此，我向他们一并致以衷心的感谢！

最后，我还要向中国社会科学出版社的领导和责任编辑张湉女士致谢。限于作者的学识和能力，本书观点不当、论述错讹、资料疏漏之处定当不少，还请专家学者和读者们批评指正！

修斌　于青岛
2016 年 2 月